VERLAG
FRITZ
MOLDEN

IOSEPHVS HAYDN.

EVTERPE

Blandvs avritas fidibvs canoris
Dvcere qvercvs
Horat.

Joseph Haydn, Stich von J. E. Mansfeld,
verlegt bei Artaria & Co., Wien 1781.

H. C. ROBBINS LANDON

JOSEPH HAYDN

SEIN LEBEN IN BILDERN
UND DOKUMENTEN
Mit 220 Abbildungen, davon 44 in Farbe

VERLAG FRITZ MOLDEN
WIEN–MÜNCHEN–ZÜRICH–NEW YORK

Für Karlheinz Füssl
in langer Freundschaft

SCHUTZUMSCHLAGBILDER:
John Hoppner, Joseph Haydn. Ölgemälde 1791. Detail (Vorderseite).
Ein „grand" Pianoforte (mit erweitertem Tonumfang), ähnlich dem,
das Longman & Broderip Haydn im Jahre 1794 schenkte (Rückseite).

Aus dem Englischen übertragen von
FRANZ SCHRAPFENEDER

Titel der englischen Originalausgabe
HAYDN. A DOCUMENTARY STUDY

1. Auflage
1.–10. Tausend

INHALT

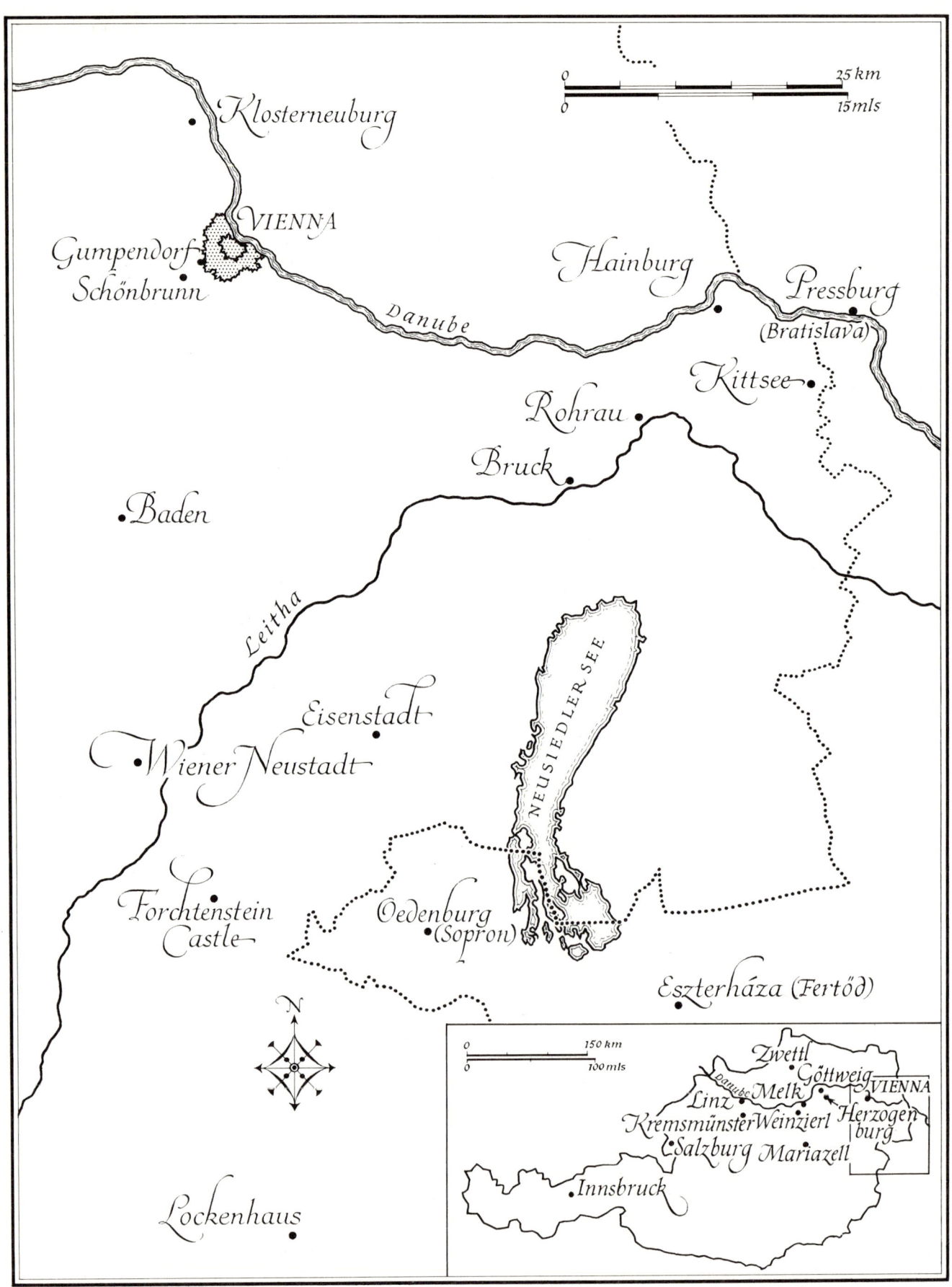

Das Gebiet Österreichs und Ungarns, wo Haydn den größten Teil seines Lebens zubrachte. Die punktierte Linie markiert die heutige Grenze zwischen Ungarn und Österreich bzw. – nördlich der Donau – zwischen der Tschechoslowakei und Österreich. (Die beiden österreichischen Bundesländer, die hier an der Ostgrenze Osterreichs liegen, sind im Süden das Burgenland, im Norden Niederösterreich.) In Klammer die heutigen Ortsnamen. In der rechten unteren Ecke Österreich mit den Grenzen seit 1918 – unter Anführung jener Orte, die in Haydns Leben direkt oder indirekt eine Rolle spielten.

Im Jahre 1957 hatten der inzwischen verstorbene Professor O. E. Deutsch und ich die Idee, eine Bildbiographie Haydns zu verfassen; sie sollte sich im wesentlichen auf Deutschs gewaltige Dokumentationen über Schubert, Händel und Mozart stützen. Der Plan wurde hinsichtlich einer Publikation vom Bärenreiter-Verlag akzeptiert und das Buch als „in Vorbereitung" begriffen angekündigt. Dann erfuhr ich gelegentlich einer Reise nach Ungarn, daß Dr. László Somfai ein ganz ähnliches Vorhaben zusammen mit der Corvinia Press in Budapest hatte. Daraufhin ließen Professor Deutsch und ich unseren Plan fallen und stellten Dr. Somfai die Fotos zur Verfügung, die wir bereits gesammelt hatten. Dr. Somfais Buch erschien 1966 zugleich auf deutsch (im Bärenreiter-Verlag) und englisch (Faber) und später auch auf ungarisch.

Seit dieser Veröffentlichung der eher wissenschaftlichen Studie Dr. Somfais sind viele authentische Quellen und Porträts ans Licht gekommen – darunter das verlorengegangene Haydn-Porträt von James Tassie aus dem Jahre 1792 (Ill. S. 105), das der Schreiber des vorliegenden Textes 1978 entdeckte und 1980 veröffentlichte; eine Originalkopie (oder das Original?) des Haydn-Porträts von Ludwig Guttenbrunn (London 1792, Ill. S. 53) sowie eine Reihe von Porträts der Mitglieder der Fürstenfamilie Esterházy (z. B. Ill. S. 28), die von der Familie dem Eisenstädter Johanniterorden zum Geschenk gemacht worden waren. Es ist daher keineswegs Zweck dieser Studie, die Pionierarbeit Dr. Somfais nachzuvollziehen; der Gedanke war vielmehr, in Text und Bild Haydns Welt darzustellen, wobei wir den zeitgenössischen Quellen und Bildern heutige Fotos noch bestehender Bauwerke und Örtlichkeiten, die Haydn kannte, zur Seite stellen. Von diesen seien besonders Erich Lessings mit Recht berühmt gewordene „historische Rekonstruktionen" erwähnt, die ursprünglich für einen Artikel entstanden, den er zusammen mit meinem alten Freund Joseph Wechsberg verfaßte. Außerdem wird der Leser in diesem Buch bisher nicht bekannte Dokumente in fotografischer Wiedergabe vorfinden, etwa einen von Haydn in gebrochenem Englisch geschriebenen Brief, der erst 1980 entdeckt wurde und hier erstmals veröffentlicht wird.

Die zitierten Stellen (siehe die am Ende dieses Vorworts stehenden bibliographischen Hinweise) und Teile des Textes sind des Autors Haydn-Biographie entnommen („Haydn: Chronicle and Works", 5 Bände, 1976–80), und einiges von dem erst vor kurzem entdeckten Bildmaterial ist eigentlich dort erstmals veröffentlicht worden (z. B. das Porträt der Prinzessin Maria Anna Esterházy; siehe Ill. S. 68). Der Auswahl von Haydn-Handschriften für den Illustrationsteil – eine kleine Sammlung von Notenbeispielen von Haydns Hand findet sich am Ende der chronologisch angeordneten Bild- und Textdokumentation – lag vor allem die Absicht zugrunde, die charakteristischen Veränderungen seiner Handschrift in der Zeit von 1755 bis 1803 aufzuzeigen und vor allem weniger bekannten oder erst vor kurzem aufgetauchten Autographen, von denen einige sich in Privatbesitz befinden (etwa der „Marsch für den Prince of Wales", London 1792[?]), den Vorzug vor anderen zu geben.

Großen Dank schulden wir den vielen Eigentümern, öffentlichen und privaten, die zum Entstehen des Illustrationsteiles beitrugen. Sie sind vollständig auf Seite 222 angeführt. Besonders danken wollen wir Ihrer Majestät der Königin für die Erlaubnis, Hoppners großes Haydn-Porträt (1791) zu reproduzieren; Mr. und Mrs. Paul Mellon für die Zurverfügungstellung einiger der schönen *Fin-de-siècle*-Ansichten Englands aus ihrer Sammlung (jetzt in der Yale University); dem Royal College of Music in London für mehrere schöne Porträts, darunter nicht zuletzt die Bleistiftzeichnung von George Dance, der Haydn unter allen seinen Bildnissen die größte Ähnlichkeit bescheinigte; der Albertina, dem Kunsthistorischen Museum und dem Historischen Museum der Stadt Wien in Wien, aus deren Sammlungen viele der hier gebrachten interessanten und vielfach wenig bekannten Ansichten stammen; und ebenso dem Burgenländischen Landesmuseum in Eisenstadt und der Gesellschaft der Musikfreunde in Wien für die Herausgabe etlicher ihrer Haydniana zur Reproduktion. Die Ungarische Nationalbibliothek und das Ungarische Nationalarchiv in Budapest (Országos Széchényi Könyvtár und Magyar Országos Léveltár) leisteten wie immer wertvolle Hilfe.

Die Auswahl der Dokumente und Illustrationen – ja überhaupt die ganze Planung dieses Buches – erfolgte in Teamarbeit, und ich bin in dieser Hinsicht Else Radant-Landon und dem Redaktionsstab des Verlags Thames and Hudson sehr verpflichtet. Es muß hier betont werden, daß das schließlich aufgenommene Material lediglich eine Auswahl darstellt und daß viele andere Text- und Bildquellen mit ebensoviel Berechtigung hätten Aufnahme finden können. Innerhalb der Grenzen des gebotenen Umfangs waren wir bemüht, nicht einen Grad der Reichhaltigkeit anstreben zu wollen, der nicht mehr überschaubar gewesen wäre; statt dessen haben wir versucht, eine interessante, abwechslungsreiche und zugleich repräsentative Auswahl des Materials zu treffen, das uns ein vollständiges Bild von Leben und Zeit Joseph Haydns zu liefern imstande ist.

BIBLIOGRAPHISCHE HINWEISE

Die Hauptquellen der hier zitierten zeitgenössischen Dokumente sind:

a) Die „authentischen" Haydn-Biographien (alle kurz nach dem Tod des Komponisten veröffentlicht) von G. Carpani, A. C. Dies, N. Framery und G. A. Griesinger – im einzelnen siehe auch die Bibliographie auf Seite 219; sowie die Kommentare von Haydns früherem Kompositionsschüler Sigismund (von) Neukomm zu Dies' Äußerungen (veröffentlicht unter dem Titel „Bemerkungen Neukomms zu den biogr. Nachrichten von Dies" in „Beiträge zur Musikwissenschaft", 1959/3).

b) Handschriftliche Tagebücher, Korrespondenz, Verträge etc., besonders Haydns Briefe und die Londoner Notizen (hg. von Landon); die Tagebücher von J. C. Rosenbaum, die in der Österreichischen Nationalbibliothek liegen (hg. von Else Radant, erschienen in Übersetzung in „Haydn Yearbook V", 1968, aber auch in eigener Ausgabe im Original erhältlich); und Dokumente aus den Archiven der Esterházy (jetzt in Budapest, Eisenstadt oder Forchtenstein aufbewahrt).

c) Zeitungsberichte und -ankündigungen, in deutsch vor allem aus „Wienerisches Diarium", „Wiener Zeitung", „Preßburger Zeitung" und „Allgemeine Musikalische Zeitung"; in englisch aus „Gazetteer", „Oracle", „Morning Chronicle" und „Public Advertiser" (alle London).

Andere Quellen sind die Memoirenliteratur und biographische Werke. Da vor allem: R. Lonsdale, „Dr. Charles Burney, a literary Biography", Oxford 1965; W. T. Parke, „Musical Memoirs", London 1830, 2 Bd.; C.-G. Stellan-Mörner, „Johan Wikmanson und die Brüder Silverstolpe", Stockholm 1952; und die Briefe von Martha Wilmot (hg. von der Marquise von Londonderry und von W. M. Hyde), erschienen unter dem Titel „More Letters from Martha Wilmot: Impressions of Vienna 1819–29", London 1935.

Hirschbach im Waldviertel, Weihnachten 1980   H. C. R. L.

EINFÜHRUNG

Joseph Haydn pflegte zu sagen, er sei der typische Fall, wo „aus dem Nichts doch Etwas" geworden sei, oder, wie wir es heute sagen würden: seine Karriere ist die Quintessenz der Geschichte vom Schuhputzer, der es zum Millionär brachte. Wenn auch seine Herkunft lange nicht so düster war, als sich das so mancher Schreiber des 19. Jahrhunderts vorstellte – Haydns Vater war nicht nur Mitglied des Gemeinderates, sondern auch ein angesehener Stellmachermeister und Bauer –, so lebte Joseph doch in seiner Jugend ständig am Rande des Verhungerns. Vom unbekannten, schlecht ausgebildeten Musiker (er bekannte später selbst: „. . . ich schriebe fleißig, doch nicht ganz gegründet . . .") stieg Haydn auf zum populärsten Komponisten, den die Welt je gesehen hatte – und zu einem der wohlhabendsten. Seine Karriere steht der von Abraham Lincoln in nichts nach.

Dieses Buch erzählt diese Karrierestory, hauptsächlich anhand von zeitgenössischen Bildern und Dokumenten, von der Geburt des Komponisten im Dorfe Rohrau im Jahre 1732 bis zu seinem Tod in Wien im Jahre 1809, im hohen Alter von 77 Jahren. Bevor wir uns jedoch Haydns außergewöhnlicher Karriere zuwenden, müssen wir uns mit dem ebenso außergewöhnlichen Steigen und Fallen der Beliebtheit des Komponisten nach seinem Tod befassen. Denn paradoxerweise hat Haydn es auch dahin gebracht, der am meisten vernachlässigte große Komponist zu werden. In der zweiten Hälfte des 18. Jahrhunderts in ganz Europa noch gelobt und gepriesen, fiel Haydns Musik im neunzehnten fast ganz in Ungnade. „Papa Haydn" hatte man ihn gönnerhaft betitelt, und jetzt entledigte man sich seiner als eines wohl genialen, aber wenig aufregenden, altmodischen Komponisten. Seither hat Haydns Beliebtheit in spektakulärer Weise die alte Höhe erklommen. Der Weg zum gegenwärtigen Grad des Interesses an Haydns Musik ist lang und gewunden gewesen, und die Haydn-Renaissance hat eigenartigerweise vornehmlich in den angelsächsischen Ländern stattgefunden. Dabei hat man Haydn-Forschung vor allem in Österreich und Ungarn betrieben.

Als gegen Ende der fünfziger Jahre des 18. Jahrhunderts Haydns erste Symphonien, Trios und Quartette in den österreichischen Ländern zu zirkulieren begannen, war ihnen ein sofortiger und phänomenaler Erfolg beschieden. Keine Frage, Symphonien aus der Feder seiner Zeitgenossen gab es genug, aber innerhalb weniger Jahre hatten die seinen alle anderen an Beliebtheit aus dem Felde geschlagen. Seine frühen Quartette, eigentlich fünfsätzige Divertimenti (mit zwei Menuetten), wurden sofort überall in Europa gespielt, selbst in Italien, wo man von den Werken des Komponisten so gut wie keine Notiz nahm.

Mehrere Faktoren trugen zu dieser sofortigen und außerordentlich großen Popularität bei. Zum ersten zweifellos die Tatsache, daß diese Musik von offenem, gewinnendem Scharm war, ihre Themen Volksliedcharakter hatten, die langsamen Sätze an italienische Serenaden erinnerten und die Menuette und Trios den bestrickenden Geist von Haydns österreichischer Heimat heraufbeschworen; zum zweiten – und mit viel länger dauernder Wirkung – die den Frühwerken innewohnende strenge Ordnung und die Genauigkeit ihrer kompositorischen Ausführung. Haydn bewies bald auf eindrucksvolle Weise, wie gut er mit seinen Fähigkeiten umzugehen verstand: etwa wenn es darum ging, im Verlauf der Durchführung auf einen oder mehrere Höhepunkte hinzuarbeiten; oder darum, äußerlich einfacher Musik drängenden oder gar dramatischen Charakter zu verleihen. Diese systematische Nutzung der Möglichkeiten, die das Themenmaterial bot, wurde zu einer Art Markenzeichen von Haydns Musik, und dies sollte in den folgenden Jahren noch eine Vertiefung und Bereicherung erfahren. Der dritte Faktor schließlich war Haydns Einführung des Witzes in die Musik. In früheren Zeiten gab es wohl Humor in der Musik, imitatorische Effekte etwa (beispielsweise Hundegebell in Vivaldis „Vier Jahreszeiten"), kaum aber Witz. Damit leistete Haydn den charakteristischesten Beitrag zur Weiterentwicklung der Kunstgattung Musik im 18. Jahrhundert. Scharm, Disziplin, dramatische Effekte und so weiter, durch die Haydns Musik populär wurde, waren auch schon in früheren Zeitperioden in der Musik zur Wirkung gebracht worden, doch mit der Einführung des Witzes, mitunter eines Witzes sehr geistvoller Art, veränderte sich nun das Gesicht der westlichen Musik für immer.

Unter Haydns frühen Kompositionen befanden sich auch einige religiöse Werke, die sehr bekannt wurden, doch insgesamt war es die Instrumentalmusik, die in den sechziger Jahren des 18. Jahrhunderts seinen Ruhm begründete. Erst in den siebziger Jahren erlangte seine Vokalmusik mehr als bloß lokale Bedeutung.

Bis etwa 1758 hatte Haydn nur gelegentliche Förderer, etwa die Familie Fürnberg, doch von da an bis zu seinem Tode war er an zwei Adelshäuser gebunden. Zuerst (etwa ab 1758/60?) an das des Grafen Morzin und ab Mai 1761 an das der Esterházy. Haydn diente unter vier Fürsten: Paul Anton († 1762), Nicolaus I. († 1790), Anton († 1794) und Nicolaus II., der den Komponisten überlebte. Die Beziehungen zu diesen zwei Adelshäusern gestalteten sich besonders glücklich. Sowohl die Fürnbergs als auch die Esterházys waren anspruchsvolle, kluge und generöse Förderer. Ohne das große Orchester des Grafen Morzin, das auch über erstklassige Hornisten verfügte (ihre Namen sind uns leider nicht bekannt), ist es nicht wahrscheinlich, daß Haydn seinen symphonischen Stil zu so rascher Blüte und zu solchem Reichtum gebracht hätte.

Die Verbreitung von Haydns Musik oblag den Berufskopisten im Lande, die damals jene Stellung innehatten, die heute den Verlegern zukommt. Sobald Haydn etwas Kapital zurückgelegt hatte, konnte er sich der Dienste dieser Leute bedienen und von ihm autorisierte Manuskriptkopien an seine Gönner in den österreichischen Ländern verkaufen. Viele dieser Kopien blieben bis nach Ende des Zweiten Weltkrieges unentdeckt, vor allem jene, die in Ungarn und der Tschechoslowakei lagen. Die Notenschreiberlinge begannen bald mit Haydns Werken einen schwunghaften Handel zu treiben; sie hatten Stammkunden, etwa die österreichischen Klöster oder die deutschen Fürstenhäuser, vor allem aber verkauften sie Kopien nach Paris, das damals Zentrum des Musikverlagswesens war. All diese Aktivität entfalteten sie nicht nur ohne Haydns Billigung, sondern sogar ohne sein Wissen.

1764 erschienen die ersten Ausgaben von Haydns Symphonien und Quartetten, und deren rascher Erfolg bewirkte einen nicht mehr abreißenden Strom weiterer Publikationen in Paris und später in Lyon. Gab es aber einmal nicht genug Neues von Haydn, dann behalfen sich die skrupellosen Wiener Kopisten damit, daß sie einfach Werke Haydnscher Prägung, etwa von seinem Bruder Johann Michael, von Leopold Hofmann oder Carl Ditters (später Ditters von Dittersdorf) lieferten. Sie mischten diese Werke unter solche von Joseph Haydn und gaben alle als echt aus. Und es dauerte nicht lange, bis die Pariser Verleger ihren eigenen „Haydn-Ersatz" herausbrachten. Der berühmteste Fall war die Entfernung des Komponistennamens – es betraf den Pater Roman Hoffstetter, einen Mönch aus dem Kloster Amorbach in Süddeutschland – von den Druckplatten einiger Streichquartette und seine Ersetzung durch Haydns Namen. Auf diese Weise entstanden die sogenannten „Opus 3"-Quartette, das berühmte Serenaden-Quartett op. 3 Nr. 5 mit inbegriffen, die fälschlich Haydn zugeschrieben wurden.

Bis zum Ende der sechziger Jahre und das ganze folgende Jahrzehnt hindurch wurde in Paris ebensoviel, wenn nicht mehr, unechter Haydn verkauft als echter. Die daraus entstehende Verwirrung kann man sich leicht vorstellen, und es ist auch nicht verwunderlich, daß das Publikum in Frankreich, England oder Holland einen nicht ganz entsprechenden Eindruck vom Kompositionsstil Haydns gewann, dies um so mehr, als bis 1775 etliche komplett unechte Haydn-Opern nicht nur in Paris, sondern bald darauf auch in Amsterdam, London und Berlin die Runde machten. Es gibt keinen Beleg dafür, daß Haydn vor 1774 Kontakt zu Musikverlegern hatte. Auf breiter Ebene hatte er es nicht vor 1780, als Artaria in Wien zu seinem bevorzugten Verlagshaus wurde und es im folgenden Jahrzehnt auch blieb. In den achtziger Jahren dann nahm Haydn auch Kontakt mit ausländischen Verlegern in London, Paris, Lyon, Speyer und Berlin auf, und als er 1791 in England eintraf, hatten seine Publikationen und sein Ruhm internationale Ausmaße erreicht.

Nachdem er nach dem Tode von Gregor Joseph Werner 1766 Erster Kapellmeister des Fürsten Nicolaus Esterházy geworden war, konnte Haydn sich nun auch der Vokalmusik zuwenden, und die zweite Hälfte der sechziger Jahre ist gekennzeichnet durch eine ganze Reihe von Vokalwerken, geistlichen wie weltlichen. Unter den geistlichen Werken, die nun in Österreich zu zirkulieren begannen, waren Messen, ein „Salve regina" mit Orgelsolo (viele dieser Werke enthielten Soli für Orgel, die der Komponist selbst spielte), ein „Stabat mater", das erste Vokalwerk Haydns, das internationalen Ruhm erlangte (es wurde in Paris und London gedruckt), und viele kleinere Stücke. In den sechziger Jahren komponierte Haydn eine ganze Reihe von Kantaten zur Feier des Namenstages oder anderer bedeutender Ereignisse im Leben des Fürsten Nicolaus. Diese Kantaten sind bis zum Zeitpunkt, da diese Zeilen geschrieben werden (1980), unveröffentlicht geblieben, aber Haydn rettete einiges von dieser Musik vor dem Vergessenwerden, indem er es zu kleineren Stücken für den kirchlichen Gebrauch umarbeitete oder umarbeiten ließ. Das geschah beispielsweise auch mit der letzten Kantate dieser Serie, „Applausus", 1768 für Stift Zwettl komponiert, das weithin in Österreich in Form mehrerer „contrafacta", wie solche Adaptationen genannt werden, bekanntwurde.

Die interessantesten Vokalwerke dieser neuen Schaffensperiode sind zweifellos die Opern, die Haydn zur Unterhaltung seines fürstlichen Dienstgebers Nicolaus Esterházy in den Jahren 1762 bis 1781 in regelmäßigen Abständen schrieb. Diese Opern blieben zu Haydns Lebenszeiten außerhalb des fürstlichen Haushalts weitgehend unbekannt und bis in die zweite Hälfte unseres Jahrhunderts zumeist auch unveröffentlicht. Zweihundert Jahre nach ihrer vielbejubelten Premiere in der Abgeschiedenheit fürstlicher Bühnen in Eisenstadt, Preßburg und Eszterháza hat man sie mit bemerkenswertem Erfolg wieder zur Aufführung gebracht. Zu den Werken, die Haydn in seiner autobiographischen Skizze vom Jahre 1776 genauerer Erwähnung wert findet, zählen nur seine Opern, ein Oratorium und das „Stabat mater". Der ungeheure Aufschwung in Haydns Schaffen in der zweiten Hälfte der sechziger Jahre wird durch nichts dokumentiert als durch die Musik selbst; da aber muß die Wirkung des neuen Stils auf Haydns Zeitgenossen eine überwältigende, ja geradezu bestürzende gewesen sein. Die Musikwissenschafter haben in nicht sehr erleuchtender Weise um die Wahl der richtigen Bezeichnung dieser Periode gezankt, nannten sie „romantische Krise", „Sturm und Drang" (eigentlich die Bezeichnung einer literarischen Bewegung in Deutschland und der Titel eines von Klinger 1776 geschriebenen Theaterstückes) und so ähnlich. Für welchen Ausdruck immer wir uns entscheiden, Haydns Stil war nun gekennzeichnet von Eindringlichkeit, Vorliebe für Molltonarten als Transportmittel für das Gefühl der Leidenschaft, Wiederverwendung kontrapunktischer Formen wie der Fuge und vor allem einem alles beherrschenden Zug zu Kraft und Dramatik. Nichtsdestoweniger waren es Haydns Instrumentalwerke, die seinen Namen in Europa und der Neuen Welt verbreiteten, und wenn auch in manchen Gebieten das Nebeneinander von Ernst und Komik in seinem neuen Stil nicht immer geschätzt wurde (z. B. in Norddeutschland, wie er bitter in seiner autobiographischen Skizze bemerkt), so ist es doch keine Übertreibung, wenn wir sagen, daß Haydn zum Zeitpunkt, da er seine Reise nach England antrat, Europas populärster und gefeiertster Komponist war.

Und was hatte zu diesem außergewöhnlichen Stand der Dinge geführt? Zuerst einmal der neue, sogenannte „populäre" Stil der siebziger Jahre, der sich in die Herzen aller Kenner stahl. Dieser „populäre" Stil ergab sich aus der klug gewählten Beimengung von Themen, die, wenn sie schon nicht volkstümlich waren, zumindest volkstümlich klangen; dazu kam die witzige, drollige Tonsprache, die sich an die damals sehr moderne Opera buffa anlehnte; und schließlich die Beherrschung klassischer Formen (wie der Fuge u. a.), die zusammen mit Haydns unfehlbarem Gefühl für Form und Länge das Interesse professioneller Musiker wie C. Ph. E. Bach und Mozart weckten. Kurz, Haydns Musik wußte Amateur und Profi, Angehörige aller Klassen – vom französischen Kaufmann bis zum russischen Fürsten – in gleicher Weise anzusprechen. Und das war etwas, was in Europa auf so breiter, internationaler Ebene noch nie geschehen war.

Als Haydn auf Betreiben des großen Impresarios J. P. Salomon nach England ging, entfloh er damit einer Stellung, die ermüdend und provinziell geworden war, und einem Lebensstil, in dem er, wie Griesinger meint, „grau wurde". Die beiden England-Besuche machten Haydn finanziell unabhängig. Er verdiente umgerechnet 24.000 Gulden, was 24 Jahresgehältern für seine Kapellmeisterstelle beim Fürsten Esterházy entsprach. Er wurde noch berühmter. Vor allem aber schuf er eine Reihe von Meisterwerken, die sogar in den „schlechten" Zeiten seiner Beliebtheit, im 19. Jahrhundert, in der ganzen westlichen Welt regelmäßig aufgeführt wurden: das „Reiterquartett", die Klaviersonate Nr. 62 in Es-Dur (1794), die „Symphonie mit dem Paukenschlag", die „Militärsymphonie", die Symphonien „die Uhr", „Mirakel", „Paukenwirbel", die „Londoner" Symphonien, das Lied „My mother bids me bind my hair", das Andante con variazioni in f-Moll für Klavier und das Klaviertrio mit dem „Rondo all'Ongarese". Das großartige London-Erlebnis – bei den Konzerten erntete er jubelnden Beifall aus den Zuschauerrängen; König George III. bot ihm an, er solle in Windsor Castle Wohnung nehmen – bereicherte, erweiterte und vertiefte noch Haydns so gefeierten „populären" Stil.

Nach Wien brachte Haydn ein Libretto mit, das Salomon ihm gegeben hatte.

Haydns Freund und Gönner Gottfried van Swieten machte sich zusammen mit dem Komponisten an die Vorbereitungsarbeiten für das große Oratorium „Die Schöpfung" (1784), das innerhalb kürzester Zeit zu Haydns gefeiertstem Werk werden sollte und in viele Sprachen übersetzt wurde. Van Swieten und Haydn hatten einen deutschen und einen englischen Text erstellt, und das Werk wurde vom Komponisten 1800 zweisprachig veröffentlicht. Die imposante Liste der Subskribenten zu Beginn der stattlichen Partitur zeigte, wieviel Freunde und Anhänger Haydn in Europa hatte – ausgenommen in Spanien, Portugal und Italien, obwohl Haydns Musik in den achtziger Jahren in Spanien sich äußerster Beliebtheit erfreut hatte. Der „Schöpfung" folgten 1801 „Die Jahreszeiten", ebenfalls ein Erfolg, wenn auch nicht von dem Ausmaß ihres Vorgängers. In England wurden die „Jahreszeiten" beispielsweise zu Haydns Lebenszeiten nicht aufgeführt. Während diese Oratorien sozusagen die „öffentliche" Seite Haydns repräsentierten, war er „privat" von 1796 bis 1802 mit einer Reihe großer Messen beschäftigt, die zur Feier des Namenstages von Fürstin Marie Hermenegild, der Gattin Nicolaus II. – er war 1794 regierender Fürst des Hauses Esterházy geworden –, bestimmt waren. Durch diese Messen blieb der Name Haydns in so mancher Pfarrkirche Österreichs und Bayerns das ganze 19. Jahrhundert hindurch lebendig.

In den neunziger Jahren gewann Haydn einen neuen Verlag, das berühmte Verlagshaus Breitkopf & Härtel in Leipzig, das die Herausgabe sowohl dieser späten Messen wie auch der Oratorien „Die sieben Worte" und „Die Jahreszeiten" besorgte. Obwohl das Komponieren von Vokalmusik nun seine Hauptbeschäftigung war, schrieb er weiterhin auch Instrumentalwerke, so das Trompetenkonzert (heute vielleicht sogar sein populärstes Werk), die Quartette op. 76 (darunter das „Kaiserquartett"), op. 77 und op. 103 (unvollendet) sowie die letzten Klaviertrios, die alle für englische Verleger bestimmt waren. Im Jahre 1797 rüttelte er die Gemüter einer kriegführenden Nation mit seiner Hymne an Kaiser Franz II. auf (das „Gott erhalte", oder „Volckslied", wie Haydn es nannte), die heute die Nationalhymne der Bundesrepublik Deutschland ist.

Als Haydn 1809 starb, war er ohne Frage der berühmteste Komponist der Welt. Aber wie es so oft geschieht – und dabei kommen einem sofort Wren und Balthasar Neumann, zwei der größten Architekten der Welt, in den Sinn –, das Pendel schwingt schnell und grausam zurück. Zu Anfang des neuen Jahrhunderts wurde Mozarts Musik erstmals weithin bekannt – dabei war nur ein Bruchteil seines gewaltigen Œuvres zu seinen Lebzeiten († 1791) gedruckt worden –,' und er und Beethoven (geb. 1770) mit seinen gewaltigen Werken – Symphonien, Quartette, Sonaten, Messen und die Oper „Fidelio" – rückten so erfolgreiche Zeitgenossen auf dem Sektor der Instrumentalmusik wie Ignaz Pleyel, Adalbert Gyrowetz oder Leopold Koželuch, die alle 1791, im Todesjahr Mozarts, beliebter gewesen waren als Mozart, in bleibende Vergessenheit. Und Mozarts Opern wiederum verdrängten nach und nach so Galionsfiguren wie Paisiello, Cimarosa, Sarti, Grazzaniga und Picinno vom Opernrepertoire. Auch für Haydns Musik kamen sehr bald harte Zeiten. Robert Schumann fand 1840, die „Militärsymphonie" habe etwas „Zopfiges" an sich und die „türkische Musik" im zweiten Satz klinge „kindisch und geschmacklos". Ein Jahr darauf plapperte er nach, was damals die allgemeine Meinung war: „. . . tieferes Interesse aber hat er [Haydn] für die Jetztzeit nicht mehr . . ."

Als der Dirigent Felix von Weingartner für die neue Haydn-Gesamtausgabe (1907) die ersten vierzig Symphonien zum Druck vorbereitete, schrieb er im selben Jahr an anderer Stelle:

Vieles von Haydn, Mozart und Schubert, das meiste von Weber, führt nur noch im Lichte der unvergänglichen Werke dieser Meister ein künstlerisches Dasein, gehört aber an sich schon der Vergangenheit an; von Beethoven nichts, einige Jugendwerke und Gelegenheitskompositionen vielleicht ausgenommen.

Niemand hätte 1907 die riesige Veränderung der Einstellung zu Mozart vorhersehen können, die in den zwanziger und dreißiger Jahren begann und mit den großen 150-Jahr-Feiern des Jahres 1941 (in den USA und Österreich vor allem) gleichsam kodifiziert wurde. Bisher hatte man Haydn und Mozart immer als oberflächliche Winkelmusikanten des herzlosen Rokoko in einen Topf geworfen. „Sogar ihr Ausdruck ging einem kaum unter die Haut", schrieb Robert Haven Schauffler noch 1927. Innerhalb einer Generation wurde Mozart fast ebenso populär wie Beethoven, und heute ist es schon die Frage, ob Mozart für viele denkende Menschen der westlichen Welt nicht überhaupt den Zenit der europäischen Musik darstellt. Im Kielwasser dieser ungewöhnlichen Mozart-Renaissance mitschwimmend, gewann auch Haydn an Popularität. Vor allem durch Rundfunk und Langspielplatte kehrte Haydns Musik wieder in die Heime der Menschen zurück, vor allem in den angelsächsischen Ländern. In Österreich und Deutschland ist Haydn nicht populärer, als er es vor dreißig Jahren schon war, und das wissenschaftliche Interesse an seiner Musik oder seinem Leben ist wenig mehr als nur oberflächlich. In vielen Konzertsaisonen im Zeitraum von 1946–80 enthielten beispielsweise die Programme der Abonnementkonzerte der Wiener Philharmoniker kein einziges Haydn-Werk, was in England unter ähnlichen Umständen undenkbar wäre. Die gegenwärtige Haydn-Renaissance ist hauptsächlich und zuallererst Großbritannien zu verdanken, dem einzigen Land, wo Haydns Popularität wohl gesunken sein mag, jedoch nie ganz schwand, auch nicht im 19. Jahrhundert und in den ersten Jahrzehnten unseres Jahrhunderts.

Ob das gegenwärtig große Interesse für Haydn sich über die Grenzen der angelsächsischen Welt hinweg weiter ausbreiten wird, muß die Zukunft zeigen. Aber es gibt Anzeichen dafür, daß Haydn in Frankreich wieder an Boden gewinnt, und zwar interessanterweise mit seinen Opern. Lyon inszeniert jedes Jahr eine neue Haydn-Oper. Der 250. Jahrestag von Haydns Geburt 1982 wird sicherlich eine einzigartige Gelegenheit abgeben zu neuem Überdenken, zu neuer Wertung und vielleicht zu einer Neubelebung der Haydn-Pflege.

I
DIE FRÜHEN JAHRE
1732–1765

„. . . Junge Leute werden an meinem Beyspiele sehen können,

daß aus dem Nichts doch Etwas werden kann;

was ich aber bin, ist Alles ein Werk der dringendsten Noth."
DIES, 16

Landschaft bei Eisenstadt im Burgenland, jenem Gebiet Österreichs, wo Haydn geboren wurde und wo er den größten Teil
seines Lebens verbrachte. Dieser Weingarten unserer Tage
gehört zum Erbe, das die Römer aus der Zeit ihrer Besetzung
dieser Region hinterlassen haben. Der Weinbau wurde von den
Römern in der Provinz Pannonien eingeführt und ist hier
seither ohne Unterbrechung bis in die Gegenwart betrieben
worden.

Außenansicht der Heimstatt der Familie Haydn im Dorfe Rohrau, wie sie uns eine Ölskizze aus dem neunzehnten Jahrhundert (oben) und eine moderne Photographie (links) zeigen. Noch bevor die Skizze entstand, war das Haus, in dem Joseph Haydn 1732 geboren wurde, mehrmals von Feuer und Flut zerstört worden. Was wir heute dort sehen, ist innen wie außen größtenteils eine Rekonstruktion.

Nebenstehende Seite unten: Hainburg, vom gegenüberliegenden Donauufer gesehen; Aquarell von Ferdinand Runk (1764–1834). Als Kind trat Haydn hier in die von seinem Vetter Johann Mathias Franck geführte Chorschule ein und erhielt die erste systematische musikalische Unterweisung. Neben dem Gesang lernte er auch eine Reihe von Instrumenten spielen, ehe er mit acht Jahren nach Wien geschickt wurde.

In einer Mauernische der Außenmauer der
Rohrauer Kirche steht eine Votivstatue des
Erlösers. Mathias Haydn, Wagnermeister
und Gemeinderat, errichtete einen Fonds zu
ihrer Erhaltung, und Joseph Haydn, der in
dieser Kirche getauft wurde, traf in seinem
Testament finanzielle Vorsorge für die künftige Pflege der Statue.

Rechts außen: Carl Anton Graf Harrach
(1692—1758), der zur Zeit von Haydns Ge-
burt und Jugend Oberhaupt der gräflichen
Familie war, deren Abkömmlinge bis heute
Schloß Rohrau bewohnen. Bis zu ihrer
Heirat im Jahre 1728 stand Haydns Mutter
als Köchin auf dem Schloß im Dienst der
Harrachs.

Der Stephansdom zu Wien; kolorierter Stich von Carl Schütz, 1792. Im Jahre 1740 besuchte Domkapellmeister Georg Reutter jr. Hainburg und hörte Haydn singen. Sofort einigte er sich mit Haydns Vater darauf, daß der Junge nach der Hauptstadt käme und Mitglied der „Capelle" werde, die die vielfältigen musikalischen Bedürfnisse einer großen Kirche zu erfüllen hatte.

Unten: Die Gartenfront von Schloß Schönbrunn in Wien; Detail eines Ölgemäldes von Bernardo Bellotto, 1759. Neben der Mitwirkung bei allen Arten von kirchlichen Zeremonien mußten Haydn und die anderen Mitglieder der „Capelle" auch bei Hof singen und musizieren.

Nebenstehende Seite: Kaiserin Maria Theresia (sitzend, rechts) mit ihrer Familie; auf dem Gruppenbild des Malers Martin van Meytens sind außerdem Kaiseringemahl Franz Stephan zu erkennen sowie (stehend, von links nach rechts) die Erzherzoginnen Maria Anna und Marie Christine und die Erzherzöge Joseph – der Thronfolger – und Carl. Maria Theresia folgte mit 23 Jahren ihrem Vater auf den Thron (1740) und regierte vierzig Jahre lang.

Der Kohlmarkt in Wien. Ganz rechts die Michaelerkirche, daran anschließend das sogenannte Michaelerhaus, wo Haydn in jungen Jahren in einer Bodenkammer im fünften Stock hauste. Kolorierter Stich von Carl Schütz, 1786.

Die Kirche St. Nikolaus auf der Landstraße in Wien. Daneben (rechts) steht das Konventshaus des Ordens der hl. Mutter Klara (Stich von J. G. Ringlin nach Salomon Kleiner). Hier nahm Haydns erste große Liebe, Therese Keller, die jüngere Tochter eines Perückenmachers, 1756 den Schleier.

Rechts, von oben nach unten: Vier der wichtigsten Personen in Haydns Jugend, die ihn, direkt oder indirekt, beeinflußten: Nicola Antonio Porpora (1686–1768), sein Dienstherr und Mentor in den fünfziger Jahren des achtzehnten Jahrhunderts; Georg Reutter jr. (1708–1772), Domkapellmeister von St. Stephan; Pietro Metastasio (1698–1782), der Dichter, der ihm die italienische Sprache beibrachte; und C. Ph. E. Bach, dessen „Versuch über die wahre Art das Clavier zu spielen" der angehende Komponist eifrigst studierte.

Die Landsitze der beiden ersten Dienstgeber Haydns: Schloß Weinzierl, Domizil der Familie Fürnberg (oben), wo Haydn um 1757 seine ersten Streichquartette schrieb; Schloß Lukavěc (unten), wo zur Aufführung durch das kleine Orchester des Grafen Morzin in den Jahren 1757–1760 die ersten Symphonien entstanden. In beiden Fällen erwiesen sich die Werke als ungeheuer erfolgreich, und bald zirkulierten Kopien davon in allen österreichischen Ländern.

Das Schloß der Esterházys in Eisenstadt, Hauptsitz der fürstlichen Familie und Zentrum der Verwaltung ihrer Güter. Nachdem die mittelalterliche Festung, die einst auf diesem Grundstück stand, in den Besitz der Familie gekommen war, wurde sie im achtzehnten und frühen neunzehnten Jahrhundert nach und nach neu gebaut beziehungsweise modernisiert. Haydns Beziehungen zu dem Schloß setzten 1761 ein, als er als Vice-Kapellmeister in den fürstlichen Haushalt eintrat (siehe Abbildung Seite 26).

Das alte „Musikgebäude" in Eisenstadt, das hinter der Bergkirche (siehe Abbildung Seite 172) steht. Hier hatte in den ersten Jahren seiner Tätigkeit Haydn zusammen mit den anderen Musikern im Dienste des Fürsten Paul Anton Wohnquartier. Das Haus droht abgerissen zu werden.

Haydn und die Eszterházys

Rechts: Der Besitz der Esterházys in Lokkenhaus im Burgenland (früher in Ungarn, jetzt auf österreichischem Staatsgebiet), von wo aus die in der Nähe befindlichen Papiermühlen geleitet wurden, die das Papier (mit dem berühmten Hirschen als Wasserzeichen) lieferten, auf dem Haydn die meisten Kompositionen der sechziger Jahre niederschrieb.

Unten: Die fürstliche Kutsche vor dem Tor der Burg Forchtenstein, wo seit jeher das Archiv der Familie Esterházy liegt. 1779, nach dem verheerenden Brand in Eszterháza (siehe Abbildungen Seite 54–57), dem fast alle Musikinstrumente zum Opfer fielen, forderte Haydn von dort als Ersatz die Kesselpauken an.

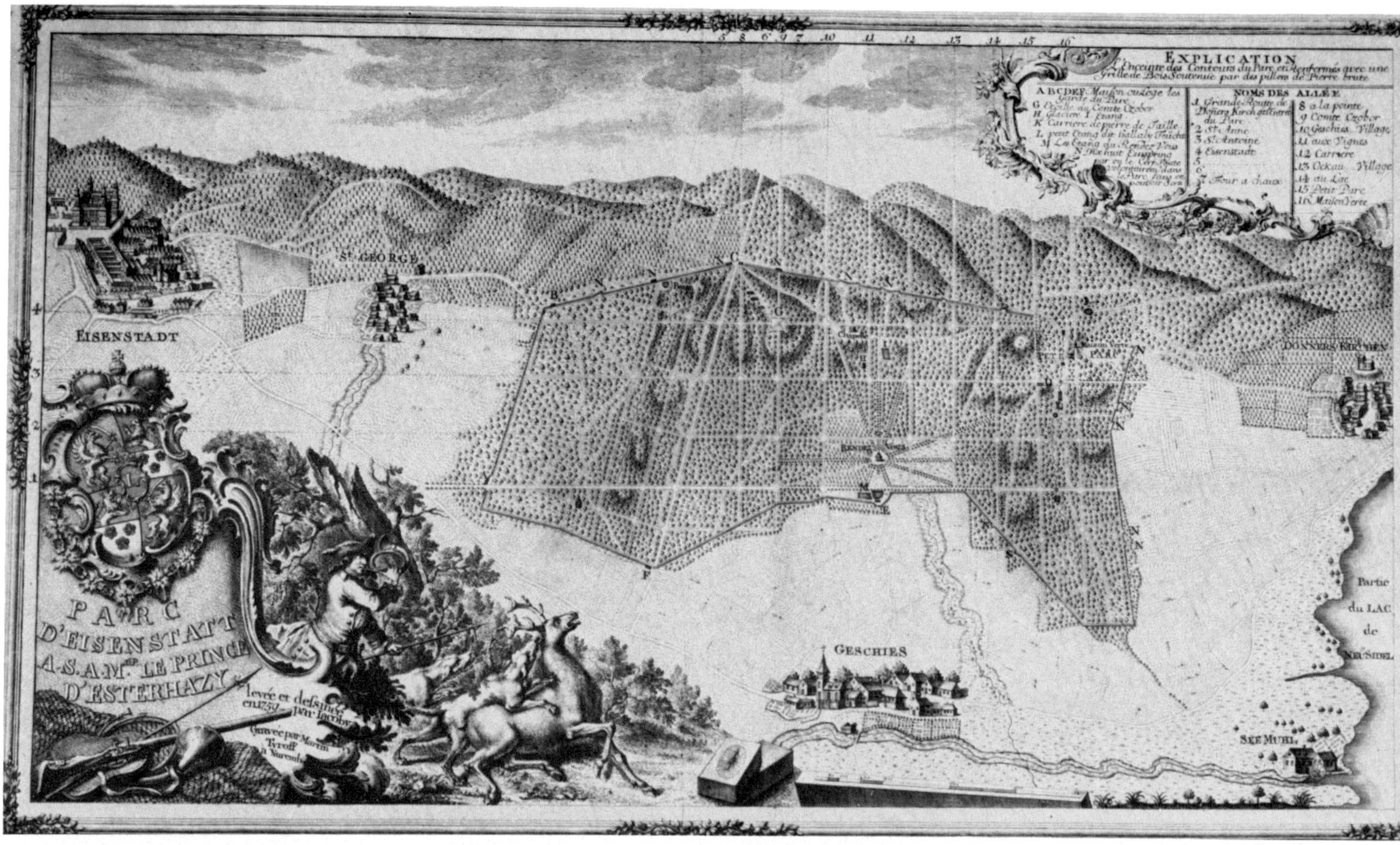

EXPLICATION
Enceinte des Contours du Parc, et est fermés avec une Grille de Bois foutenue par des pilien de Pierre brute.

EISENSTADT

St. GEORG

DONNERS KIRCHEN

PARC D'EISENSTATT A.S.A.Mgr LE PRINCE D'ESTERHAZY

levée et dessinée en 1759 par Jacoby

Gravée par Martin Tyroff Nuremb.

GESCHIES

Partie du LAC de NEUSIDEL

Ste MUHL

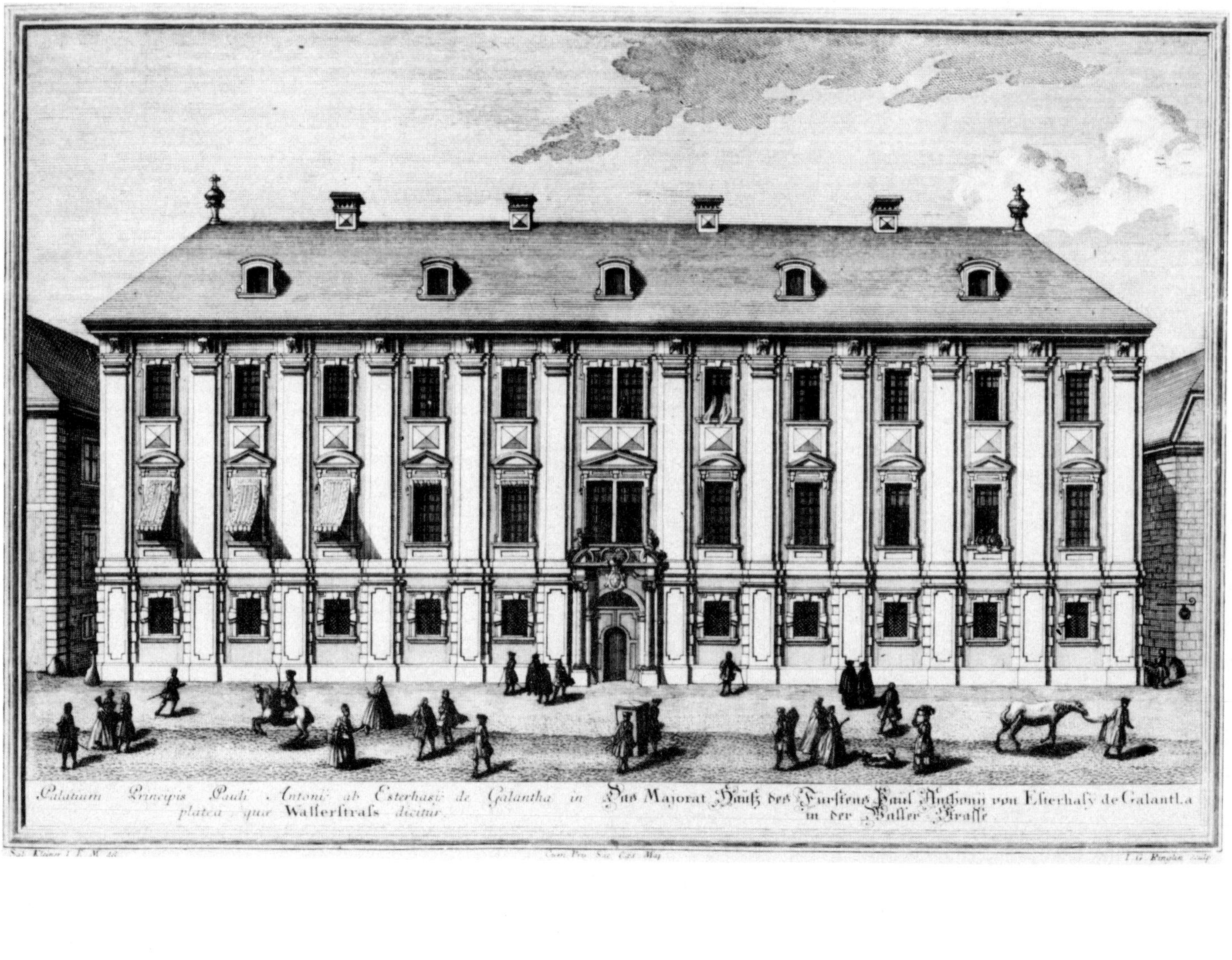

Palatium Principis Pauli Antonii ab Esterhazy de Galantha in platea quae Wasserstrass dicitur — Das Majorat Hauß des Fursten Paul Anthony von Esterhazy de Galantha in der Wasser Straße

Nebenstehende Seite oben: Plan von Schloß und Jagdpark in Eisenstadt; Haydn mag die Anlage bei seinem Dienstantritt 1761 so vorgefunden haben. Die Jagd gehörte zu den liebsten Freizeitbeschäftigungen des Komponisten. Stich von Martin Tyroff nach einer Zeichnung, die Nicolaus Jacoby, der Architekt des Fürsten, 1759 anfertigte.

Nebenstehende Seite unten: Das Palais Esterházy in der Wallnerstraße in Wien. Der große Saal in diesem Gebäude war wahrscheinlich der Ort, wo Haydn seine ersten Orchesterwerke, die er für den Fürsten schrieb (die Symphonien Nr. 6, 7 und 8 mit den Bezeichnungen „Der Morgen", „Der Mittag", „Der Abend") zur Aufführung brachte. Stich von J. G. Ringlin nach Salomon Kleiner.

Rechts: Haydns frühestes Porträt, um 1762/63. Das Bild, das 1945 den Kriegsereignissen zum Opfer fiel, stammt wahrscheinlich von Basilius Grundmann (1726–1798), der ebenfalls zu dieser Zeit in Diensten des Fürsten Esterházy stand. Es zeigt den Komponisten in seiner blauen Tracht des Hausoffiziers mit den silbernen Borten als Rangabzeichen des Vice-Kapellmeisters.

Bühnenbild, 1762, das Girolamo Bon zugeschrieben wird, dessen Truppe vom Fürsten Nicolaus I. Esterházy engagiert wurde, um in Eisenstadt Theatervorstellungen zu geben. Haydn komponierte seine erste Musik für eine italienische Komödie – „La Marchesa Nespola" (1763?) – zur Aufführung durch Bon, der im Juli 1762 engagiert wurde, und das Ensemble von Eisenstadt.

27

Fürst Paul Anton, Haydns erster Dienstgeber in Eisenstadt. Sowohl er als auch sein jüngerer Bruder Nicolaus (siehe Abbildung Seite 58), der ihm 1762 als regierender Fürst folgte, waren ausgebildete Amateurmusiker und beherrschten mehrere Sprachen fließend. Dieses Ölbild und sein Pendant, das Porträt der Fürstin Maria Anna, die ihren Gatten um mehr als zwei Jahrzehnte überlebte, waren ein Geschenk an den Eisenstädter Johanniterorden, dessen Patrone der Fürst und die Fürstin waren.

Rekonstruktion der Sitzordnung im großen Saal des Schlosses in Eisenstadt zu Haydns Zeiten. Die Sitze am entfernten Ende nahmen bei Konzerten das Fürstenpaar und die übrigen hohen Herrschaften ein.

Monastische Bindungen

Haydn unterhielt enge Beziehungen zu den großen geistlichen Stiften in Österreich. Für die Wallfahrtskirche von Mariazell in der Steiermark (links) komponierte er zwei Votivmessen (1766 und 1782), nachdem er dorthin (in den fünfziger Jahren) eine Wallfahrt gemacht hatte. – Stift Kremsmünster (nebenstehende Seite oben) besitzt eine bedeutende Sammlung von Haydn-Werken, darunter eine Reihe früher Quartette, datiert mit 1762. – Stift Göttweig (nebenstehende Seite unten) begann ab 1759 Werke von Michael Haydn, ab 1762 Werke von Joseph zu erwerben und brachte es im Laufe der Zeit zu einer ansehnlichen Sammlung der Kompositionen der beiden Brüder. – Melk (unten) wiederum besitzt eine Sammlung zeitgenössischer handschriftlicher Kopien von Haydn-Werken. Sie umfaßt 80 Symphonien und das Violinkonzert in A-Dur, von dem, soviel man weiß, nur noch eine weitere Kopie existiert.

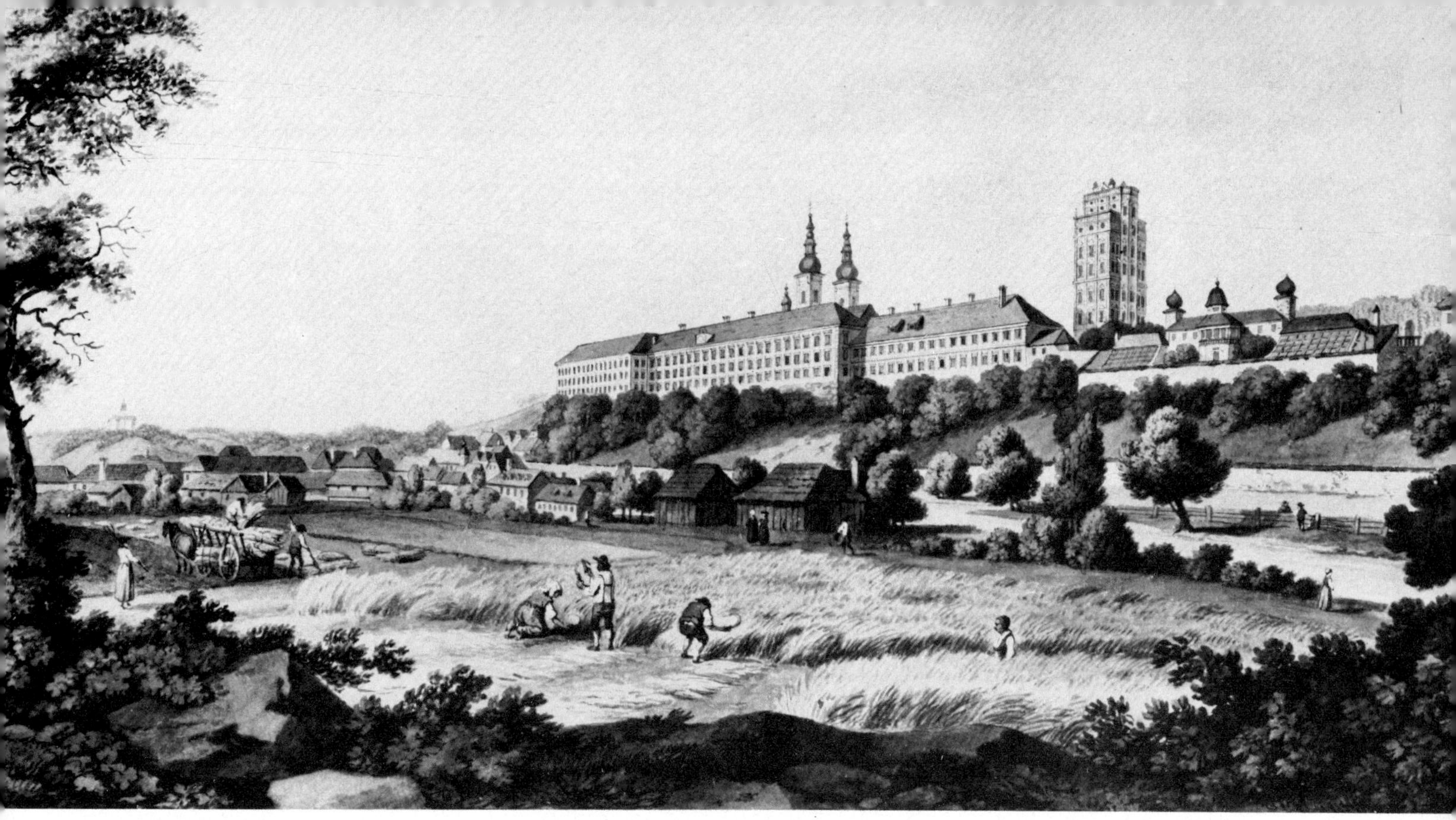

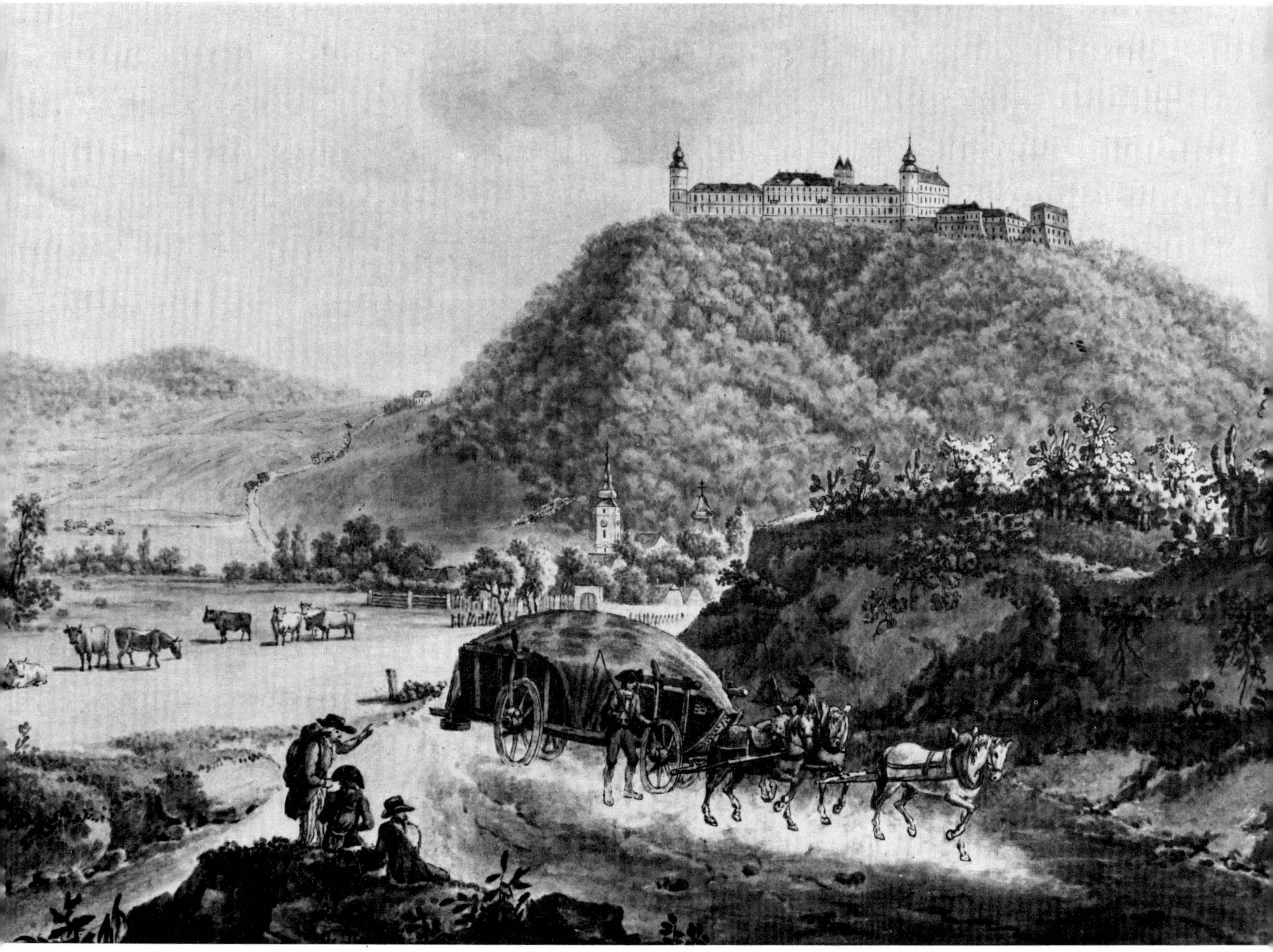

Die Kirche (seit 1960 Dom) St. Martin in Eisenstadt. Hier war Haydns Freund, der Lehrer Carl Kraus, Regens chori. Im Kirchenarchiv liegen viele handschriftliche Originale Haydnscher Werke. Darunter befindet sich das „Libera me" (entstanden um 1783 oder 1790), das erst im Jahre 1966 auf der Orgelempore aufgefunden worden ist.

Die Heimstatt der Familie Haydn stand in Rohrau, einem alten Marktflecken am Fluß Leitha in Niederösterreich. Der Leithafluß war Grenze zwischen Österreich und Ungarn, und die Dörfer in diesem Teil Österreichs haben heute kroatische, ungarische, slowakische und deutsche Bewohnerschaft. Zu Haydns Zeiten war Rohrau durchwegs von Deutschen bewohnt.

Im Taufregister der Pfarrkirche von Rohrau ist Joseph Haydns Taufe verzeichnet (siehe unten), doch ist nicht ganz sicher, ob der 31. März tatsächlich der Tag der Geburt war – wie man allgemein annimmt – oder der 1. April 1732.

Die Marginalziffern beziehen sich auf die Seiten, auf denen Abbildungen zu sehen sind, die im Zusammenhang mit der betreffenden Textstelle stehen.

Dies et mensis	Infantes	Parentes	Patrim	Baptizans	Locus
den 1. April	Franciscus Josephus fil: legit:	Mathias Haiden bürgl. Wagner- maister / zu Rohrau Vnd / Anna Maria uxor / ejus	Herr Josephus Hoffmann Herrschaftl. bestand Müllner zu Gerhaus et Catharina D[omi]na uxor ejus	ego q:[ui] supra	Rohrau

Taufpaten („Patrini") waren der Müllermeister des Herrschaftsgutes, Johann Joseph Hoffmann, aus dem nahe gelegenen Dorf Gerhaus, und dessen Frau. Das Ehepaar war offenbar mit Haydns Eltern eng befreundet, und aus Berichten weiß man, daß die beiden öfter als Firmpaten der Familie Haydn fungierten. In jenen Tagen war es üblich, nur vom zweiten Vornamen Gebrauch zu machen, und so kam Haydns erster Vorname Franz im Alltag gar nicht in Verwendung. Joseph war der älteste Sohn der großen, kinderreichen Familie des Mathias Haydn (1699–1763) und dessen Frau Anna Maria, geb. Koller. Von den zwölf Kindern aus Mathias Haydns erster Ehe starben fünf im frühen Kindesalter; zwei weitere Söhne – Johann Michael (geb. 1737) und Johann Evangelist (geb. 1743) – sollten später ebenfalls musikalische Berufe ergreifen. Mathias Haydn, im nahen Hainburg geboren, war Stellmachermeister und Mitglied des Gemeinderates, während seine Frau als Köchin auf Schloß Rohrau, dem Sitz der Grafen Harrach, diente. Dank ihrer Stellungen in der Dorfgemeinde und im Schloß hatten Haydns Eltern persönliche Beziehung zur „Herrschaft" des Gebiets, das waren zu jener Zeit Graf Carl Anton Harrach und dessen Frau Catharina, geb. Gräfin von Bouquoy. Durch den Bericht eines gefangenen preußischen Offiziers, der bei den Harrachs einquartiert war, erfahren wir vom Interesse der gräflichen Familie an Haydns Musik. Der Preuße hörte im Schloß den Komponisten im Quartett seine ersten Streichquartette musizieren, was darauf hinweist, daß den Harrachs dessen Talent nicht unbekannt war. Von Haydns Großvätern war der eine Stellmachermeister in Hainburg (Thomas Haydn), der andere Gemeinderat in Rohrau (Lorenz

Koller). Haydns Vater war musikalisch und liebte es, an den Abenden zu singen, wobei er sich selbst auf der Harfe begleitete.

Das Dörfchen Rohrau hat sich seit damals nicht wesentlich verändert. Die Kirche steht noch; es gibt noch die Votivstatue, die Haydn hat aufstellen lassen; und ebenso ist das Schloß erhalten geblieben, in dem sich jetzt die große Gemäldesammlung aus dem Wiener Palais der Harrach befindet. Haydns Haus hat mit dem einstigen Geburtshaus nur noch entfernte Ähnlichkeit; es brannte 1899 nieder, und davor war es zweimal (1813 und 1834) Überschwemmungen ausgesetzt gewesen, die es jedesmal mit Ausnahme der Grundmauern völlig zerstörten. So ist heute Haydns „Geburtshaus" mehr Erinnerung als historische Stätte. Was sich nicht verändert hat, das ist die geheimnisvolle, alte Kulturlandschaft rundum, über die römische Legionäre, wandernde Völkerschaften und brandschatzende Türkenheere gezogen sind und wo bis heute alte christliche Traditionen gepflegt werden, etwa das Fronleichnamsfest, bei dem Mutter Kirche und Mutter Erde sich symbolhaft vereinigen, damit die Menschen zugleich ans Kreuz und an ihre Scholle bindend. Und nicht weit von Rohrau floß die Donau, Europas größter Strom, dessen nie versiegende Wasser Schiffe und Menschen von Deutschland, Österreich und Ungarn in ferne Länder und bis an seine Mündung ins Schwarze Meer beförderten. Die Donaulandschaft ist von eigenem Zauber. Die Vegetation an beiden Ufern, die Weingärten, die einst die Römer liebevoll angelegt haben, das Hügelland und die Ebenen, die der Fluß durchquert, sie alle ergeben eine Landschaft, die sich von jeder anderen in Österreich unterscheidet. Und sowie die Donau sich in die großen Ebenen ergießt, befinden wir uns in der einstigen römischen Provinz Pannonien, an deren Grenze Haydn den Großteil seines Lebens verbrachte.

Unsere Kenntnis von Haydns frühen Jahren haben wir fast ausschließlich von dessen ersten Biographen, die niederschrieben, woran Haydn sich als alter Mann erinnerte. Von diesen ist Georg August Griesinger wohl der gewissenhafteste gewesen:

Von zwanzig Kindern, die sein Vater Mathias, ein Wagner von Profession, in zwey Ehen erzeugt hatte, war Joseph das älteste. Nach Handwerksgebrauch hatte sich der Vater in der Fremde umgesehen, und während seines Aufenthaltes zu Frankfurt am Mayn die Harfe zu klimpern gelernt. Er setzte als Meister in Rohrau die Uebungen auf diesem Instrumente zur Erholung nach der Arbeit fort; die Natur hatte ihn auch mit einer guten Tenorstimme ausgestattet, und seine Gattin, Anna Marie, begleitete das Saitenspiel mit ihrem Gesange. Die Melodien dieser Lieder hatten sich so tief in Joseph Haydns Gedächtniß geprägt, daß er sich derselben noch in seinem höchsten Alter erinnerte. – Eines Tages kam der Schulrektor aus dem benachbarten Städtchen Hainburg, ein entfernter Verwandter der Haydnschen Familie, nach Rohrau. Meister Mathias und seine Gattin gaben nach ihrer Weise ein kleines Konzert, der fünfjährige Joseph saß neben den Eltern und strich einen Stab auf dem linken Arme, als wenn er auf der Violin accompagnirte. Dem Schullehrer fiel es auf, daß der Knabe den Takt so richtig beobachte; er schloß daraus auf gute Anlagen zur Musik, und rieth den Eltern, ihren Sepperl nach Haimburg zu schicken, damit er zur Erlernung einer Kunst angehalten würde, die ihm die Aussicht, mit der Zeit „ein geistlicher Herr zu werden" unfehlbar eröffnete. Freudig ergriffen die Eltern, als eifrige Verehrer der Geistlichkeit, diesen Antrag, und im sechsten Jahr kam Joseph Haydn zum Schulrektor nach Haimburg. Hier erhielt er Unterricht im Lesen und Schreiben, im Catechismus, im Singen, und fast in allen Blas- und Saiten-Instrumenten, sogar im Paukenschlagen. „Ich verdanke es diesem Manne noch im Grabe", sagte Haydn öfters, „daß er mich zu so vielerley angehalten hat, wenn ich gleich dabey mehr Prügel als zu essen bekam."

Hainburg war ein florierendes Marktstädtchen am Donauufer. Regens chori der Pfarrkirche zu den Heiligen Philippus und Jakobus war Haydns Cousin Mathias Franck. An großen kirchlichen Feiertagen führte er große Messen mit Trompeten und Kesselpauken auf. Dort hat der kleine Joseph die großen kirchlichen Feiern zum erstenmal miterlebt, etwa das Fronleichnamsfest oder, im Mai 1739, den Einzug des Kaiserlichen und Königlichen Wahlkommissärs Cetto von Cronstorff. Unter den frühesten erhaltengebliebenen Stücken von Haydn sind auch vier Motetten (Hob. XXIIIc:5a–d), die er für das Fronleichnamsfest schrieb.

Griesinger:

Haydn, der damals schon um der Reinlichkeit willen die Perüke trug, mochte etwa drey Jahre in Haimburg gewesen seyn, als der Hofkapellm. Reutter aus Wien, welcher die Musik in der Stephanskirche dirigirte, seinen Freund, den Dechanten im Haimburg, besuchte. Reutter erzählte dem Dechanten, daß ihm seine ältern Chorknaben, deren Stimmen zu brechen anfingen, unbrauchbar würden, und daß er sie mit jüngern Subjecten ersetzen müsse. Der Dechant schlug den achtjährigen Haydn vor, und er wurde nebst dem Schulmeister sogleich herbeygerufen. Lüstern schielte der kümmerlich genährte Sepperl nach den Kirschen, die auf dem Tische des Dechanten standen; Reutter warf ihm einige Hände voll in den Hut, und er schien mit den lateinischen und italiänischen Strophen, die Haydn singen mußte, wohl zufrieden. Kannst du auch einen Triller machen? fragte Reutter. Nein, sagte Haydn, denn das kann selbst mein Herr Vetter nicht. Den Schullehrer brachte diese Antwort in große Verlegenheit, und Reutter lachte darüber aus vollem Halse. Er zeigte die mechanischen Vortheile, um einen Triller hervorzubringen, Haydn machte es ihm nach, und der dritte Versuch gelang. „Du bleibst bey mir", sagte Reutter. Bald erfolgte der Abschied von Haimburg, und Haydn kam als Schüler in das Kapellhaus der Stephanskirche in Wien, wo er bis in sein sechzehntes Jahr blieb.

Wien war Haupt- und Residenzstadt eines großen Reiches, und sein geistliches Zentrum war natürlich St. Stephan. Man nimmt an, daß Haydn 1740 in Wien eintraf. Er wurde zu einem kleinen Zahnrädchen in der komplizierten, schwerfällig arbeitenden kirchlichen Maschinerie der großen Kathedrale; er wirkte bei Hohen Messen, kleinen Messen, Totenmessen und Tedeums mit, beim Rorate zur Adventszeit und bei großen Prozessionen – eben bei allem, was in einer Kathedrale, die zugleich Pfarrkirche ist, vor sich geht. Bisweilen gastierte die „Capelle" im Augustinerchorherrnstift im nahen Klosterneuburg oder im Schloß Schönbrunn. Haydn wurde ein berühmter Solosänger, doch bald trat sein Bruder Johann Michael in die Chorkapelle ein und übertraf ihn noch als Sopransolist. Man nimmt an, daß Joseph seine Missa brevis in F für zwei Sopransoli, Chor und Orchester für sich und seinen Bruder Michael schrieb.

Im Oktober 1740 starb Kaiser Karl VI., und seine Tochter Maria Theresia übernahm die Regierung. Sie war eine kluge Regentin und besonders geschickt im Umgang mit den Ungarn, deren Herz sie gewann, als sie bei den Krönungsfeierlichkeiten in Preßburg auf ihrem kohlschwarzen Rappen einen Hügel hinaufgaloppierte und ihr Schwert nach den vier Himmelsrichtungen schwang. Ihr Gemahl war der liebenswürdige Herzog Franz Stephan von Lothringen. Es war eine Liebesheirat gewesen. Am 13. März 1741 jubelte ganz Wien mit dem Herrscherpaar: Maria Theresia gebar einen gesunden Sohn. Er sollte einmal Kaiser Joseph II. werden.

Eine der Totenmessen, an der Haydn teilnahm, war die am 28. Juli 1741 für Antonio Vivaldi. Die Pfarregister verzeichnen, daß dabei die sechs Chorknaben mitwirkten.

Vivaldi starb verarmt, und für Haydn war es die erste Erfahrung dieser Art: ein großer Musiker hatte seine Tage in Armut und Vergessenheit enden müssen. Im Verlauf seines langen Lebens sollte Haydn noch oft erleben müssen, wie Berufskollegen – Kopisten, Geiger, Sänger, Komponisten, unter ihnen der berühmte Dittersdorf und, welch Schande, der unvergleichliche Mozart – in furchtbarer Armut starben.

35

Griesinger:

Außer dem nach damaliger Art nothdürftigen Unterricht im Lateinischen, in der Religion, im Rechnen und Schreiben, hatte Haydn im Kapellhause sehr tüchtige Lehrer auf verschiedenen Instrumenten, und besonders im Singen. Unter den letzten war der bey der Hofmusik angestellte Chorist Gegenbauer, und ein eleganter Tenorist, Finsterbusch. In der theoretischen Musik wurde im Kapellhause kein Unterricht ertheilt, und Haydn erinnerte sich, darin nur zwey Lektionen von dem braven Reutter erhalten zu haben. Reutter ermunterte ihn aber, die Motetten und Salve, welche er in der Kirche absingen mußte, auf beliebige Art zu variieren, und diese Uebung brachte ihn früh auf eigene Ideen, welche Reutter verbesserte. Er lernte auch Mattheson vollkommenen Kapellmeister und Fuxens [Joh. Jos. Fux] Gradus ad Parnassum in deutscher und lateinischer Sprache kennen – ein Buch, das er noch im hohen Alter als klassisch rühmte, und wovon er ein stark abgenutztes Exemplar aufbewahrt hatte. Mit unermüdeter Anstrengung suchte sich Haydn Fuxens Theorie verständlich zu machen; er ging seine ganze Schule praktisch durch, er arbeitete die Aufgaben aus, ließ sie einige Wochen liegen, übersah sie alsdann wieder, und feilte so lange daran, bis er es getroffen zu haben glaubte. „Das Talent lag freylich in mir: dadurch und durch vielen Fleiß schritt ich vorwärts." Im Drange seiner Phantasie wagte er sich schon an acht und sechzehnstimmige Kompositionen. „Ich glaubte damals, es sey alles recht, wenn nur das Papier hübsch voll sey; Reutter lachte über meine unreifen Produkte, über Sätze, die keine Kehle und kein Instrument hätte ausführen können, und er schalt mich, daß ich sechzehnstimmig komponirte, ehe ich noch den zweystimmigen Satz verstände."

Damals waren am Hofe und an den Kirchen in Wien noch viele Kastraten angestellt, und der Vorsteher des Kapellhauses glaubte ohne Zweifel des jungen Haydns Glück zu gründen, wenn er mit dem Plane, ihn sopranisieren zu lassen, umging, und auch wirklich den Vater um seine Einwilligung befragte. Der Vater, dem dieser Vorschlag gänzlich mißfiel, machte sich schleunigst auf den Weg nach Wien, und in der Meinung, daß die Operation vielleicht gar schon könnte vorgenommen worden seyn, tritt er in das Zimmer, wo sich sein Sohn befand, mit der Frage: „Sepperl, thut dir was weh? kannst du noch gehen?" Hocherfreut, seinen Sohn unverletzt zu finden, protestierte er gegen alles fernere Ansinnen von dieser Art, und ein Castrat, welcher zugegen war, bestärkte ihn selbst in seinem Entschlusse.

Albert Christoph Dies, ein anderer von Haydns ersten Biographen, beschreibt genau die Erlebnisse des Komponisten als Chorknabe:

Haydn hatte als Chorknabe manches Abenteuer von komischer Art. Zur Zeit, als der Hof das Lustschloß zu Schönbrunn erbauen ließ, mußte Haydn die Pfingstfeyer hindurch daselbst in den Kirchenmusiken singen. Außer der Zeit, die er in der Kirche zubringen mußte, gesellte er sich zu andern Knaben, bestieg die Gerüste, die des Baues wegen errichtet waren, und lärmte auf den Bretern tüchtig herum. Was geschah? Die Knaben erblicken plötzlich eine Dame. Es war die Kaiserin Maria Theresia selbst, die Jemand beordnete, die lärmenden Knaben von dem Gerüste zu entfernen, und mit Schillingstrafe zu bedrohen, wenn sie sich wieder auf denselben sehen lassen würden. Haydn wurde am folgenden Tage vom Vorwitz getrieben, bestieg allein das Gerüst, wurde erhascht, und erhielt richtig den versprochenen Schilling.

Viele Jahre nachher, als Haydn schon im Dienst des Fürsten Esterhazy stand, war die Kaiserin einst in Esterhaz. Haydn stellte sich vor dieselbe hin, und machte seine unterthänigste Danksagung für den erhaltenen Schilling. – Er mußte den ganzen Vorfall erzählen, worüber viel gelacht wurde.

Stillstand ist in der Natur eine Unmöglichkeit. Haydn mußte nun erfahren, daß er nicht bestimmt sey, ewig ein Chorknabe zu bleiben. Seine schöne Stimme, mit welcher er sich bisher so manchen gesättigten Magen ersungen hatte, ward ihm plötzlich untreu; sie brach sich, und wankte zwischen Doppeltönen.

Nachstehende Anekdote erzählte mir Haydn in späterer Zeit; sie gehört in die Jahre, in welchen sich seine Stimme brach. Bey den Feyerlichkeiten, die dem h. Leopoldus zu Ehren jährlich zu Kloster-Neuburg begangen werden, erschien gewöhnlich die Kaiserin Maria Theresia. Schon hatte die Kaiserin dem Kapellmeister Reutern im Scherz sagen lassen: „Joseph Haydn singe nicht mehr; er krähe." Reutern mußte also bey dieser Feyerlichkeit, Josephs Stelle mit einem anderen Sopran besetzen. Seine Wahl fiel auf Josephs Bruder, Michael. Dieser sang so schön, daß die Kaiserin ihn vor sich rufen ließ, und ihm 24 Dukaten verehrte.

„Michael, fragte ihn Reutern, was wirst du nun mit dem vielen Gelde machen?" Michael sann nicht lange nach, und sagte: „Unserm Vater ist vor kurzem ein Thier gefallen, ihm schicke ich 12 Dukaten; die andern 12 bitte ich Sie, mir zu bewahren, bis sich auch meine Stimme bricht." – Reutern nahm das Geld; vergaß aber, es je wieder zurück zu geben.

Da Haydn wegen seiner gebrochenen Stimme untauglich wurde, ferner Chorknabe zu bleiben, und er also dem Kapellmeister Reutern keinen Geldnutzen mehr bringen konnte; so hielt es dieser der Billigkeit gemäß, ihn zu verabschieden.

Eine Ungezogenheit, die Haydn beging, beschleunigte seine Verabschiedung. Haydn hatte nähmlich aus Muthwillen einem andern Chorknaben, der wider das damahls übliche Costum der Chorknaben sein langes Haar in einem Zopfe trug, denselben ihm abgeschnitten. Er wurde darüber bey Reutern angeklagt, und von diesem verurtheilt, Stockschläge in die flache Hand zu empfangen. Der Augenblick der Strafe erschien. Haydn suchte allerley Mittel zu seiner Befreiung herbey, und erklärte endlich: er wolle lieber nicht mehr Chorknabe seyn, und sogleich austreten, wenn er nicht gestraft würde. „Da hilft nichts!" erwiederte Reutern, „du wirst erst geprügelt, und dann marsch!"

Reutern hielt sein Wort; und so trat der abgedankte Chorknabe, hülflos, ohne Geld, mit drey schlechten Hemden und einem abgenützten Rock ausstaffirt, in die große Welt, die er nicht kannte. Seine Aeltern waren sehr bekümmert. Vorzüglich das weiche Mutterherz äußerte bange Besorgnisse mit Thränen im Auge; sie bath den Sohn: „er möchte doch den Wünschen und Bitten der Aeltern nachgeben, und sich dem geistlichen Stande widmen!" Dieser Wunsch, der seit zehn Jahren geschlummert hatte, erwachte jetzt mit Ungestüm. Die Aeltern ließen ihrem Sohne keine Ruhe; sie glaubten durchdringen zu müssen; aber Haydn blieb in seinem Vorsatze unerschütterlich, und gab kein Gehör. Er wußte zwar seinen Aeltern keine Gründe anzugeben, warum er sich ihren Wünschen widersetzte; er meinte sich deutlich genug zu erklären, wenn er, den ihm unerklärbaren innern Drang der Geniekräfte, in den wenigen Worten zusammenpreßte: „ich mag kein Geistlicher werden." Wie konnte aber diese Antwort die Aeltern befriedigen? Wie konnten sie sich die Entwickelung der Fähigkeiten ihres Sohnes, und die daraus entspringende glückliche und ruhmvolle Zukunft denken, da Haydn selbst nichts dabey dachte; da er eben so wenig als seine Aeltern wußte, was Genie sey; den Stolz, der junge Genie's gewöhnlich beherrschet, gar nicht kannte, und sich selbst keine Einsichten zutrauete?

Griesinger:

Haydn erhielt seine Entlassung aus dem Kapellhause im sechszehnten Jahr, weil seine Stimme gebrochen war; er konnte nicht die mindeste Unterstützung von seinen armen Eltern erwarten, und mußte daher suchen, sich blos durch sein Talent fortzubringen. Er bezog in Wien ein armseliges Dachstübchen (im Hause Nr. 1220 am Michaelerplatz) ohne Ofen, worin er kaum gegen den Regen geschützt war. Unbekannt mit den Annehmlichkeiten des Lebens war seine ganze Zeit zwischen Lektiongeben, dem Studium seiner Kunst, und praktischer Musik getheilt. Er spielte bey Nachtmusiken und in den Orchestern ums Geld mit, und er übte sich fleißig in der Komposition, denn „wenn ich an meinem alten, von Würmern zerfressenen Klavier saß, beneidete ich keinen König um sein Glück". Um diese Zeit fielen Haydn die sechs ersten Sonaten von Emanuel Bach in die Hände; „da kam ich nicht mehr von meinem Klavier hinweg, bis sie durchgespielt waren, und wer mich gründlich kennt, der muß finden, daß ich dem Emanuel Bach sehr vieles verdanke, daß ich ihn verstanden und fleißig studiert habe; Emanuel Bach ließ mir auch selbst einmal ein Kompliment darüber machen."

22

Dies:

Ich erinnerte Haydn an das Bodenkämmerchen, und wünschte seine Erlösung aus demselben zu vernehmen.

„Ich gerieth, hob Haydn an, in die Bekanntschaft des bekannten Kapellmeisters Porpora, dessen Unterricht häufig gesucht wurde; der aber, vielleicht wegen Alters, einen jungen Gehülfen suchte, und solchen in meiner Person fand. Unter den Schülern des Porpora befand sich ein junges Mädchen von etwa 7 bis 9 Jahren. Der berühmte Metastasio war der Wohlthäter der Mutter und des Mädchens, das er auf seine Kosten erziehen, und von Porpora im Singen unterrichten ließ."

22

Der alte Porpora bediente sich bey dieser Lection des jungen Haydn, der mit Freuden den Auftrag übernahm, die Entfernung nicht achtete, und nun so glücklich war, monathlich zwey Gulden zu verdienen. Da Porpora das Mädchen im Singen unterrichtete, so fand Hayd'n, der den Gesang auf dem Flügel begleiten mußte, eine schöne Gelegenheit, die italienische Methode im Singen und Begleiten vollkommen kennen und ausüben zu lernen.

Porpora war ein Mann, der Haydn scharf in der Zucht hielt, welcher sich auch alles gefallen ließ, und mit Unterwerfung Rippenstöße oder den Titel Bestia! – C –! ertrug sogar die Schuhe putzte, wenn er den Porpora in den Sommermonathen auf das Land begleiten mußte. Haydn duldete dieß alles gern, weil er von dem Manne auch Viel lernte.

22 Haydn's Schicksal schien nun eine freundlichere Wendung zu nehmen. Er wurde mit Metastasio bekannt, der ihm manche nützlichen Winke gab, und in dessen Hause er schnell die italienische Sprache erlernte. Auch machte er um diese Zeit Bekanntschaft mit einer braven bürgerlichen Familie, die sich mit der Strumpfwirkerey ernährte, und ohne selbst wohlhabend, oder vor Mangel gesichert zu seyn, dennoch Menschenliebe genug besaß, um Hayd'n nach ihren Kräften zu unterstützen. Haydn erzählte der Mutter von dem durchlöcherten Dache, unter welchem er schlief, und machte sich über die beschneyete Bettdecke lustig. Obgleich er über seine Noth nur hatte lachen wollen, so nahm es doch die gute Frau von einer ernsthafteren Seite; sie wurde gerührt, und both dem jungen Hayd'n ihr eigenes Zimmer als Schlafort im Winter an. Haydn willigte in das Anerbiethen, mit dem geheimen Wunsche, bald in den Stand zu kommen, den wichtigen Dienst dankbar vergelten zu können. Da die arme Frau indeß selbst nur mit den nothwendigsten Meublen versehen war, so mußte der Fußboden die Stelle der Bettstatt vertreten, und so fand Haydn wenigstens an jeden Winterabend, ein warmes Lager für sich bereitet.

Der Name der Familie war Buchhol(t)z. In seinem ersten Testament 1801 vermachte Haydn Frau Anna Buchholz 100 Gulden, weil, wie er ausführte, ihr Großvater ihm ohne Zinsen 150 Gulden geliehen habe, als er als junger Mann in großer Not gewesen sei. Das Geld habe er allerdings schon vor fünfzig Jahren zurückgezahlt. Annas Vater, ein Richter, war Trauzeuge bei Haydns Heirat im Jahre 1760. Dieses ist der erste von vielen Fällen, die in berührender Weise von Haydns Gabe, sich Freunde zu machen, zeugen.
Griesinger berichtet an anderer Stelle weiter:

23 . . . folgender ganz zufälliger Umstand habe ihn veranlaßt, sein Glück mit der Komposition von Quartetten zu versuchen. Ein Baron Fürnberg hatte eine Besitzung im Weinzierl, einige Posten von Wien, und er lud von Zeit zu Zeit seinen Pfarrer, seinen Verwalter, Haydn und Albrechtsberger (einen Bruder des bekannten Contrapunktisten, der das Violoncell spielte) zu sich, um kleine Musiken zu hören. Fürnberg forderte Haydn auf, etwas zu komponiren, das von diesen vier Kunstfreunden aufgeführt werden könnte. Haydn, damals achtzehn Jahr alt, nahm den Antrag an, und so entstand sein erstes Quartett, welches gleich nach seiner Erscheinung ungemeinen Beyfall erhielt, wodurch er Muth bekam, in diesem Fache weiter zu arbeiten.

Etwa 1757 oder 1758 wurde Haydn nach Schloß Weinzierl geladen, einem hübschen Anwesen in der Nähe der alten Stadt Wieselburg in Niederösterreich. Er war dort Gast des Carl Joseph Edlen von Fürnberg, einem Regierungsrat im Niederösterreichischen Landtag, der damals in zweiter Ehe mit Marie Antonie, geb. von Germetten, verheiratet war. Fürnbergs ältester Sohn Joseph war im Armeedienst, jedoch ebenfalls ein großer Musikliebhaber. Seine Haydn-Sammlung, die man nach dem Zweiten Weltkrieg in einem ungarischen Schloß aufgefunden hat, enthält Originalkopien (mit Korrekturen von Haydns Hand) der frühen Quartette, der Symphonien für den Grafen Morzin, einiger Divertimenti und zweier Streichtrios.
Es hat zwei Musiker namens Albrechtsberger gegeben: Johann Georg, Komponist, Musiktheoretiker und Lehrer Beethovens, geboren 1732 in Klosterneuburg, gestorben 1809 in Wien; und dessen Bruder Anton Johann, ebenfalls Komponist, später in Diensten des Bischofs von Wiener Neustadt, geboren am 20. November 1729 in Klosterneuburg. Man weiß nicht, welcher der beiden eigentlich der Cellist jenes Quartetts im Hause Fürnberg war, für das Haydn seine ersten Streichquartette schrieb.
Diese Quartette, von denen zehn erhalten sind, erwiesen sich als ungemein populäre Werke. Bis 1762 zirkulierten sie bereits in den österreichischen
31 Klöstern (Göttweig und Kremsmünster), und 1764 wurden vier davon in Paris veröffentlicht. Alle diese frühen Ausgaben von Haydns Werken erfolgten ohne Mitwirkung des Komponisten; berufsmäßige Kopisten fertigten unberechtigterweise Kopien der Originalhandschriften an und verkauften sie.

38

Griesinger:

Im Jahr 1759 wurde Haydn in Wien bey dem Grafen Morzin als Musikdirektor mit zweyhundert Gulden Gehalt, freyer Wohnung und Kost an der Offizianten-Tafel angestellt. Hier genoß er endlich des Glücks einer sorgenfreyen Existenz; es ging ihm ganz gut. Der Winter wurde in Wien und der Sommer in Böhmen, in der Nähe von Pilsen, zugebracht. Er erzählte in seinen späteren Jahren gern, daß, wie er einst am Klavier saß, und die schöne Gräfin Morzin sich über ihn beugte, um in die Noten zu sehen, ihr Halstuch aus einander fiel. „Es war zum Erstenmal, daß mir ein solcher Anblick ward; er verwirrte mich, mein Spiel stockte, die Finger blieben auf den Tasten ruhen. – Was ist das, Haydn, was treiben Sie? rief die Gräfin; voll Ehrerbietung antwortete ich: aber Ihr' gräfliche Gnaden, wer sollte auch hier nicht aus der Fassung kommen?"
Als Musikdirektor im Dienste des Grafen Morzin komponirte Haydn seine erste Symphonie.

23

Dies:

Haydn war nun ein Kapellmeister, hatte ein gewisses Auskommen, und war mit seiner Lage zufrieden, den Umstand ausgenommen, daß er unverheirathet leben sollte. Von einem feurigen jungen Manne war nicht zu erwarten, daß er lange Zeit auf das Verboth achten würde. Der natürliche Trieb erhielt durch das Verboth nur einen desto stärkern Reitz, dem Haydn nicht länger widerstehen konnte. Da er bey einem Perückenmacher im Hause wohnte, der zwey Töchter hatte, und dieser Mann zu ihm einst scherzend sagte: „Haydn, Sie sollten meine älteste Tochter heirathen!" so heirathete er dieselbe, (gegen seine Neigung sogar; denn die Jüngere war der eigentliche Gegenstand seiner Liebe) um nur bald eine Frau zu bekommen.

Haydn habe, so Griesinger, oft Beistand im Hause eines Perückenmachers gefunden. Er hieß Keller und wohnte auf der Landstraße in Wien. Haydn erteilte dessen ältester Tochter Musikunterricht. Bei näherer Bekanntschaft habe Haydn sie mehr und mehr geliebt. Tatsächlich war Haydns erste Liebe aber nicht diese älteste, sondern die jüngste Tochter Kellers, Therese. Aber sie war für ein Leben als Nonne bestimmt, und im Mai 1756 legte sie als Schwester Josepha die Gelübde ab. Aus diesem für ihn traurigen Anlaß komponierte Haydn ein Orgelkonzert (C-Dur, Hob. XVIII:1) und das Salve regina in E-Dur (Hob. XXIII:1). Perückenmacher Keller, dem Haydn offenbar sehr zu Dank verpflichtet war, überredete den Komponisten, seine älteste Tochter Maria Anna (1729–1800) zu ehelichen, und die Trauungszeremonie fand am 26. November 1760 in St. Stephan statt. Im Heiratsvertrag war festgesetzt, daß Haydn die Summe von 1.000 Gulden in die Ehe einzubringen habe (als „Gegenleistung", wie es Sitte war, für die Aussteuer von 350 Gulden in Gütern und 500 Gulden in Bargeld), was beweist, daß er nun bereits finanziell gut gestellt war. Die nicht unbeträchtliche Summe hatte er offenbar durch Verkauf von Originalkopien seiner frühen Quartette, Trios, Sonaten und Symphonien an wohlhabende Gönner in Wien und den österreichischen Provinzen aufgetrieben. Beispielsweise erwarb der Fürst Schwarzenberg für sein Schloß in Böhmisch Krumau (heute Česky Krumlov) eine Symphonie (1758), und der Bischof Leopold Egk von Hungersbach aus Olmütz (heute Olomouc) erwarb vor dem November 1759 in Wien Haydns Symphonie Nr. 1.

22

Griesinger:

Haydn zeugte keine Kinder in dieser Ehe; „mein Weib war unfähig zum Kindergebären, und daher war ich auch gegen die Reize anderer Frauenzimmer weniger gleichgültig." Überhaupt war seine Wahl nicht glücklich ausgefallen, denn seine Gattin war von einem gebieterischen, unfreundlichen Charakter, und er mußte ihr seine Einkünfte sorgfältig verbergen, weil sie den Aufwand liebte, dabey bigott war, die Geistlichen fleißig zu Tische lud, viele Messen lesen ließ, und zu milden Beyträgen bereitwilliger war, als es ihre Lage gestattete. Haydn antwortete mir einst, als ich den Auftrag hatte, mich zu erkundigen, wie eine erwiesene Gefälligkeit, für die er nichts annehmen wollte, seiner Frau erstattet werden könnte: „Die verdient nichts, und ihr ist es gleichgültig, ob ihr Mann ein Schuster oder ein Künstler ist."

Die Ehe war kein Erfolg, doch hatte Maria Anna so manchen Grund, über ihres Gatten Eheverhalten Beschwerde zu führen, zumindest was seine Treue betraf. Ohne Zweifel ist die Schwarzmalerei, die man allgemein in bezug auf Frau Haydn betreibt, ein sehr einseitiger Standpunkt.

Dies berichtet über das so bedeutsame Engagement Haydns durch Paul Anton Fürst Esterházy:

28

> Es verfloß ein Jahr, ohne daß dem Grafen Morzin die Heirath seines Kapellmeisters bekannt wurde; aber es ereignete sich ein Umstand, der Haydn's Lage eine andere Richtung gab. Der Graf sah sich genöthigt, seinen bisherigen großen Aufwand zu vermindern; er verabschiedete seine Virtuosen, und so verlor Haydn den Dienst als Kapellmeister.
> Indessen war der öffentliche Ruf eine große Empfehlung für Haydn; man kannte seinen liebenswürdigen Charakter; der Graf Morzin war bemüht, ihm nützlich zu seyn: drey Umstände, die so glücklich zusammentrafen, daß Haydn kurz nachher, da er aufhörte, Kapellmeister des Grafen Morzin zu seyn, (im Jahr 1760), als Vicekapellmeister, unter der Direktion des Kapellmeisters Gregorius Werner, im Dienste des Fürsten Anton Esterhazy de Galantha zu Eisenstadt mit 400 fl. . . .

Die Esterházy waren eine der reichsten ungarischen Adelsfamilien und besaßen riesige Ländereien und Dutzende von Schlössern, einige davon im heutigen österreichischen Bundesland Burgenland. Sie waren berühmt für ihre Musikliebe und ihr Musikverständnis, und einer ihrer leuchtendsten Vertreter, Fürst Paul (1635–1715), der Palatin von Ungarn war, komponierte einen Zyklus von wunderschönen Kirchenmusikstücken mit dem Titel „Harmonia caelestis" (veröffentlicht 1711), die erst kürzlich mit großem Erfolg wiederaufgeführt worden sind.

25, 26

Haydns neuer Dienstherr war Fürst Paul Anton, der, wie alle Esterházys, den Habsburgern treu gedient hatte, zuerst auf dem Schlachtfeld, hernach als Gesandter. Er war mit einer schönen und lebhaften italienischen Aristokratin, der Marchesa Maria Anna di Lunati-Visconti, verheiratet, zur Feier von deren Namenstag Haydn seine brillante Oper „L'infedeltà delusa" schrieb. Paul Antons Bruder Nicolaus lebte auf einem Jagdsitz in Ungarn, Süttör (auf dem Areal, auf dem später Schloß Eszterháza erbaut wurde), und er war wie sein Bruder ein guter Musiker und Musikliebhaber. Paul Anton spielte Violine, Flöte und Laute; Nicolaus spielte Viola da gamba, Violoncello und Baryton.

68

Der fürstliche Haushalt wurde von Eisenstadt aus geführt, wo die Herrschaften sich den Sommer über aufhielten. Im Winter bewohnten sie ihr geräumiges Palais in der Wallnerstraße in Wien. Haydns erste drei Symphonien für den Fürsten Paul Anton entstanden 1761 und bekamen die Bezeichnungen „Le Matin", „Le Midi" und „Le Soir" (Morgen, Mittag, Abend); sie wurden im großen Saal des Wiener Stadtpalais erstaufgeführt. Zugleich mit Haydn wurden andere Musiker für das Orchester aufgenommen, andere entlassen. Haydn hatte eine Flöte, zwei Oboen, zwei Fagotte, zwei Hörner und eine kleine Streichergruppe (nach dem 1. Juni 1761: 5 Violinen bzw. Bratschen, Haydn mit inbegriffen, ein Cello, ein Kontrabaß) zur Verfügung. Die Kirchenmusik blieb weiter in Händen des Ersten Kapellmeisters Gregor Joseph Werner, während Haydn, als dessen Stellvertreter, das Orchester dirigierte.

26, 28/29

26

Haydns Kontrakt mit den Esterházys, am 1. Mai 1761 unterzeichnet, ist Gegenstand weitläufiger Kommentare gewesen, aber das Erstaunen über Ton und Wortlaut des Vertragstextes sowie über den doch offensichtlich erniedrigenden Inhalt ist wahrscheinlich nicht berechtigt. Viele der „erniedrigenden" Vertragspunkte waren einfach bei Verträgen der Familie mit Hausoffizieren Usus. Bestimmt hat man Haydn nicht wie einen Diener behandelt. Zudem bestand ein großer Unterschied zwischen einem wirklichen Diener (und selbst die Diener waren in Klassen unterteilt) und einem Hausoffizier. Die Sprache, in der ein Fürst des Heiligen Römischen Reiches angeredet zu werden erwartete, ob nun *viva voce* oder schriftlich, ist in zahlreichen Beispielen in diesem Buch zu finden. Der untertänige, schmeichlerische Ton von formellen Reden, Namenstags- und Geburtstagswünschen mag für heutige Ohren sonderbar klingen, aber er war in ganz Europa damals üblich. Als Kontrakt war der Haydns durchaus fair und in Ordnung, hätte auch anderswo in Europa nicht besser sein können, und es kann kein Zweifel darüber bestehen, daß Haydn ihn mit Freude, Erleichterung und großen Hoffnungen unterzeichnete.

CONVENTION UND VERHALTUNGS-NORMA DES VICE-CAPEL-MEISTERS

HEÜTHE ENDES ANGESETZTEN TAG, UND JAHR ist der in Österreich zu Rohrau gebürtige Joseph Heyden bey IHRO HOCHFÜRSTLICHER DURCHLAUCHT, Herrn Paul Anton des Heyl^en Röm^en Reichs FÜRSTEN, von ESZTERHÁZY und GALANTHA TIT. etc. etc. als ein VICE-CAPEL-Meister, in die Dienste an- und aufgenommen worden, dergestalten, das weilen

I^mo Zu Eysenstadt ein Capel-Meister nahmens GREGORIUS Werner schon lange Jahr hindurch dem HOCHFÜRSTlichen Hause, Treu-emsige Dienste geleistet, nunmehro aber seines hohen Alters, und daraus öfters entstehender unpäslichkeit halber, seiner Dienst-schuldiget nach zukommen, nicht allerdings im stande ist, so wird er GREGORIUS Werner dannoch in Ansehung seiner Lang-Jährigen Diensten ferners, als Ober-Capel-Meister verbleiben, er Joseph Heyden hingegen, als VICE-CAPEL-Meister zu Eysenstadt in der CHOR-MUSIQUE Ihme GREGORIO Werner, quà Ober-CAPEL-Meistern SUBORDINIRT seyn, und von Ihme Dependiren, In allandern begebenheiten aber, wo eine MUSIQUE immer gemacht werden solle, wird alles, was zur MUSIQUE gehörig ist, in GENERE und SPECIE an ihne [sic] VICE-CAPEL-Meister angewiesen. so fort

2do Wird er Joseph Heyden, als ein haus-Officier angesehen, und gehalten werden. Darum hegen Seine HOCHFÜRSTL. DURCHLAUCHT zu ihme das gnädige vertrauen, daß er sich also, wie es einem Ehrliebenden haus-Officier bey einer FÜRSTLICHEN HOFF-STADT wohl anstehet, nüchtern, und mit denen nachgesetzten MUSICIS nicht BRUTAL, sondern mit glimpff, und arth, bescheiden, ruhig, Ehrlich, aufzuführen wissen wird, haubt-sächlich, wann vor der HOHEN HERRSCHAFFT eine MUSIQUE gemacht wird, solle er VICE-CAPEL-Meister samt denen SUBORDINIRTEN allezeit in UNIFORM, und nicht nur er Joseph Heyden selbst sauber erscheinen, sondern auch alle andere von Ihme dependirende dahin anhalten, daß sie der ihnen hinausgegebener INSTRUCTION zu folge, in weissen strümpffen, weisser wäsche, eingepudert, und entweder in zopf, oder harbeütel, Jedoch durch aus gleich sich sehen lassen. Derohalben

3^tio Sind an ihne VICE-CAPEL-Meister die andern MUSICI angewiesen worden, folglich wird er sich um so viel EXEMPLARISCHER CONDUITizieren damit die SUBORDInirten von seinen guten eigenschafften sich ein beyspiel nehmen können, mithin wird er JOSEPH Heyden all-besondere FAMILIARITÄT, gemeinschafft in essen, trincken, und andern umgang vermeiden, um den ihme gebührenden RESPECT nicht zu vergeben, sondern auffrecht zu-erhalten, auch die SUBORDInirten zu schuldiger PARITION desto leichter zu vermögen, Je unangenehmer die daraus entstehen könnende folgerungen, müss-verständnüß, und uneinigkeiten der Herrschafft seyn dörffen.

4to Auf allmaligen befehl Sr HOCHFÜRSTL. DURCHLAUCHT solle er VICE-CAPEL-Meister verbunden seyn solche MUSICALIEN zu COMPONIren, was vor eine HOCHDIE-SELBE verlangen werden, sothanne Neüe-COMPOSITION mit niemand zu COMMUNICI-ren, viel weniger abschreiben zulassen, sondern für IHRO DURCHLAUCHT eintzig, und allein vorzubehalten, vorzüglich ohne vorwissen, und gnädiger erlaubnus für Niemand andern nichts zu COMPONIren.

5to Wird er Joseph Heyden all-täglich (es seye demnach dahier zu Wienn, oder auf denen Herrschafften) vor- und nach-Mittag in der ANTI-CHAMBRE erscheinen, und sich melden lassen, allda die HOCHFÜRSTL. ORDRE, ob eine Musique seyn solle? abwarthen, als dann aber nach erhaltenem befehl, solchen denen Andern MUSICIS zu wissen machen, und nicht nur selbst zubestimmter zeit sich ACCURATE einfinden, sondern auch die andern dahin ernstlich anhalten, die aber zur MUSIQUE entweder spath kommen, oder gar ausbleiben, SPECIFICE ANNOTIren. Wann demnach

6to Zwischen ihnen MUSICIS wider-all-besseres verhoffen, uneinigkeiten, DISPUT, oder einige beschwerden, wider den andern sich äusserten, wird er VICE-CAPEL-Meister trachten, nach gestalt der umständen dieselbigen auszumachen, damit der hohen herrschafft mit jeder kleinigckeit und BAGATELLE-Sache, keine ungelegenheit verursachet werde; solte aber etwas wichtigeres vorfallen, welches er Joseph Heyden von sich selbsten ausgleichen, oder vermitteln nicht könnte, sothannes muß IHRO HOCHFÜRSTL^r DURCHLAUCHT gehorsambst einberichtet werden.

7mo Solle er VICE-CAPEL-Meister auf alle MUSICALIen, und MUSICALIsche INSTRU-MENTen all-möglichen fleiß, und genaue Obsicht tragen, damit diese aus unachtsamkeit, oder nachlässigkeit nicht verdorben, und unbrauchbar werden (auch für solche repondiren.)

8° Wird er JOSEPH Heyden gehalten seyn, die Singerinnen zu INSTRUIren, damit sie das jenige, was sie in Wienn mit vieler mühe und SPEESen, von vornehmen Meistern erlehrnet haben, auf den Land nicht abermal vergessen, und weillen er VICE-CAPEL-Meister in unterschiedlichen INSTRUMENTen erfahren ist, so wird er auch in all-Jenen, deren erckundig [sic] ist, sich brauchen lassen.

9mo Wird ihme VICE-CAPEL-Meister hiemit eine Abschrifft von der CONVENTION, und verhaltungs-NORMA deren ihme SUBORDINIRten MUSIQUANTen hinaus gegeben, das er dieselben nach dieser Vorschrifft zu ihrer Dienst-Leistung anzuhalten wissen möge. / übrigens

10mo Wie man all-seine schuldige Dienste zu Papier zu setzen um so weniger nöthig erachtet, als die DURCHLAUCHTIGSTE HERRSCHAFFT ohne dem gnädigst hoffet, daß er JOSEPH Heyden in allen vorfallenheiten, aus eigenem Trieb, nicht nur oberwehnte Dienste, sondern auch all – andere befehle, die er von hoher herrschafft, nach bewandnus der sachen, künfftig beckommen sollte, auf das genaueste beobachten, auch die MUSIQUE, auf solchen fuß setzen, und in so guter Ordnung erhalten wird, das er sich eine Ehre, und andurch der ferneren FÜRSTL. Gnaden würdig mache, also lasset man auch jene seiner geschücklichkeit, und eyfer über. / In solcher zuversicht

11mo Werden ihme VICE-CAPEL-Meister alle Jahr 400. frn Rhein. [?] von der HOHEN herrschafft hiemit ACCORDirt, und beym Ober-Einnehmer-Amt angewiesen QUARTAL-weise zu empfangen. Über dies

12mo Auf denen Herrschafften solle er JOSEPH Heyden den OFFICIER Tisch, oder ein halben gulden des Tags-Kost-geld haben.   Endlich

13mo Ist diese CONVENTION mit ihme VICE-CAPEL-Meister von 1ten MAY 1761 an, wenigstens auf drey Jahr lang bechlossen worden, solchergestalten, das wann er JOSEPH Heyden nach vollgestreckter frist, dreyen Jahren, sein glück weiters machen wollte, sein diesfällige INTENTION ein halbes Jahr vor auß, das ist anfangs des dritten halben Jahrs, der herrschafft Kund zu machen schuldig seye.   Ingleichen

14mo Verspricht die herrschafft ihne JOSEPH Heyden, nicht nur so lang in Diensten zubehalten, sondern wann, er eine vollckommene SATISFACTION Leisten wird, solle er auch die EXPECTANZ auf die Ober-CAPEL-Meisters-stelle haben, widrigenfalls aber ist HOCHDER-selben allezeit frey, ihne auch unter dieserzeit des dienstes zu entlassen. Urckund dessen sind zwey gleich-Lauthende EXEMPLARIA gefertigt, und ausgewechslet worden. Geben Wienn den 1ten May 1761.

Joseph Haydn mppria

Was wissen wir über Haydns Leben als Hausoffizier des Prinzen Paul Anton, wenn man einmal absieht von den Dokumenten in den Esterházy-Archiven, die, so aufschlußreich sie im Detail auch sein mögen, uns aus der Zeit vor dem erhaltengebliebenen Brief von Haydns Hand aus dem Jahre 1765 nichts über den Komponisten zu sagen wissen? Der Zufall ist uns hier zu Hilfe gekommen. Wahrscheinlich durch Übermittlung von Haydns Schüler Ignaz Pleyel weiß uns Framery in seiner „Notice sur Joseph Haydn" (Paris 1810) eine seltsame Anekdote zu berichten. Nachdem er anführt, daß ein „riche seigneur de la cour" (wahrscheinlich ist damit Morzin gemeint) dem Komponisten zu einer „réputation si brillante" verhalf und Haydn hernach in die Dienste der Esterházys trat, fährt er fort:

. . . Die ersten Tage, da er (Haydn) am Tisch der Hausoffiziere die Mahlzeiten einnahm, war der Majordomo wegen Krankheit abwesend, und der Sekretär hatte ihm den Platz neben sich angewiesen, den sonst der Majordomo einzunehmen pflegte. Einige Tage darauf, wieder

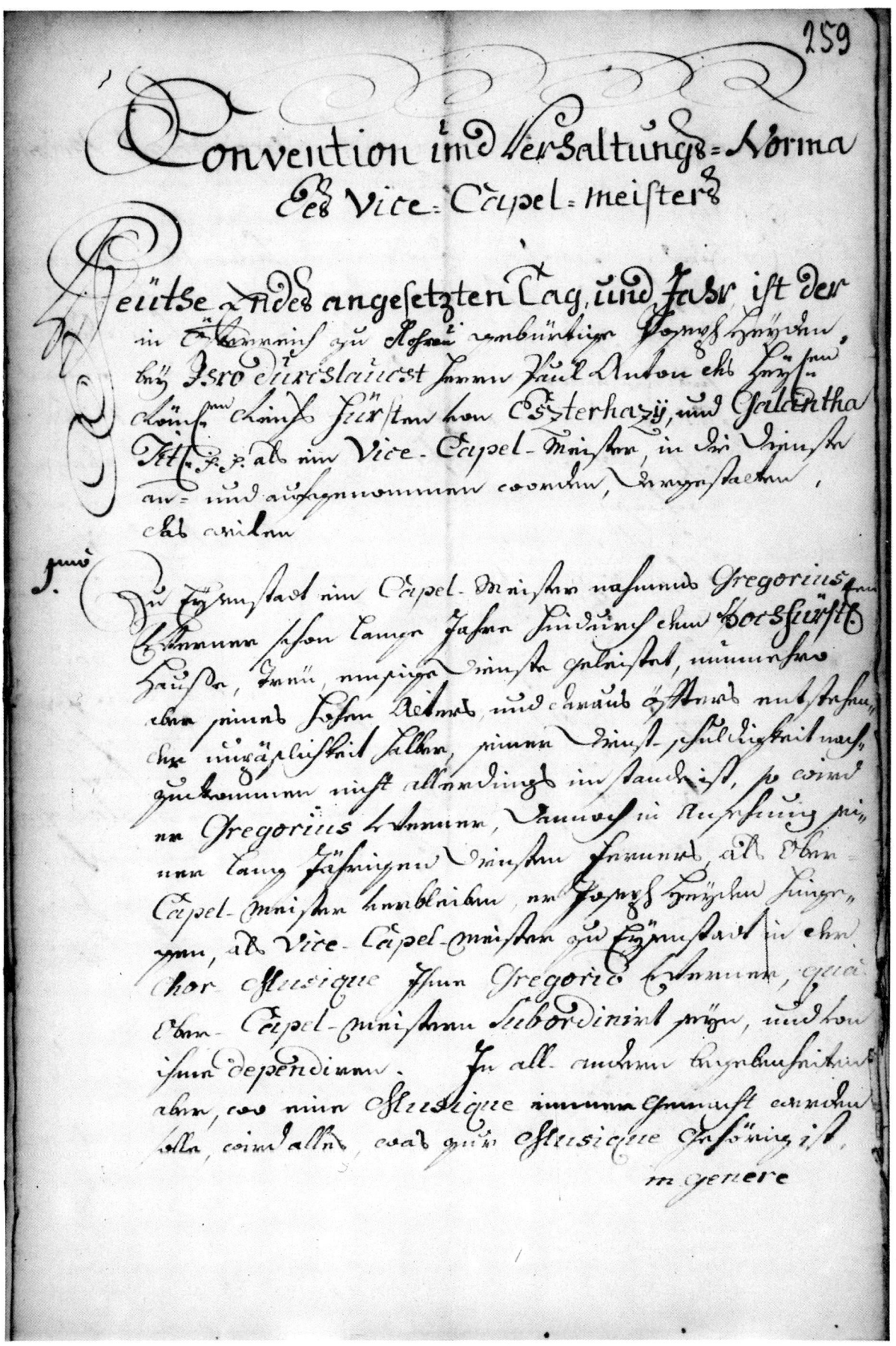

Die erste Seite von Haydns Kopie des Vertrages, signiert am 1. Mai 1761, mit welchem der Komponist zum Vice-Kapellmeister im Haushalt des Fürsten Paul Anton Esterházy bestellt wurde.

gesundet, kam dieser Mann und wollte seinen gewohnten Platz am Tisch; er fand ihn besetzt von einem Neuling. „Wer hat es gewagt", sagte er, „diesen Mann hierher zu setzen?" – „Ich", antwortete der Sekretär. „Sie, ist es möglich? Wie kann ein kleiner Komponist, der eben erst in diesen Haushalt eingetreten ist, eine solche Auszeichnung erhalten, zum Nachteil eines, der seit vielen Jahren in Diensten des Fürsten steht?" Haydn erwiderte: „Wo immer es einen Kapellmeister gibt, muß er den ersten Platz einnehmen; dieser hier wurde mir angewiesen, und ich werde ihn behalten." Äußerst verärgert, nahm der Majordomo das Gedeck des Komponisten und trug es ans entfernte Ende des Tisches. Dann kehrte er zu dem Platz zurück, den er einzunehmen wünschte. Ohne ein Wort zu sagen, ging der Sekretär und setzte sich auf den Platz neben das aufgelegte Gedeck. Die anderen Hausoffiziere folgten ihm und nahmen nach ihrer Rangordnung neben ihm Platz, so daß der Majordomo nun wieder am äußersten Ende zu sitzen gekommen wäre. Er verließ wütend den Raum und beschwerte sich beim Fürsten.
Dieser Streit, der in einem Land, das sich so engherzig an die Etikette hält, größere Bedeutung hatte, als das jemals bei uns der Fall gewesen wäre, wurde vom Prinzen mit allem Ernst behandelt. Am nächsten Tag rief er unseren jungen Maestro zu sich, um ihm einen Verweis zu erteilen. „Er hat einen alten Diener beleidigt, den ich schätze", sagte er, „und einen, der sehr lange bei mir ist. Ich wünsche, daß in meinem Haushalt Ruhe und Frieden herrschen. Er sollte nicht, kaum daß er da ist, Ärger verursachen." Der Kapellmeister wiederholte zuerst, was er am Abend zuvor bezüglich der Rechte und Vorrechte, die sich an seinen Titel knüpften, gesagt hatte. Dann fügte er hinzu: „Eure fürstliche Gnaden, bei mehr als einer Gelegenheit habe ich die Ehre gehabt, bei großen Herren zu Tisch geladen zu werden, und nie habe ich einen Majordomo zu anderem Zwecke gesehen als dem, zu servieren . . . Ich hatte nicht die Absicht, den Mann zu beleidigen, aber seine Ansprüche und die Art, sie weiter zu vertreten, waren eine Beleidigung, die Euer Kapellmeister keinesfalls dulden konnte." Der Fürst lächelte und versprach, die Sache beizulegen . . .

Im März 1762 starb Fürst Paul Anton; als regierender Fürst folgte ihm sein jüngerer Bruder Nicolaus, dessen Musikleidenschaft nur noch die für das Theater gleichkam. Am 12. Mai 1762 engagierte er vazierende Schauspieler nach Eisenstadt; es handelte sich um die Operntruppe des Hieronymus (Girolamo) Bon (oder Le Bon) aus Preßburg. Nicolaus gefiel die Truppe so sehr, daß er mehrere ihrer Mitglieder an Ort und Stelle engagierte, Bon im Juli 1762 und zwei Sänger (Leopold Dichtler und Auguste Houdière) 1763. Nicolaus liebte die Oper besonders, und das wiederum ermutigte Haydn, Opern zu komponieren, was den Beifall des Fürsten fand.
Noch während des Gastspiels der italienischen Truppe vollzog der Fürst seinen ersten offiziellen Akt in bezug auf ein Mitglied seiner Capelle. Ein Dokument im Esterházy-Archiv (Forchtenstein) hat folgenden Wortlaut:

58, 28/29

27

Item lauth Hochfürstl^{er} Decretation dd^o 25ten Juny 1762 (welche der 762er General-Cassae-Rechnung anlieget) zur jährlichen Besserung – 200 f.

Mit anderen Worten, Haydns Gehalt war um fünfzig Prozent erhöht worden. Eine dramatischere Art, fürstliches Wohlwollen und fürstliche Gunst zum Ausdruck zu bringen, läßt sich wohl kaum denken.
Haydn wurde also in seiner Stellung bestätigt. Doch es gab andere Mitglieder im Esterházyschen Musikbetrieb, die ganz anders behandelt wurden. Das mag der folgende Brief des Hauskopisten Anton Adolph zeigen:

Durchlauchtigster Reichs-Fürst.
Gnädigester Fürst- und Herr Herr!
Euere Hoch Fürstliche Durchläucht, Geruhn Gnädigstens zu Erwegen, daß ich Armer Notist, Antonj Adolph, schon öffters unterthänigst Solicitiret habe, mir aus angebohren Hoch Fürstlicher Gnade, an meinem jährlichen Gehalt, etwas mehrer Gnädigst zu Resolviren, weilen Ich Armer Mann, der auch verheyrathet ist, alle Monath nichts mehrer habe, als ausgeworffene Zwölff Gulden, Baar Geld, samt der Liberey wie andere Bedinte, und von diesem meinen wenigen Gehalt, muß ich nicht nur allein, Quartier Geld zahlen, sondern auch Holtz, und Kertzen, mir selbsten schaffen, mithin Elendiglich leben, wo ich doch mit Arbeit, also über

haüffet bin, daß ich auch Tag, und Nacht, als Notist, wegen denen Operen, und Comedien, wie es beyliegender aufsatz weiset, nicht nur allen schreiben, sondern ausser diesem auch, noch andere Tinste verrichten muß.

In Hoch Gnädigester Erwegung alles dessen, daß ich nichts anders, als die Monathl 12 f.en, und die Liberey /: aber ohne Manthel :/ habe, besonders wann ein Reegen, oder Schnee wetter einfallet, vermäg hin und her Tragenden Pappiers schaden leydete, hingegen auch Quartier Geld zahlen, Holtz, und besonders Kertzen, wegen der auch Nächtlichen Schreyberey Kauffen, und also mir von meinem, ohnedem Jährlichen nicht grossen Gehalt, ziemlichen Abbruch machen muß, dahero bitte ich Eüere HochFürstliche Durchläucht fußfallend, unterthänigst, und demittigst, aus Welt bekanter Hohen Gnade, mir Armen Manne, etwas mehreres an meinem Monathlichen Gehalt, Gnädigst zu geben, oder wenigstens, etwas an Quartier Gelde, Holtz, oder Kertzen, mildest zu Resolviren, für welche Hochfürstliche Gnade, Gott der Allmächtige, nicht nur allein, Ein Reicher Belohner seyn wird, und ich mit meinem Armen Weibe, werden Gott, Täglich mit unserem Gebet Anflehen, das Eüere Hochfürstliche Durchläucht Gott in allen Reichlich Seegnen wolle, ich vertröste mich also, Eüer Gnädigsten Resolution, und verlange zu Ersterben. Eüer HochFürstlichen Durchläucht

Unterthänigst demithigster Knächt

Antonj Adolph

Das Ansuchen wurde abgelehnt, und im Mai 1764 machte sich Anton Adolph heimlich aus Eisenstadt davon.

Im Januar 1763 wurde der älteste Sohn des Fürsten Nicolaus mit Marie Therese 110
Gräfin Erdödy verheiratet. Zu ihren Ehren wurde zu Eisenstadt ein dreitägiges großartiges Fest gegeben, bei welchem Haydns erste Oper, „Acide", aufgeführt wurde. Das „Wienerische Diarium" berichtete:

Eisenstadt den 20. Jänner.
Wir haben noch niemals so viel vornehme Gäste, und so herrliche Freuden-feste bey uns gesehen, als die vorige Woche bey Gelegenheit der hohen Vermählung des Herrn Sohns Sr. Hochfürstl. Gnaden des Fürsten Niclas Esterhazy von Galantha, unseres gnädigsten Herrn, mit der Fräule Gräfin von Erdödy, Kais. Kön. Cammerfräule. Nachdem das hohe Braut-paar den 10. dieses Monats zu Wien durch den Herrn Erz-bischofen von Colocza bey Hof mit der gewöhnlichen Feyerlichkeit getrauet worden, und die Gnade gehabt hatte, nebst den nächsten hohen Anverwandten, Mittags an der Tafel beyder Majestätten, und der Durchlauchtigsten Herrschaften zu speisen, wurde uns das Vergnügen zu Theile, selbiges noch den nämlichen Abend mit einer grossen Anzahl vornehmer Gäste bey uns zu sehen. Die Strasse von Windpaßing bis nach Eisenstadt, das ist eine Strecke Weges von 3. Stunden war beleuchtet; desgleichen auch unsere Vorstadt und die Judenstadt, wodurch der Zug gienge: die prächtige Beleuchtung aber des Fürstl. Schlosses übertraf alles Übriges, und wurde von jedermann bewundert. Mitten auf dem Platz vor dem Schloß ware eine Ehren-pforte aufgerichtet, worauf sich Trompeten und Paucken hören liessen: die Fürstliche Garde, bestehend in einer Compagnie Grenadiers auserlesener Mannschaft, stund im Gewehr. Nach der glücklichen Ankunft des Hochgräfl. Braut-paars, und seiner hohen Gesellschaft wurde in der Schloß-capelle das Te Deum gehalten, und sodann an 3. Tafeln, jede von mehr denn 60. Couverts, das Abendessen eingenommen; unter welchem die Stücke immerfort gelöset, und von der Fürstl. Garde ein wohl geordnetes Exercice im Feuer, und mit Werfung der Grenaden zum Vergnügen der Zuseher gemacht wurde.

Des folgenden Tages nach dem feyerlichen Gottesdienste, liessen Se. Hochfürstl. Gnaden von einem nach Art der Neapolitanischen Cocagna aufgerichteten Gerüste, gebratene Schunken, Würste, geräuchertes Fleisch, und Brod unter das in sehr grosser Zahl davor versammelte Volk auswerfen, und aus 2. grossen Fässern Wein rinnen: es gienge dabey nicht die geringste Unordnung vor. Die Mittags-tafel im Schloß war ungemein kostbar: nach dem Spiele wurde eine schöne wälsche Opera, betitelt: Acide, von den im würklichen Dienste Sr. Hochfürstl. Gnaden stehenden Virtuosen aufgeführet: die Fürstl. Musicanten waren alle in gleicher dunkelrother und mit Gold verbrämter Kleidung. Darauf folgte in dem unvergleichlichen, und zu diesem Fest herrlich gezierten Schloß-saale ein masquirter Ball, wozu alle, die ein Einlaß-billet hatten, frey eintreten konnten: die Zahl der Masquen war ausserordentlich groß, und die Erfrischungen von allerley Arten in Ueberfluß.

Den 12ten war die Tafel-compagnie zu Mittag noch viel zahlreicher: der Abend wurde theils mit einem angenehmen Schauspiel von Seil-tänzern, Springern, Gaucklern, und Balancir-künstlern; theils mit dem Ball zugebracht, welcher bis fruhe Morgens dauerte: man zählete dabey 600. Masquen, worunter viele sich verschiedene male umkleideten.

Den 3ten Tag wurde eine Opera buffa mit sonderbarem Beyfall gespielet, und hernach der Ball eröfnet; während welchem der ganze Schloß-garten auf das herrlichste beleuchtet, und die Zahl der Masquen noch grösser war. Hiemit ist dieses dreytägige Freuden-fest, wobey nicht allein Pracht und Ueberfluß, insonderheit in Bewirtung so zahlreicher Gäste zu Mittag und Abends, sondern auch ein auserlesener Geschmack, und die schönste Ordnung durchgehends herrschete, vor allem aber die ungemein leutseelige, und verbindliche Art, womit Se. Hochfürstl. Gnaden allen Anwesenden begegnet sind, von jedermann gerühmet wird, zu Dero Ehre, und mit allgemeinem Vergnügen beschlossen worden.

Im Jahre 1764 war Haydn krank. Einzelheiten sind nicht bekannt, aber die Sache war für den Vice-Kapellmeister ernst genug, um die Hilfe des Fürsten zu erbitten. Das beweist dessen erhaltengebliebene Antwort (die im Esterházy-Archiv in Forchtenstein aufbewahrt wird). Sie ist eines der vielen Beispiele von des Fürsten Haydn gegenüber erwiesenen Wohltaten. Er schreibt da, daß man dem Bittsteller (Haydn) erlauben solle, seine Arzneien auf Kosten des Hauses zu besorgen. Dies gelte aber nicht als Präzedenzfall. Die anderen Musiker, da sie gut bezahlt seien, müßten sich ihre Medizin selber kaufen. So der Fürst am 27. Dezember 1764.

In der Verwaltungshierarchie des Hauses Esterházy gab es gleich nach dem Prinzen den „Regenten" als Oberhaupt des Haushaltes. Dieser, Peter Ludwig von Rahier mit Namen, war früher im Armeedienst gewesen, und er neigte dazu, die Angestellten des Haushaltes wie widerspenstige Fußsoldaten zu behandeln. Bei seinen Wutausbrüchen gegenüber Musikern mußte Haydn oft als Vermittler eingreifen. In einem solchen Fall, er ereignete sich 1765, hatte der Flötist, Franz Sigl, in Eisenstadt mit der Flinte Vögel geschossen und dabei das Dach eines Hauses in Brand gesetzt. Mit großer Geistesgegenwart deckte die Feuerwehr das Dach des Nachbarhauses ab, um zu verhindern, daß das Feuer sich ausbreite. Die Sache ging knapp an einem Großbrand vorbei, und der Fürst entließ in seiner Wut den Flötisten auf der Stelle (wobei er es Rahier überließ, das zu erledigen). Der erste vollständig erhaltene Brief Haydns betrifft diesen Vorfall und Haydns Versuch zu intervenieren.

DURCHLEUCHTIG HOCH GEBOHRNER REICHSFÜRST.
GNÄDIGST HOCHGEBIETTENDER HERR HERR!
EUER HOCHFÜRSTLICHEN DURCHLAUCHT untern 8ten dieses an mich abgeschicktes schreiben habe mit all: unterthänigst gehorsamsten Respect erhalten, und daraus ersehen, wie das Hochderoselben sehr ungnädig genohmen, daß ich wider die Arretirung des Flautroversistens Frantz Sigl bey Herrn v. Rahier protestiret, und hinführe dessen Befehlen bey zu beförchten habender HOCHFÜRSTLICHEN ungnaden besser nach zu leben ermahnet werde.
DURCHLEUCHTIGSTER FÜRST! GNÄDIGSTER HERR! Es ist deme [?], daß mich weegen erst benannten Flautroversisten, durch welchen das Feuer entstanden mit gesamter Musique zu den Herrn v. Rahier begeben, habe jedoch nicht weegen Arretirung, sondern nur weegen der unartigen Arretirung, und harten Verfahren gegen den einführenden [?] doch mit allen gegen Herrn v. Rahier gebührenden Respect protestiret, Es ware aber bey Ihme Herrn Regenten mit nichten was auszurichten, sondern müste selbsten noch erfahren, daß er mir die Thüre vor dem angesicht zu geschlagen, die übrige gesamte per Ihr tractiret, und allen den Arrest angedrohet hat, gleichwie heuntigen tag noch dem Friberth, deme herrn Regent (weegen nicht abgenohmenen Huth, so aus übersehung geschehen seyn müste) passioniret, in flüchten umgehet, und sich aus forcht annoch Arretiret zu werden, nicht nacher haus zu komen getrauet, indeme gedachter Herr Regent vorschützen will, daß erst bemelter Friberth Ihme eine Grobheit angethan, dauor aber sich selbsten Satisfaction nehmen wolle. Ich bezeige es aber samt denen übrigen Musicis, daß der Friberth nichts anderes, wie Herr Regent allen sammentlich mit der Arretirung, und zwar ohne ursach gedrohet, gesprochen, er habe keinen anderen Herrn als SEINE DURCHLAUCHT FÜRSTEN ESTERHAZY: Ich selbsten vermeldete Herrn Regenten, wan selbter an eigener Persohn beleydiget worden, bey EUER HOCHFÜRSTLICHEN DURCHLAUCHT Satisfaction anverlangen solle, allein ich muste in andworth hören, daß Herr Regent sein eigener Richter seyn, und sich selbst Satisfaction verschaffen wolle. die leuthe seynd derohalben sehr bestürzt, und fallet denen Ehrliebenden dieses Tractament sehr beschwerlich, und hoffen, daß EUER

HOCHFÜRSTLICHEN DURCHLAUCHT gnädigste gesinnungen dahin sich gewis nicht erstrecken, und eben derowegen ein solches Potere, wo ein jeder sein eigener Richter ohne unterscheid des schuldig oder unschuldigen seyn kan, gnädigst einstellen werden.

Die Befehle des oft gedachten Herrn Regentens (wie EUER HOCHFÜRSTLICHEN DURCH-LAUCHT ohnediss beckant) seynd allzeit richtig vollzohen worden, so oft ich nur durch demeselben EUER HOCHFÜRSTLICHEN DURCHLAUCHT ordre erhalten, werde auch allzeit denenselben nachzukomen beflissen seyn; wan also Herr Regent hierinfahls sich beschwehret hätte, mus es nur der zornigen federn zugemuethet werden. Übrigens aber werden EUER HOCHFÜRSTLICHE DURCHLAUCHT selbst allergnädigst ermessen, daß ich zweyen Herren nicht dienen, und eben also Herrn Regentens eigene Befehle nicht annehmen, und mich Ihme unterthänig machen könne, allermassen EUER HOCHFÜRSTLICHE DURCHLAUCHT selbsten dereinstens zu mir gemeldet: führohin komme er zu mir, dan Ich bin sein Herr.

Bin also getröstet, daß EUER HOCHFÜRSTLICHE DURCHLAUCHT dieses mein unterthä-nigst gehorsamstes schreiben nicht ungnädig aufnehmen, sondern mich und die gantze Musique mit gnädigen Augen ansehen, und da derselben jederman mißgünstig ist, vätterlich protegiren werden. der mich zu ferneren HOCHFÜRSTLICHEN Hulden und Gnaden unterthänigst gehorsamst, reccomendire und mit all: Submissesten Respect ersterbe.

EUER HOCHFÜRSTLICHEN DURCHLAUCHT
Eisenstadt den 9ten 7bris [Sept.] 1765.

Unterthänigst Gehorsamster
Josephus Haydn.

Haydns Intervention auf dieser Ebene scheint den gewünschten Effekt gehabt zu haben. Vielleicht auch war Rahiers Zorn in den inzwischen verstrichenen vier Tagen verflogen, und möglicherweise hatte der Fürst ein Wort zur Beruhigung der hitzigen Geister gesprochen: jedenfalls war Rahiers nächster Brief in weit gesitteterem Ton abgefaßt (wie es sich, hätte der Fürst denken mögen, für einen fürstlichen Haushalt geziemte). Leider gab es keine Möglich-keit, Sigl zu retten.

Die Beziehungen zwischen Haydn und seinem nominellen Vorgesetzten, Kapellmeister Werner, hatten sich verschlechtert. Ohne Zweifel war Werner neidisch auf den großen Erfolg seines „Vices". Haydn hingegen scheint Werners Musik stets respektiert zu haben, und noch als alter Mann unterzog er sich der Mühe, eine Reihe von Instrumentalwerken Werners für Artaria & Co. in Wien (seinen bevorzugten Verlag in Österreich) zu edieren. Ende Oktober 1765 schrieb Werner, jetzt ein kranker und verbitterter alter Mann, den folgenden Brief an den Fürsten Nicolaus in Süttör:

Hochgebohrner Reichs Fürst.
Gnädigst und Hochzugebietender Herr Herr!
Es bezwinget mich, die grosse Nachlässigkeit in hiesiger Schloss-Capellen, die grosse unverdiente Hochfürstl(ichen) Spesen, und der faule Müssiggang der dermaligen gesammten Music, woran aber die Haupt-Ursache des jezig trägen Ober-Vorsteher, als der nur allen durch die Finger siehet, um den Namen eines guten *Heyden* zu erhalten; dann ich kan mit Gott bezeugen, dass es jezo viel liederlicher, dann unter denen 7 Kindern zugangen; Massen es scheinet, dass unter den Chor-Leuten nur lauter Libertiner wären, als welche nach belieben 5 oder auch 6 Wochen lang, nach Gutachten ihrer Recreation pflegen: die arme Capellen aber oft kaum 5 und sechs zur Nothdurft hat, auch keiner auf des andern Tact pariren will. Die Chor Instrumenten aber bis über die Hälfte verlohren gangen: da doch erst vor sieben Jahren auf vieles Bitten, durch den Hochseeligen Fürsten erhalten habe. Nebst allen denen, so gehen nun auch die meisten Kirchen Musicalien in alle Welt aus; da vorhin der verstorbene Organist noch fleissige Obsorg darüber gehalten: da aber nach seinem Tode nothwendig erfolgen müssen, dass ich die Schlissel dem jezigen *Capell Meister Heyden* überantworten sollen; jedannoch mit diesen Vorbehalt: dass Er hierüber einen gebührenden Cathalocum deren vorbefindlichen Chor-Sachen stellen sollte, welcher drey Mal hätte sollen coppiret werden. Einer vor Ihro Durchlaucht; der zweite zur Löbl. Buchhalterey, der dritte aber an dem Chor solte abgeleget werden. Darüber *Herr Heyden* ganz williglich seinen Consens gegeben; auch mit Verfertigung des Cathalogij, mir solchen zu meinem Kranken-Bette bringen werde, worüber aber bis auf diese Stunde nichts erfolget ist.

Der Musicalien Kasten aber, wie mir von wahrhaftig Christlichen Männern berichtet wird, ziemlicher Massen spolliret worden, welches um so viel leichter zu glauben; massen mir in meiner Krankheit schon drey Partheyen zugeschrieben, um Ihnen Kirchenstücke zu vergünstigen, weillen dermalen die Wienstadt von denen Kirchen Compositoren ziemlicher Massen evacuiret worden.

Ich aber solche Briefe ohnbeantwortet gelassen: Wo demnach leichtlich zu vermuthen, dass Sie Ihre Bitte an dem *Heyden* werden gestellet haben. Wo also der Kirchen Chor mittler zeit völlig könte spolliret werden, wann nicht ein ernstlicher Befehl an ermeldten *Heyden* erfolge, dass Er wenigstens über die noch vorhandene Partes einen Cathalocum verfertigte.

Nebstbey demütigst bittend: Eure hochfürstliche Durchl(aucht) wolten Ihm einen Severen Befehl ertheilen, dass Er strictissime Ordre unter denen fürstl Chor Musicijs ordentlich halte, auf das Sie ins künftige alle, ohne Ausnahme, möchten bey denen Diensten erscheinen. Und weilen wol zu vermuthen dass Er *Heyden* sich mit Laugnen werde purgiren wollen, so dörfte nur weiters der Hohe Befehl ergehen, dass mann die alda befindliche Chor Instrumenten untersuche, allwo sich müssen von alt- und neuen Violinen 12 Stuck befinden.

Von denen Violen 2 alte, und 2 Neue, Passetel aber 2, nebst 2 guten grossen Violonen: dabey wird man gar bald sehen, wo der Wahrheits Grund stecke.

Es ist unter Hochseel. Fürsten, nebst ausser gewöhnlichen Sommer fatique, anbefohlen worden: dass Wir zur Winters Zeit in dem fürstl. Officier Zimmer wochendlich zwey Accathemien halten solten, worzu am Erchtag und Donnerstag jeden zwey Stunde erforderet waren; wann dann dieses also beschehen solte, so würde der schädliche Müssiggang also ausbleiben einfolglich keine solche üble Folgerungen entstehen dörften, welche leider! die Erfahrnus gegeben hat.

Weilen nun dermalen, als ein Creuz alter, und 37 Jahr dienender Capellmeister allhier den Titell trage, und dermalen das Holz in einem Ziemlichen Werth steigt: ich solches als kranker nicht persöhnlich behandlen kan; und folglich Auswärtigen Leuten diesfals zu erhandlen komen muss, solche aber auf ihren Nuzen nicht vergessen.

Als habe Eure Hochfürstliche Durchlaucht, aller unterthänigst anflehen sollen, mir aus lauter Barmherzigkeit von dero Deputat Holz in Gnaden, zwey klafter möchten erfolgen lassen: Massen mir ohnedeme ein kurzes Ziel see, diesen Winter schwährlich zu überleben: weilen die Natur dermasen wegen abnehmen der Leibes - Nahrung geschwächet, dass fast nichts als Haut, und Knochen an meinem kranken Leibe zu finden seyn. Vor solche hocherfolgende Wolthatt, ich sowol lebendig, als tod, Gott, um langwirig glückliche Regierung, Vermehrung deren Renden, und Einkünften, inständigst anflehen werde.

Womit mich in dero Hochfürstl. Hulden, und gnaden unterthänigst empfehle, und verharre Euer Hochfürstl Durchlaucht   unterthänigster Diener
1765 im 8-ber   Gregorius Werner

Fürst Nicolaus, der in Süttör mit der Beaufsichtigung des Baus von Schloß Eszterháza beschäftigt war, scheint den Verzweiflungsausbruch nicht allzu wörtlich genommen zu haben, denn er schickte den Brief an Rahier mit der folgenden lakonischen Bemerkung zurück:

„Übrigens lege ich hier des Kapellmeisters Werner Zuschrift bei; was seine Klagen anbetrifft, werden Sie dieselben bestmöglich zu vermitteln suchen."

Am 3. März 1766 starb Werner. In Haydns Kontrakt vom Jahre 1761 war in den Punkten 13 und 14 ein Engagement von vorläufig drei Jahren ausgemacht gewesen und die Bestellung zum „Ober-Capel-Meister" in Aussicht gestellt worden. Obwohl der Vertrag unter Fürst Paul Antons Regentschaft abgeschlossen worden war, war auch dessen Nachfolger sicherlich mit Haydn sehr zufrieden, ungeachtet der Vorkommnisse im Herbst 1765, und Haydns Beförderung nach Werners Tod scheint so automatisch erfolgt zu sein, daß es darüber in den Esterházy-Archiven keinen schriftlichen Beleg gibt.

Von Haydns privatem Leben in Eisenstadt wissen wir so gut wie nichts. Er hatte eine Wohnung in der „Alten Apotheke" nächst der Bergkirche und scheint einen Jungen als Diener gehabt zu haben. Das zumindest wäre die Erklärung für das unerfreuliche Rechtsgerangel, von dem die Eisenstädter Stadtannalen berichten, wo ein Ludwig Hähnl als Haydns „gottloser Bub" bezeichnet wird.

Joseph Häiden, 1762.5.10. Ratsprotokolle
Ist auf requisition dessen fürstl. Eßterhazyschen Herrn Kappel Meisters Joseph Häiden wegen
des ex capite complicitatis verdächtig gemachten und gehörig verarrestierten Weber Gesellens
Mathias Strobel, die weitere Inquisition vorgenommen worden, weilen aber laut des von
Ferdinand Petzenbauer Wöber Meister z Wandorf unweith Ödenburg wohnhaft eingeholten
Berichtsschreiben gedachte Gesell sich jederzeit ehrlich aufgeführt und der Kapelmeisterische
gottlose Bub Ludwig Hähnl seine vorhin gethanen Aussag widerrufen und den Arrestanten
Mathias Strobel von entfremdeten Geld nichts gegeben zu haben an heut vor Gericht bekennet,
so ist mehr gedachtes Weber Gesell nicht nur des Arrestes entlassen, sondern ihme zur
Legitimation seiner Unschuld diesfalls auch ein obrigkeitliches Attestatum zu exsedieren
verwilligt worden wie in den Inquisitionsakten mit mehreren zu ersehen.

Von solchen kleinen Vorfällen abgesehen, wie sie eben in einem kleinen Ort in
jener Zeit geschehen konnten, hatte Haydn seine Stellung in finanzieller und
auch in anderer Hinsicht gefestigt. Haydn genoß das vollste Vertrauen seines
Herrn, und so zeigt die Geschichte der Beziehung zwischen Haydn und dem
Fürsten Nicolaus, zieht man alles in Betracht, auf beiden Seiten nur Positives.
Beide – die Rolle Esterházys darf hier nicht unterschätzt werden – haben
Musikgeschichte gemacht. Haydn war nun sehr wohl in der Lage, den Fürsten
Nicolaus zu fragen, ob sein Bruder Johann nach Eisenstadt kommen dürfe, um
da eine unbezahlte Tenorstelle im Musikensemble einzunehmen. Der Fürst
erlaubte es, und 1765 übernahm Johann eine ehrenamtliche Stelle in der
„Capelle"; sein älterer Bruder kam für seinen Unterhalt auf. Etwa ab 1765
bediente sich Haydn ständig der Dienste des dem Fürstenhaushalt angehören-
den Kopisten Joseph Elssler. Er wurde überhaupt Freund und Förderer der
Familie, wohnte Hochzeiten und Taufen bei und verdingte schließlich Elsslers
Sohn Johann als ständigen Diener, als Faktotum und Kopisten (Johann reiste
mit Haydn 1794 nach England). Joseph Elssler hatte eine klare, genaue Art zu
schreiben, und Haydn übertrug ihm die wichtigsten Aufgaben, wiewohl bei der
Fülle zu schreibender Stimmen und Partituren auch viele andere Kopisten
eingesetzt werden mußten.
Mindestens vier Symphonien hat Haydn, soweit bekannt, im Jahre 1765
komponiert: die Nummern 28, 29, 30 („Halleluja") und 31 („Hornsignal"),
möglicherweise nicht in dieser Reihenfolge, und wahrscheinlich etliche andere
Werke, die nicht genau datiert werden können. Aber selbst diese vier Werke
zeigen bereits Haydns technisches Können und seine geistige Reife, was sowohl
für die Zukunft der Eisenstädter „Capelle" sehr vielversprechend war als auch
für die Entwicklung der Musik überhaupt, wiewohl man damals nicht
voraussehen konnte, welche Wirkung Haydn in Zukunft auf die Musikentwick-
lung haben würde.

II
DIE JAHRE IN ESZTERHÁZA
1766–1790

„. . . ich war [in Eszterháza] von der Welt abgesondert,
Niemand in meiner Nähe konnte mich an mir selbst irre machen
und quälen, und so mußte ich original werden."
GRIESINGER, 17

Dieses Porträt Haydns von Ludwig Guttenbrunn existiert in
zwei Versionen. Die Abbildung zeigt die zweite (in Privatbesitz), entstanden um 1791/92. Sie basiert auf dem um 1770
gemalten Original, welches ursprünglich Haydns Frau gehörte,
später durch viele Hände ging und jetzt im Besitz des Burgenländischen Landesmuseums in Eisenstadt ist. Vom Künstler,
der während seines Aufenthaltes in Eszterháza der Liebhaber
von Haydns Frau war, stammen auch Fresken und Dekoratio-
nen, die er für den Fürsten Nicolaus in dessen Diensten
anfertigte.

Das „ungarische Versailles"

Eines der herausragenden Merkmale von Schloß Eszterháza – einem der letzten großen Rokokoschlösser, die auf dem Gebiet des damaligen Österreich erbaut wurden – war die Einbeziehung eines Opernhauses und eines Marionettentheaters in die Schloßanlage. Obwohl die Bauarbeiten bis Herbst 1768 so gut wie abgeschlossen waren – in diesem Jahr wurde das Opernhaus eröffnet –, sah Bauherr Nicolaus I. Fürst Esterházy sein Schloß nicht vor dem Jahr 1784 als vollendet an. Auf einem verlorengegangenen Ölbild (oben rechts), das die Hauptgebäude von der Gartenseite zeigt, kann man links davon das Opernhaus (das nicht erhalten geblieben ist) sehen; seine Eingangsfront ist auf einem 1784 veröffentlichten Stich von Joseph von Fernstein wiedergegeben (oben links). Beide Ansichten zeigen uns die Bauten, wie sie nach ihrem Wiederaufbau nach dem großen Brand im November 1779 aussahen. – Neben Bühnen- und Zuschauerraum für Opernaufführungen gab es auch einen speziell zu diesem Zweck eingerichteten Konzertsaal (links). – Obwohl das Schloß und sein dekoratives Schmuckwerk während des Zweiten Weltkrieges schwere Schäden hinnehmen mußten, hat man diese weitgehend beseitigt, und heute ist die gesamte Anlage, der Park inbegriffen, im alten Glanz wiederhergestellt (nebenstehende Seite unten). – Nach dem Tode des Fürsten Nicolaus im Jahre 1790 wurde das Schloß von dessen Nachfolger, dem Fürsten Anton (siehe Abbildung Seite 110), kaum noch benützt, doch der Schloßhof war am 3. August 1791 Schauplatz von dessen Installation zum Komitatsherrn (Obergespan) des Komitats Ödenburg (nebenstehende Seite oben). Auf der Abbildung sieht man nicht nur paradierende Truppeneinheiten, sondern auch im Vordergrund rechts eine aufspielende Zigeunerkapelle.

Eszterháza heute

Dekorative, schmiedeeiserne Gitter und Tore rahmen den Blick zum Haupteingang (rechts). Mit seiner doppelten Freitreppe und der Rundung der niederen Anbauten, die den Schloßhof einfassen (ganz oben), steht die Eingangsfront im Gegensatz zur formalen Symmetrie der Gartenfront (oben).

Nicolaus I., Fürst Esterházy, Haydns Gönner von 1762 bis 1790 (oben). Neben seinen
weitreichenden Interessen auf dem Gebiet
der Kunst und Literatur war der Fürst ein
guter Barytonspieler. Haydn spielte auch
Baryton. Sein Instrument (oben rechts) ist
erhalten geblieben und befindet sich jetzt in
Budapest. Während der Jahre auf Schloß
Eszterháza komponierte Haydn über hundert Trios (für Baryton, Viola und Violoncello) und andere Kammermusikwerke für
Baryton speziell für des Fürsten Privatver-
gnügen. Haydns Devotion für den Fürsten
fand auch Ausdruck in der Vertonung einer
Messe (1772) − der „Missa Sancti Nicolai"
(bekannt als Nikolai-Messe) −, die er für die
alljährliche Feier des Namenstages des Fürsten (6. Dezember) komponierte. Die Abbildung rechts zeigt die Solostimme des Soprans
am Beginn des Benedictus. Joseph Elssler
besorgte für die Erstaufführung das Ausschreiben der Stimmen, Haydn selbst hat den
lateinischen Text eingefügt.

Haydn und Frankreich: die Früchte internationalen Ruhms

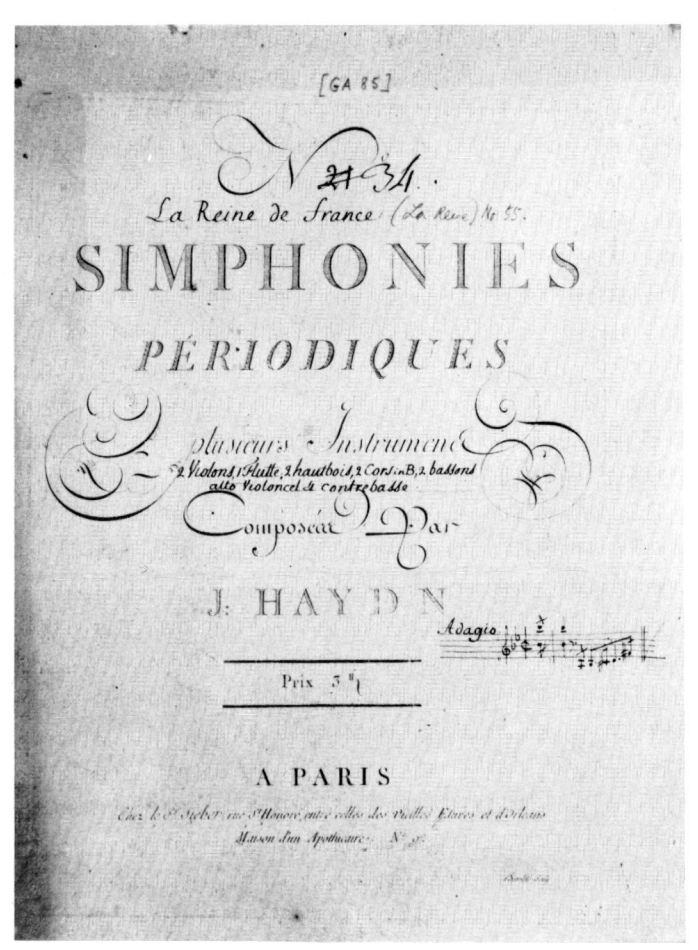

Der erste Raubdruck von Haydns Werken erschien in Paris im Jahre 1764, und die Kompositionen des Meisters wurden dort rasch populär. Die „Pariser" Symphonien (Nr. 82–87), 1785 und 1786 entstanden, waren eine Auftragsarbeit für eine Konzerte veranstaltende Freimaurerloge; dieses „Konzertbüro" nannte sich „Concert de la Loge Olympique". Eines der führenden Mitglieder dieser Organisation war Claude-François-Marie Rigoley Comte d'Ogny (rechts). Von den „Pariser" Symphonien wurde die Symphonie Nr. 85 zum Lieblingswerk der Marie Antoinette, Königin von Frankreich, früher Erzherzogin Maria Antonia von Österreich, die das Porträt von F. X. Wagenschön am Spinett sitzend zeigt (oben rechts). Als 1788 die Erstausgabe der „Pariser" Symphonien erschien, trug das Titelblatt der Nr. 85 die Bezeichnung „La Reine de France"; woraufhin man dem Werk sofort den Spitznamen „La Reine" gab. Das Titelblatt der Ausgabe von 1789, verlegt bei Sieber, auf der Abbildung oben links. Heute ist die Symphonie nur noch unter dem Kurznamen „La Reine" bekannt.

Autograph der ersten Seite des Finales von Haydns Streichquartett Op. 20, Nr. 5 (1772), mit den Bezeichnungen „Fuga a 2 Soggetti" und „Sempre sotto voce". Die sechs Quartette von Opus 20 werden allgemein als Musterbeispiele der zur vollen Reife gelangten Wiener Klassik angesehen. (Sie wurden zum erstenmal in Paris um 1774 gedruckt.)

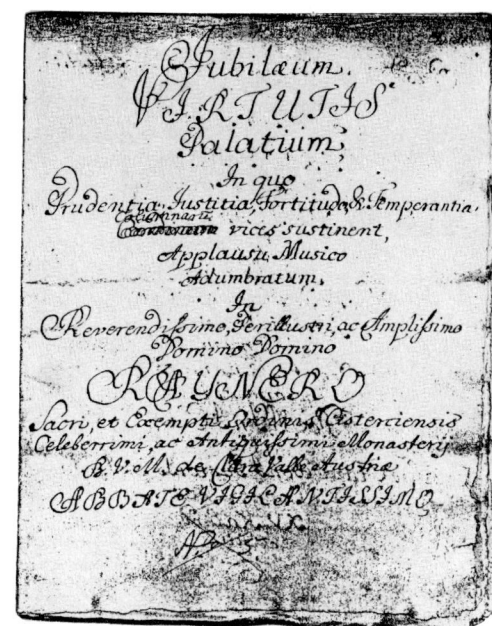

Von Stift Zwettl, der Abtei der Zisterzienser in Niederösterreich (oben), kam ein interessanter und ungewöhnlicher Auftrag. Die Mönche wollten 1768 die fünfzigste Wiederkehr des Tages feiern, an dem ihr Abt die Gelübde abgelegt hatte. Haydn schrieb für diesen Anlaß eine Kantate, „Applausus", und erhielt dafür ein Honorar von 100 Gulden. Das Bild rechts oben zeigt die erste Seite des handgeschriebenen Textbuchs. Haydn schickte zusammen mit seinem fertiggestellten Werk einen Brief an seine Auftraggeber, in dem er erklärte, wie die Kantate korrekt aufzuführen sei.

Das Haus in Eisenstadt (jetzt ein Museum), das Haydn 1766, nach seiner Bestellung zum Kapellmeister, erwarb. Es wurde zweimal, 1768 und 1776, durch Feuer verwüstet, und beide Male ließ der Fürst es auf seine Kosten wieder aufbauen.

Oper in Eszterháza und einige Wiederaufführungen in neuerer Zeit

L'infedeltà delusa (1773)
Titelseite und Besetzungsliste des Textbuches, das für die zweite offizielle Aufführung in Eszterháza, die anläßlich des Besuches von Kaiserin Maria Theresia im September 1773 stattfand, gedruckt wurde. Das Kostüm des italienischen Bauern (oben rechts) war typisch für die Region Lucca-Pisa, wo die Handlung spielt. In Erinnerung an diese Aufführung sagte die Kaiserin später einmal: „Wenn ich eine gute Oper hören will, gehe ich nach Esterház." – Das Werk wurde beim Holland-Festival 1963 wiederaufgeführt (rechts). In der abgebildeten Szene singt die Titelheldin Vespina ein Duett mit ihrem erzürnten Bruder Nanni vor ihrem toskanischen Bauernhaus.

Il mondo della luna (1777)
Oben: Marcello Cortis (Bildmitte) als Buonafede in der Szene, die in einem phantasti-
schen Mondgarten spielt (II. Akt). Aus der
ersten Inszenierung der Neuzeit, Holland-
Festival 1959. Links: Eine Szene aus der
Inszenierung in Lyon 1979/80.

Le pescatrici (1769; Uraufführung 1770)
In einer Szene im II. Akt (links; Holland-Festival 1965) singt die noch nicht als solche erkannte Prinzessin Eurilda ein Duett mit ihrem Ziehvater Mastricco. Eine andere Szene (links unten; Bregenzer Festspiele 1973) zeigt Eurilda, wiedergefunden und als Prinzessin erkannt, bei ihrer Verlobung mit Prinz Lindoro. Im Hintergrund erkennt man das Schiff, mit dem die beiden abreisen werden.

Armida (1783; Urauff. 1784), Heldendrama. Die einzige bildliche Überlieferung der Inszenierung einer Haydn-Oper zu des Komponisten Lebzeiten ist ein kleiner Stich (oben), der sich auf eine Aufführung in Preßburg im Jahre 1786 bezieht. Das Szenenbild zeigt die Zelte des französischen Heerlagers. Zwei Figurinen von Pietro Travaglia, die dieser für die Erstinszenierung entwarf, sind ebenfalls erhalten geblieben (nebenstehende Seite oben).

La fedeltà premiata (1780; Urauff. 1781)
Diese Oper wurde 1970 beim Holland-Festival mit Erfolg aus der Versenkung geholt und 1979 in Glyndebourne als erste Haydn-Oper ins Repertoire aufgenommen. Eine Wiederaufführung fand in Glyndebourne 1980 statt. Das Szenenbild auf der nebenstehenden Seite unten stammt von dieser Inszenierung.

64

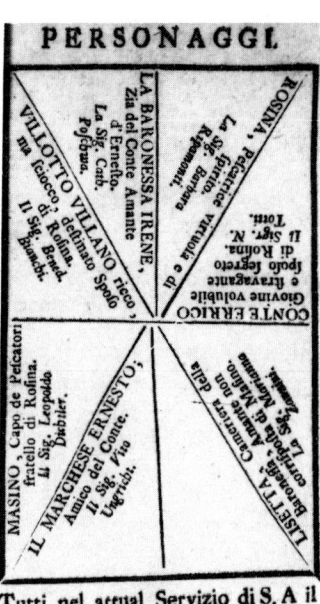

Orlando Paladino (1782)
Bühnenbildentwurf für die Erstaufführung in Eszterháza aus dem Skizzenbuch von Pietro Travaglia. Bild unten: Das Autograph der ersten Seite der Partitur.

La vera constanza (1779)
Die Titelseite und die Besetzungsliste (in Form eines Diagramms, was für Eszterháza charakteristisch war) des gedruckten Librettos.

Nebenstehende Seite: Zuschauerraum und Bühne (mit modernem Bühnenbild) des entzückenden kleinen Schloßtheaters in Krumau (Český Krumlov) in Böhmen, das früher den Fürsten Schwarzenberg gehörte. Es ist einer der wenigen Theaterbauten des achtzehnten Jahrhunderts in Mitteleuropa, die die Zeiten überdauert haben, und gibt uns einen Begriff davon, wie das Theater in Eszterháza ausgesehen haben mag. Vom letzteren, das im 19. Jahrhundert zerstört wurde, haben wir Kenntnis der Details lediglich durch einige wenige technische Zeichnungen, die uns als Kupferstiche überliefert sind.

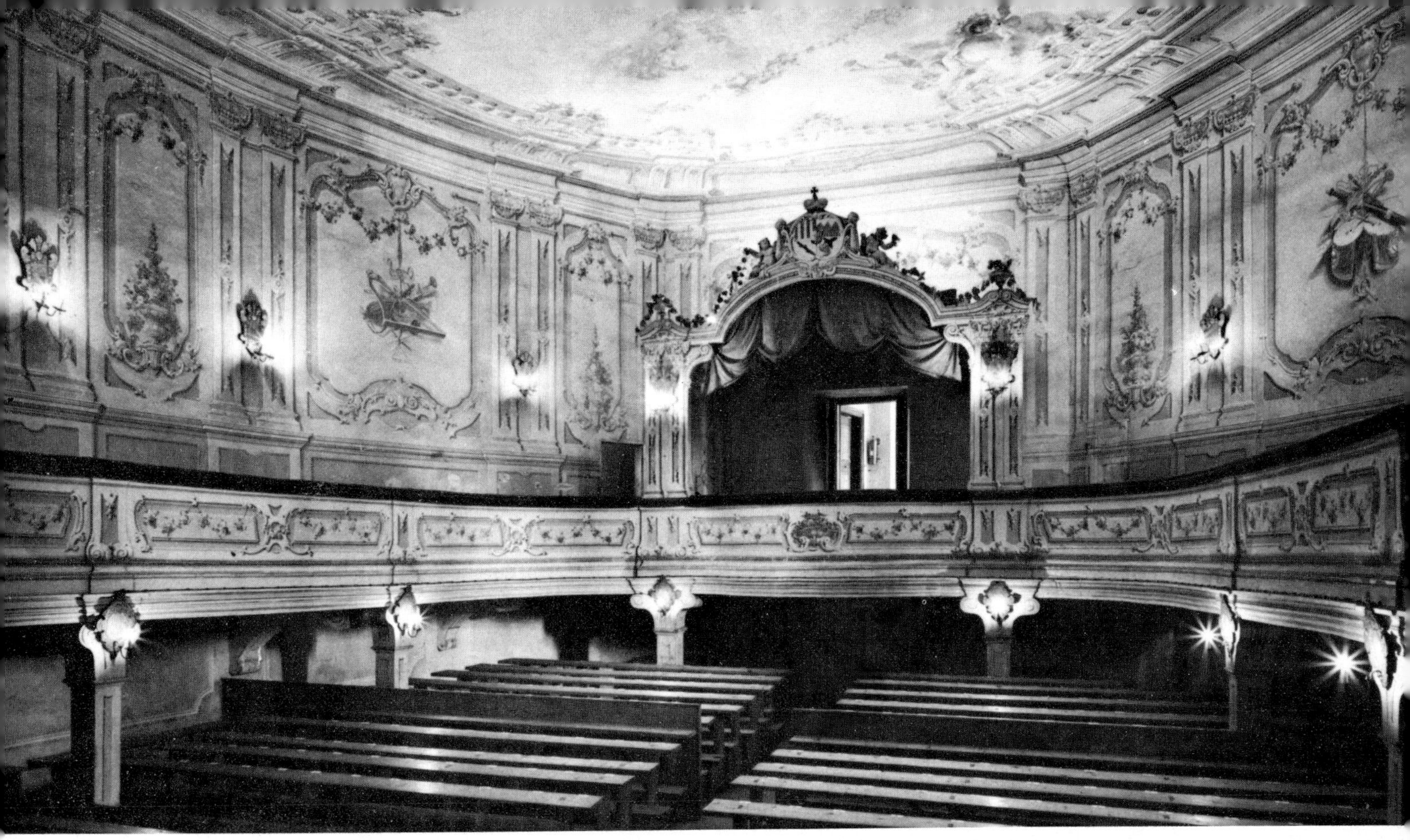

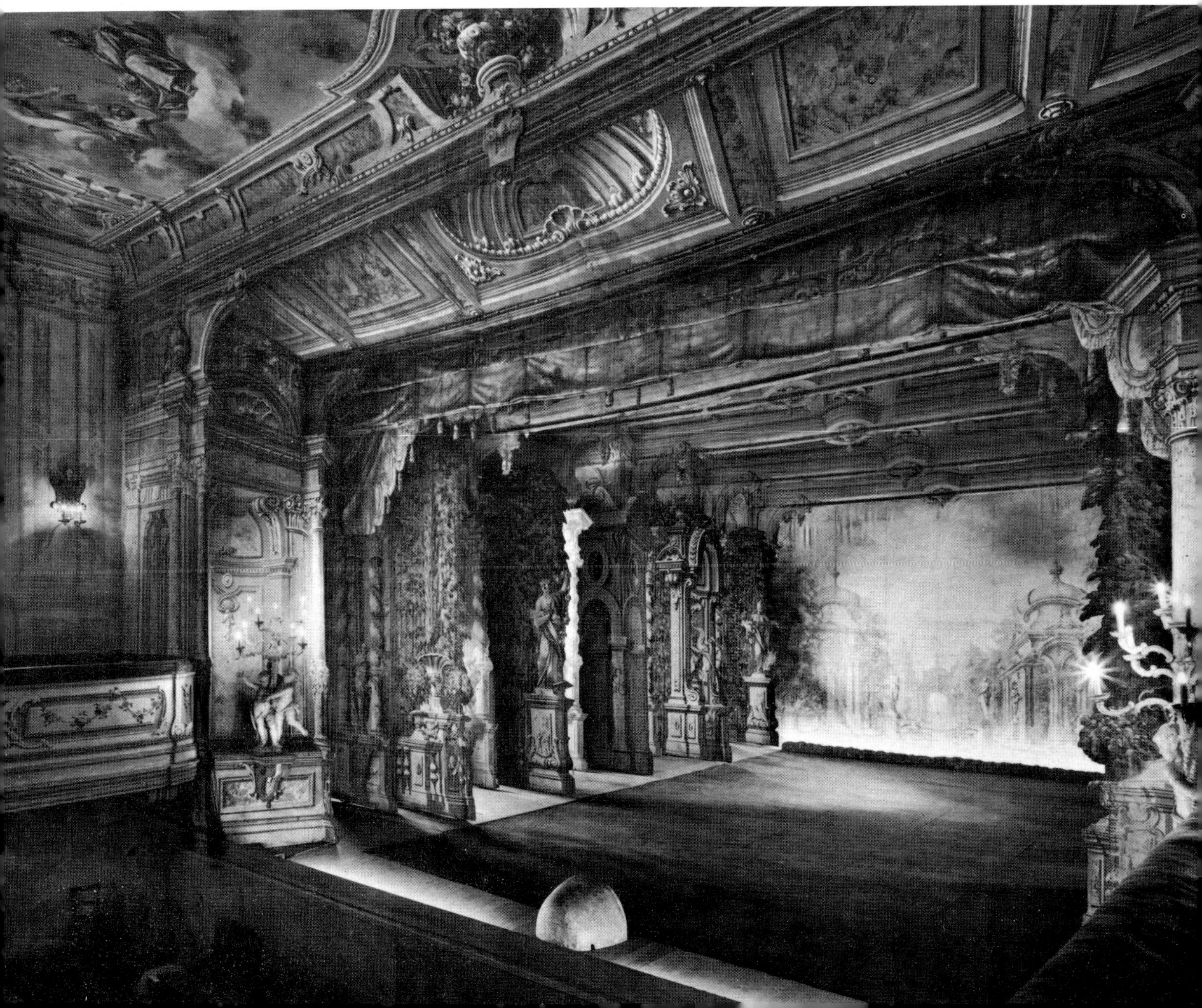

Oben: Elfenbeinminiatur von Maria Anna, Fürstin Esterházy, geb. Marchesa Lunati-Visconti, Witwe des Fürsten Paul Anton († 1762; siehe Abbildung Seite 28). Zur Feier ihres Namenstages wurde im Juli 1773 Haydns Oper „L'infedeltà delusa" aufgeführt. − Rechts: Anton Walter, bedeutendster Hammerklavierbauer seiner Zeit. Seine Instrumente schätzte Mozart besonders. Walter wurde im Februar 1781 von Wien nach Eszterháza berufen und blieb dort zwölf Tage lang, um Reparaturen an den Tasteninstrumenten durchzuführen.

Joseph Haydn, Elfenbeinminiatur eines unbekannten Künstlers, um 1780. Unten: Gemalte Collage aus dem Jahre 1772, mit dem Porträt des damals bekannten Cellisten Joseph Weigl, der 1761 vom Fürsten Esterházy engagiert wurde. Haydn und Weigl waren eng befreundet, und unter den Werken, die Haydn für Weigl schrieb, ist besonders das Cellokonzert in C-Dur, entstanden um 1765, zu erwähnen.

Drei zeitgenössische Opernkomponisten, deren Werke unter Haydns Leitung in Eszterháza aufgeführt wurden: (Von links nach rechts) Domenico Cimarosa (Ölporträt von Alessandro Longhi); Tommaso Traetta; und Giovanni Paisiello (Stich nach einem Gemälde von Elisabeth Vigée-Lebrun). Werke anderer Komponisten mußten den Möglichkeiten des in Eszterháza vorhandenen Sängerensembles angepaßt werden, was sowohl Striche als auch die Einfügung zusätzlicher Arien bedingte.

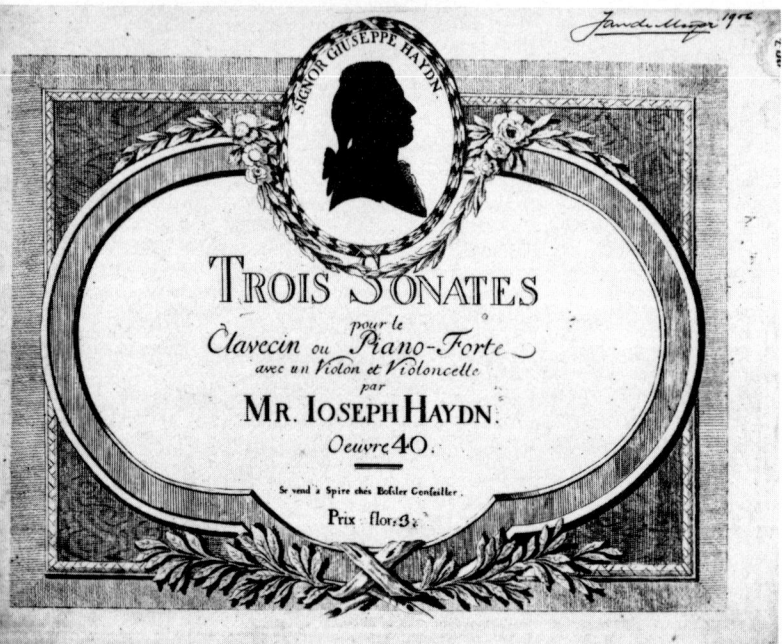
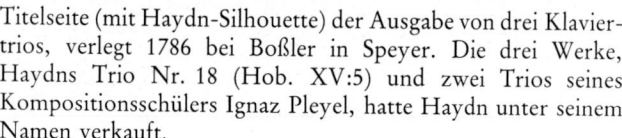

Titelseite (mit Haydn-Silhouette) der Ausgabe von drei Klaviertrios, verlegt 1786 bei Boßler in Speyer. Die drei Werke, Haydns Trio Nr. 18 (Hob. XV:5) und zwei Trios seines Kompositionsschülers Ignaz Pleyel, hatte Haydn unter seinem Namen verkauft.

Ein äußerst fruchtbarer Komponist, der Symphonien, Quartette, Serenaden und Trios in der Manier Haydns schrieb, war Adalbert Gyrowetz (1763–1850). Seine Symphonie in G-Dur wurde von Verleger Sieber in Paris unter Haydns Namen herausgebracht.

Die Freundschaft zwischen Mozart (links) und Haydn begann wahrscheinlich 1784; 1785 widmete Mozart seinem älteren Freund sechs Streichquartette − links außen die Titelseite der Artaria-Ausgabe −, und er war es auch, der Haydn zu den Freimaurern brachte. Eine Initiationszeremonie in einer Wiener Loge, ähnlich der, bei der Haydn zum Logenbruder (in der Loge „Zur wahren Eintracht") gemacht wurde, zeigt das Bild eines unbekannten Malers, um 1780 entstanden (oben). (Im Jahre 1780 war Nicolaus I. Fürst Esterházy Zeremonienmeister in der Loge „Zur gekrönten Hoffnung", und es ist möglich, daß er es ist, der hier als Zeremoniär bei der Initiation eines neuen Logenbruders dargestellt ist.

71

The Likenesses from Miniature Cameos by H. de Janvry.

Ein Stich von J. de Loutherbourg nach Landseer zeigt Haydn und Mozart als die beiden Spitzenpersönlichkeiten in der Musikerhierarchie des achtzehnten Jahrhunderts. Etliche der gezeigten Porträts – sie basieren auf Gemmenschnitzereien – geben uns heute wertvolle Aufschlüsse über das Aussehen führender Musikinterpreten jener Zeit. Während seines ersten Englandbesuches traf Haydn in London Loutherbourg.

Nachdem Nicolaus I. 1762 regierender Fürst geworden war, beschloß er, in Süttor, auf dem Terrain, wo der Jagdsitz stand, den er bisher als Wohnsitz benützt hatte, einen Bau aufzuführen. Es sollte das prunkvollste weltliche Bauwerk jener Zeit auf dem Gebiet der späteren österreichisch-ungarischen Monarchie werden: Schloß Eszterháza. Die Baupläne für dieses Märchenschloß nahe dem Südufer des Neusiedler Sees – der See bildet heute zum Teil die Grenze zwischen Ungarn und Österreich – wurden Anfang der sechziger Jahre erstellt. Erbauer des „ungarischen Versailles", wie das Schloß später genannt wurde, war hauptsächlich Melchior Hefeles. Doch auch Fürst Nicolaus spielte eine entscheidende Rolle bei der Gestaltung des Baus. Das betrifft den großen Saal im Obergeschoß, der a priori als Konzertsaal entworfen wurde und in dem 54 später unter anderem auch Haydns „Abschiedssymphonie" aufgeführt wurde. In vollem Umfang setzten die Bauarbeiten 1766 ein. Vor dem Baubeginn und solange das Opernhaus und die Quartiere für die Musiker nicht fertig waren, wohnten Haydn und die übrigen Mitglieder der „Capelle" die meiste Zeit über in Eisenstadt, übersiedelten im Winter nach Wien und machten zudem Abstecher nach den Esterházy-Schlössern in Kittsee und Preßburg, ganz wie die „Herrschaft" es wünschte. Zwischen Weihnachten und dem Dreikönigstag gewährte der Fürst seinem Kapellmeister und den Musikern den jährlichen Urlaub; er selbst hielt sich in dieser Zeit am Wiener Hof auf, um seine Neujahrswünsche zu überbringen. Haydn ging dann gewöhnlich auch nach Wien, traf seine Verleger, besuchte Freunde, hielt Nachschau bei Instrumentenmachern oder suchte nach neuem Notenmaterial und dergleichen.

1768 wurden das Operntheater und die Musikerunterkünfte fertig, und Haydn 54 und die Mitglieder der „Capelle" konnten nun ständig in Eszterháza wohnen. Doch erst 1784 waren der Bau und die Gärten in allen Details vollendet. Eszterháza mit seinen 126 Zimmern kostete insgesamt 13 Millionen Gulden. Das Schloß hatte auch ein Marionettentheater (vollendet 1773), wo Haydn seine eigenen und andere deutschsprachige Opern für Marionetten dirigierte. Das eigentliche Opernhaus war der italienischen Oper vorbehalten, wenngleich dort auch die reisenden Truppen, die Nicolaus jedes Jahr für mehrere Monate engagierte, Pantomimen sowie deutschsprachige Komödien und Tragödien spielten. Balletttruppen und Kinderensembles wurden ebenfalls nach Eszterháza engagiert.

Anfangs wurde Oper nur zu bestimmten Anlässen gegeben, etwa bei der Heirat eines Sohnes oder einer Nichte des Fürsten. Nicolaus pflegte solche Hochzeiten zum Vorwand für mehrtägige Feste zu nehmen, bei welchen die Aufführung einer Oper (gewöhnlich von Haydn dafür geschrieben) den Mittelpunkt der Ereignisse bildete. Für solche Feste komponierte Haydn „Lo speziale" (1768), „Le pescatrici" (1769, aufgeführt 1770), „L'infedeltà delusa" (1773) und andere Opern. Mit dem Jahr 1775, in welchem Nicolaus aus Anlaß des Besuches von Erzherzog Ferdinand und seiner Gemahlin ein riesiges Fest veranstaltete, begann für Eszterháza ein neuer Zeitabschnitt. Denn ab 1776 gab es im Schloß

70

regelmäßig Opernaufführungen. Die Werke der populärsten Opernkomponisten der Zeit, etwa Paisiello, Anfossi oder Cimarosa, wurden gespielt. Da der Fürst die Opera buffa bevorzugte, erwartete man von Haydn, daß er Opern dieses Genres für das zur Verfügung stehende Ensemble einrichte (was hieß, Stimmen zu transponieren oder beispielsweise die Klarinettenstimmen für andere Instrumente umzuschreiben, da er Klarinetten nur für begrenzte Zeit zur Verfügung hatte), das Werk mit den Sängern einstudiere und die Aufführung dirigiere. Langsam verdrängten diese Opernaktivitäten jede andere Musikmacherei, Haydns Komponieren inbegriffen, das er irgendwie zwischen die vielerlei Aufgaben, die eine rege Opernsaison mit sich brachte, einschob. 1786, im Jahr, in dem er seine „Pariser" Symphonien an das „Konzertbüro" der Loge Olympique lieferte, hatte er 125 Aufführungen von acht „neuen" und neun bereits im Repertoire befindlichen Opern vorzubereiten und zu dirigieren. Diese kaum glaubliche Leistung wiederholte sich 1788; in diesem Jahr wurden insgesamt 17 Opern (sieben davon neu) in Szene gesetzt.

62–66

Mit der Zeit hielt sich Fürst Nicolaus immer länger in seinem geliebten „ungarischen Versailles" auf. Diese langen Aufenthalte des Patrons gaben einmal Anlaß zum Entstehen der „Abschiedssymphonie"; hierbei setzte Haydn seine kompositorische Begabung ein, um für sich und seine Musiker die Erlaubnis zu erhalten, heim zu Frau und Kindern gehen zu dürfen. Es war den Musikern nämlich nicht erlaubt, ihre Frauen in Eszterháza wohnen zu lassen; dazu fehlte es einfach an Platz. Monatelang waren die Quartiere auch von Schauspielern belegt. Haydns Saison in Eszterháza dauerte zehn, dann sogar elf Monate im Jahr, und Oper gab man gewöhnlich von Ende April bis Weihnachten.

56, 57

Nach dem Tode des Fürsten Nicolaus 1790 wurde Eszterháza nie mehr von der fürstlichen Familie als Hauptresidenz benützt. Im Zweiten Weltkrieg erlitt es schwere Schäden und wurde hernach von der ungarischen Regierung wieder liebevoll in den alten Zustand gesetzt. Heute ist es Museum und eine der größten Touristenattraktionen des Landes. Die Großartigkeit von Schloß und Gartenanlagen kann man anhand der folgenden lebendigen Beschreibung des Barons Riesbeck ermessen. Sie war 1784 in Cramer's „Magazin der Musik" zu lesen:

Vielleicht ist außer Versailles in ganz Frankreich kein Ort, der sich in Rücksicht auf Pracht mit diesem vergleichen ließe. Das Schloß ist ungeheuer groß, und bis zur Verschwendung mit allem Geräthe der Pracht angefüllt. Der Garten enthält alles, was die menschliche Einbildungskraft zur Verschönerung, oder, wenn du willst, zur Verunstaltung der Natur ersonnen hat. Pavillons von allen Arten sehen wie die Wohnungen wollüstiger Feen aus, und alles ist so weit über dem gewöhnlichen Menschlichen, daß man beym Anblick desselben einen schönen Traum zu träumen glaubt. Ich will mich in keine Beschreibung all der Herrlichkeit einlassen, aber das muß ich dir im Vorbeygehen doch bemerken, daß wenigstens das Auge eines Unkenners, wie ich bin, hie und da sehr beleidigt wird, weil die Kunst zu viel gethan hat. Ich erinnere mich die Wände einer Sala Terrena mit Figuren bemahlt gesehn zu haben, die wenigstens ihre 12 Schuhe hoch waren, und, da die Sala nicht geräumig genug war, sie nach dem menschlichen Verhältniß ins Auge zu fassen, ein Erdensöhnchen meiner Art seine Kleinheit gar zu sehr fühlen ließen. Ich weiß, du bist für den großen Stil, und ich erinnerte mich beym Anblick dieser Riesenfiguren alles dessen, was du meinen profanen Ohren von der Theorie der römischen Schule, ihren großen Umrissen und s. w. vorgeschwatzt hattest, aber ich bin gewiß, wenn du diese abentheuerlichen Figuren gesehen hättest, du würdest mir eingestanden haben, daß der große Stil hier übel angebracht ist.

Was die Pracht des Orts ungemein erhöht, ist der Abstich desselben mit der umliegenden Gegend. Oeder und trauriger läßt sichs nicht denken. Der Neusiedler See, wovon das Schloß nicht weit entfernt ist, macht meilnlange Moräste, und droht alles Land, bis an die Wohnung des Fürsten hin, mit der Zeit zu verschlingen, wie er denn schon ungeheure Felder, die angebaut waren, und den ergiebigsten Boden hatten, verschlungen hat. Die Bewohner dieses angrenzenden Landes sehen größtentheils wie Gespenster aus, und werden fast alle Frühjahr von kalten Fiebern geplagt. Man will berechnet haben, daß der Fürst mit der Hälfte des Geldes, welches er auf seinen Garten verwendet, nicht nur die Moräste hätte austrocknen, sondern auch noch einmal so viel Land dem See entreissen können. Da der Zufluß des Sees immer häufiger und der Ausfluß geringer wird, so ist die Gefahr, womit das sehr niedrige Land bedroht wird, wirklich sehr groß. Es käme nur darauf an, durch einen Canal das überflüssige Wasser in die Donau abzuleiten, welche Unternehmung die Kräfte des Fürsten eben nicht übersteigt, und ihm in den Augen gewisser Leute mehr Ehre machen würde, als sein prächtiger Garten. Auf der andern Seite des Schlosses braucht man keine Tagereise zu machen, um Kalmüken, Hottentotten, Iroken, und Leute von Terra del Funego in ihren verschiedenen Beschäftigungen und Situationen beysammen zu sehen.

So ungesund auch die Gegend, besonders im Frühling und Herbst ist, und so oft auch der Fürst selbst vom kalten Fieber befallen wird, so ist er doch vest überzeugt, daß es in der ganzen weiten Welt keine gesundere und angenehmere Gegend gebe. Sein Schloß steht ganz einsam, und er sieht niemand um sich als seine Bedienten, und die Fremden, welche seine schönen Sachen beschauen wollen. Er hält sich ein Marionettentheater, welches gewiß einzig in seiner Art ist. Auf demselben werden von den Puppen die größten Opern aufgeführt. Man weiß nicht, soll man staunen oder lachen, wenn man die Alceste, den Alcide al Bivio u. a. m. mit der ernsthaftesten Zurüstung von Marionetten spielen sieht. Sein Orchester ist eins der besten, die ich je gehört, und der große Haydn ist sein Hof- und Theater-Compositeur. Er hält sich für sein seltsames Theater einen Dichter, dessen Laune in Anpassung großer Gegenstände auf seine Bühne und in Parodierung ernsthafter Stücke oft sehr glücklich ist. Sein Theatermaler und Dekorateur ist ein vortrefflicher Meister, ob er schon sein Talent nur im Kleinen zeigen kann. Kurz die Sache selbst ist klein, aber alles Aeussere derselben ist sehr groß. Oft nimmt er eine Truppe fahrender Schauspieler auf einige Monate in Sold, und nebst einigen Bedienten macht er das ganze Auditorium derselben aus. Sie haben die Erlaubniß, ungekämmt, besoffen, unstudiert und in halber Kleidung aufzutreten. Der Fürst ist nicht für das Tragische und Ernsthafte, und er hat es gerne, wenn die Schauspieler, wie Sancho Pansa, ihren Witz etwas dick fallen lassen. Nebst den ungeheuern Schwarm der übrigen Bedienten hält er sich auch eine Leibwache, die aus sehr schönen Leuten besteht.

Obwohl Haydn einige der Vorbehalte des Barons Riesbeck bezüglich Eszter-háza teilte, so hatte das Leben dort, sowohl was die Arbeit betraf als auch bezüglich der Freizeitbeschäftigungen, seine schönen Seiten, wie Griesinger in seiner Haydn-Biographie bemerkt:

Fürst Nikolaus Esterházy war ein geschmackvoller Kenner und leidenschaftlicher Liebhaber der Tonkunst, auch ein guter Violinspieler. Er hatte eine eigene Oper, Komödien, ein Marionetten-Theater, Kirchen- und Kammer-Musik. Haydn hatte die Hände voll zu thun; er komponirte, er mußte alle Musiken dirigiren, alles einstudiren helfen, Unterricht geben, sogar sein Klavier im Orchester selbst stimmen. Er verwunderte sich öfters, wie es ihm möglich gewesen sey, so vieles zu schreiben, da er so manche Stunden durch mechanische Arbeiten verlieren mußte . . .
Wenn übrigens Haydns äußere Lage nichts weniger als glänzend war, so verschaffte sie ihm dagegen zur Ausbildung seines vielseitigen Talents die beste Gelegenheit. „Mein Fürst war mit allen meinen Arbeiten zufrieden, ich erhielt Beyfall, ich konnte als Chef eines Orchesters Versuche machen, beobachten, was den Eindruck hervorbringt, und was ihn schwächt, also verbessern, zusetzen, wegschneiden, wagen; ich war von der Welt abgesondert, Niemand in meiner Nähe konnte mich an mir selbst irre machen und quälen, und so mußte ich original werden."
Die Jagd und der Fischfang waren Haydns Lieblings-Erholungen während seines Aufenthalts in Ungarn, und er konnte es nicht vergessen, daß er einst mit einem Schuß drey Haselhühner erlegt habe, welche auf die Tafel der Kaiserin Maria Theresia kamen; ein anderesmal zielte er auf einen Hasen, er schoß ihm nur die Ruthe ab, aber er tödtete zugleich einen Fasan, der zufälligerweise in der Nähe war, und sein Hund, welcher den Hasen verfolgte, erwürgte sich in einer Schlinge. Im Reiten hatte es Haydn zu keiner Fertigkeit gebracht, denn seitdem er auf den Morzinschen Gütern von einem Pferde heruntergefallen war, getraute er sich nie wieder, eines zu besteigen. Auch Mozart, der sich gern eine Bewegung zu Pferde machte, war dabei immer voll von banger Furcht.

Des Fürsten Nikolaus Lieblingsinstrument, das er mit bemerkenswertem Geschick zu spielen verstand, war das Baryton, eine Art Viola da gamba mit einer Reihe von Resonanzsaiten unter dem Griffbrett, die angerissen werden 58 konnten wie die Saiten einer Gitarre. Der Fürst erwartete von Haydn, daß er neue Musik für dieses Instrument schreibe, und Haydn entsprach diesem, indem er, unter anderem, 125 Divertimentos für Baryton, Viola und Cello komponierte, ebenso zahlreiche Solostücke, Duette und Ensemblemusik mit Soli für ein, manchmal auch zwei Barytone. Um seinen nahezu unersättlichen Bedarf an Stücken für dieses eher düster und melancholisch klingende Instrument zu decken, beauftragte der Fürst auch Komponisten „von auswärts". Dies berichtet darüber:

Der Fürst liebte die Musik, und spielte selbst das Bariton, welches, nach der Meynung des Fürsten, bloß auf eine Tonart beschränkt seyn sollte. Haydn konnte darüber nichts Gewisses entscheiden, weil er das Instrument nur sehr oberflächlich kannte; dennoch glaubte er, es müßten demselben mehrere Tonarten angemessen seyn. Während Haydn, ohne Wissen des Fürsten, Untersuchungen über die Natur des Instruments anstellte, gewann er eine Neigung für dasselbe, und übte sich, wegen Zeitmangel, in späten Nachtstunden, in der Absicht, ein guter Spieler zu werden. Freylich wurde er oft in seinen nächtlichen Studien, durch das Schelten und Gezänke seiner Frau gestört; er verlor aber die Geduld nicht, und erlangte in Zeit von sechs Monathen seinen Endzweck.
Noch wußte der Fürst nichts. Haydn konnte einer Anwandlung von Eitelkeit nicht länger widerstehen. Er ließ sich öffentlich vor dem Fürsten hören, spielte in mehreren Tonarten, und glaubte unendlichen Beyfall einzuerndten. Der Fürst war jedoch gar nicht verwundert, nahm die Sache, wie sie genommen werden mußte, und sagte bloß: „Haydn! das müssen Sie wissen."
„Ich verstand den Fürsten vollkommen, sagte mir Haydn, und ob mich gleich im ersten Augenblick die Gleichgültigkeit desselben schmerzte: so verdanke ich es doch seiner kurzen Erinnerung, daß ich plötzlich den Vorsatz fahren ließ, ein guter Baritonspieler zu seyn. Ich erinnerte mich, daß ich mir als Kapellmeister, und nicht als ausübender Virtuos, schon einigen Ruhm erworben hatte; machte mir selbst Vorwürfe, die Composition seit einem halben Jahre vernachläßigt zu haben, und wandte mich wieder mit neuem Eifer zu derselben."

Am 6. Dezember 1766 feierte man im Haushalt in Eisenstadt den Namenstag des Fürsten. Haydn nahm die Gelegenheit wahr, dem Fürsten den folgenden Brief zu schreiben. Er wurde wahrscheinlich per Kurier nach Eszterháza befördert.

DURCHLAUCHTIG HOCHGEBOHRNER / REICHS FÜRST!
GNÄDIGST: UND HÖCHST GEBIETHENDER HERR / HERR!
Das höchst erfreuliche Nahmens Fest (welches EUER DURCHL: mit der Göttlichen Gnade in vollkommensten wohlstand und vergnügen vollbringen mögen) hat mich schuldigst verpflichtet, HOCHDEROSELBEN nicht nur allein 6 Neue Divertimenti in aller Submission zu übermachen, sondern auch (weillen wür vor einigen Tagen mit denen Neuen Winter Kleydern höchstens consoliret worden) vor diese besondere Gnad EUER DURCHL. unterthänigst den Rockh zu küssen, mit den Beysatz, daß wür obschon in HOCH DERO von uns billich bedaurender abwesenheit, uns dannoch unterfangen werden, an EUER DURCHLAUCHT hohen Ňahmens Tag bey Celebrirenden Solennen Amt in diesen Neuen Kleydern das estemahl zu erscheinen. Anbey habe zwar den hohen Befehl erhalten, das ich die durch mich Componirte Divertimenti (zwölf Stuckh zusammen) solte einbinden lassen. allein weillen EUER DURCHL: einige derenselben zur Veränderung mir zugeschückhet, und ich in meiner Spartitur die Veränderungen nicht annotiret habe, als bitte ich unterthänigst, die bey handen habende erstere 12 Stuckh nur auf 3 täg, sodan auch die übrige nach und nach mir zukommen zu lassen, damit nebst denen beschehenen Veränderungen alles gut und genau abgeschrieben, und eingebunden werden könne: worbey mich zu gleich gehorsambst anfragen wollen, auf was arth selbe einbinden zu lassen? EUER DURCHL: beliebig seye?
Übrigens melden mir die zwey hautboisten (gleichwie ich auch selbsten eingestehen mus) das ihre 2 hautboi alters halber zu grund gehen, und den rechtmässigen Tonum nicht mehr geben, wesswegen EUER DURCHL: den schuldigsten Vortrag mache, das ein Meister Rockobauer in Wienn sich befinde, welcher meines erachtens diessfalls der kündigste ist. weillen nun dieser Meister mit derley arbeith zwar stätts beschäfftiget ist, dermahlen aber sich besondere zeit nehmete, ein Paar gute daurhaffte hautboi mit einen extra stuckh auf satz (womit alle erforderliche toni genohmen werden könten) zu verfertigen, dauor aber der nächste Preyß in 8

Ducaten bestehet. als habe EUER DURCHL. hohen Consens zu erwarthen, ob besagte 2 höchst nöthige hautboi um erstgemelten Preyß eingeschaffet werden dürfften. Der ich mich zu hohen hulden und gnaden empfehle
EUER HOCHFÜRSTLICHEN DURCHLAUCHT

Unterthänigster
Joseph Haydn.

1766, nachdem Haydn Erster Kapellmeister geworden war, entschloß er sich, von dem alten „Capellhaus" hinter der Bergkirche in Eisenstadt weg- und in ein eigenes Haus zu ziehen. Er fand ein hübsches kleines Barockhäuschen nahe dem Franziskanerkloster, und obwohl er, um das Haus erwerben zu können, Geld von den Verwandten seiner Frau borgen mußte, war er wahrscheinlich froh über die Ruhe, die er nun genoß, weg etwa vom Lärm übender Musiker eine Tür weiter, wie das im „Capellhaus" der Fall gewesen war. Haydn dürfte in bequem ausgestatteten Zimmern im Obergeschoß gewohnt haben. Heute ist das Haus ein Museum, voll von Erinnerungsstücken, Porträts und Handschriften. Als das Haus zweimal, 1768 und 1776, vom Feuer fast ganz zerstört wurde, ließ der Fürst es jedesmal auf seine Kosten wiederaufbauen. Er half Haydn auch, als dessen Verwandten 1771 die Rückzahlung der Schuld verlangten, mit einem Vorschuß aus. Der folgende Brief des Fürsten nimmt darauf Bezug.

Lieber Zoller!
Capeln Meister Hadyn hat uns gebetten um Vorstreckung Vier Hundert Gulden gegen deme, daß ihme bis zur Abstossung dieser Schuld von denen Quartaliter assimirten fünffzig Gulden (: deren die ersten mit Ende dieses Monaths schon fallen:) eben dieser Betrag mit 50 f abgezohen, folglich die ganze Schuld in zwey Jahren abgezahlet werden solle; und da Wir hierin verwilligten, so wird Er ihme besagte Vier Huntert Gulden vorschüssen und so auch in gehörige Zeit die Abrechnung machen.
Wienn den 6ten Jener 771

Nicolaus Fürst Esterhazy.

An den Zoller

Beweise für Haydns wachsende Reputation zeigten sich ab 1766. Öffentlich wurde darauf erstmals in einem Artikel, der den „Wiener Geschmack in der Musik" zum Thema hatte, im „Wienerischen Diarium" vom 18. Oktober Bezug genommen.

Herr Joseph Hayden, der Liebling unserer Nation, dessen sanfter Charakter sich jedem seiner Stücke eindrücket. Sein Satz hat Schönheit, Ordnung, Reinigkeit, eine feine und edle Einfalt, die schon eher empfunden wird, als die Zuhörer noch dazu vorbereitet sind. Er ist in seinen Cassationen, Quatro und Trio eine reines und helles Wasser, welches ein südlicher Hauch zuweilen kräuselt, zuweilen hebt, in Wellen wirft, ohne daß es seinen Boden und Abschuß verläßt. Die monotonische Art der Stimmen mit gleichlautenden Octaven, hat ihn zum Urheber, und man kann ihr das Gefällige nicht absprechen, wenn sie selten und in einem haydenischen Kleide erscheint. In Sinphonien ist er eben so männlich stark, als erfindsam. In Cantaten reizend, einnehmend, schmeichlerisch; und in Menueten naturlich, scherzend, anlockend. Kurz Hayden ist das in der Musik, was Gellert in der Dichtkunst ist.

Fürst Nicolaus hatte den klaren Entschluß gefaßt, daß seine „Capelle" auch in der Hauptstadt eine Oper Haydns aufführen solle. Hierfür borgte er sich im Frühling 1770 das Palais des Baron Sumerau im Vorort Mariahilf; offenbar hatte er in seinem Palais in der Wallnerstraße nicht genug Platz, um eine ganze Opernproduktion da zu veranstalten, in diesem Fall *„Lo speziale"* („Der Apotheker"). Das „Wienerische Diarium" berichtete:

No 24, Sonnabend, den 24. März.

... Als eine besonders angesehene Nachricht hat man hier nicht unangemerkt lassen wollen, daß jüngst abgewichenen Mittwochs den 21. dieses in der Behausung des (Titl) Herrn Barons von Sumerau nächst Maria Hilf ein von dem Fürstl. Esterhazischen Kapellmeister, Hrn. Joseph Haydn, in die Musik gesetztes Singspiel, der Apotheker genannt, von den sämmtlichen Fürst Esterhazischen Kammervirtuosen diesen Tag aufgeführet, und darauf gefolgten Donnerstag auf hohes Begehren in Gestalt einer musikalischen Akademie, und in Beyseyn vieler hoher Herrschaften wiederholet worden ...

Gesellschaftliches Ereignis des Jahres 1770 war die Hochzeit von des Fürsten Nicolaus „lieber Nichte", der Gräfin Lamberg, und dem Grafen Poggi (richtig: Pocci). Gleichlautende Berichte erschienen in der „Preßburger Zeitung" und im „Wiener Diarium", was annehmen läßt, daß jemand in Eszterháza an die beiden Journale eine „Presseaussendung" geschickt haben muß. Das liest sich so:

[Auszug aus einem Brief aus Ödenburg, 20. September]
Gegenwärtig spricht jedermann einzig über die großartigen feste, die der Fürst Esterhazy am 16., 17. u. 18. in seinem herrlichen Schloß, Esterhaz, wenige Meilen von dieser Stadt, anläßlich der Hochzeit seiner Nichte, der Gräfin Lamberg, mit dem Grafen Poggi, gegeben hat. Wir schulden unseren Lesern einen kurzen Bericht über dieselben.
Um 5 Uhr am Nachmittag des Sonntag, dem 16., begab sich das Brautpaar zur fürstlichen Kapelle, begleitet von Fürst und Fürstin Esterhazy und einer großen Gesellschaft eingeladener Kavaliere und Damen, um den Segen der Kirche zu empfangen. Dann machte die ganze Gesellschaft sich auf zum Theater, wo eine komische Oper auf italienisch, *le pescatrici* (oder Die Fischerin) mit allem Geschick und aller Kunstfertigkeit von den fürstlichen Sängern und Musikanten dargeboten wurde und allgemein verdienten Beifall fand. Der fürstliche Kapellmeister, Herr Hayden [sic], dessen viele schönen Werke seinen Ruhm bereits weithin verbreitet haben und dessen flammendem, schöpferischem Geist die Musik zu diesem Singspiel entstammte, hatte hernach die Ehre, schmeichelhaftes Lob der illustren Gäste zu empfangen.

Etwa um diese Zeit scheint Haydn ernstlich erkrankt zu sein. Griesinger berichtet:

Um das Jahr 1770 war Haydn in ein hitziges Fieber verfallen, und der Arzt hatte ihm während seiner allmaligen Genesung aufs stregste verboten, sich mit Musik zu beschäftigen. Bald darauf ging Haydns Gattin in die Kirche, nachdem sie vorher der Magd ernstlich eingeschärft hatte, ihren Herrn zu bewachen, daß er nicht ans Klavier komme. Haydn that in seinem Bette, als ob er nichts von diesem Befehle gehört hätte, und kaum war seine Gattin fort, als er die Magd mit einem Auftrage aus dem Hause schickte. Nun schwang er sich eilends an sein Klavier; mit dem ersten Griffe stand die Idee einer ganzen Sonate vor seiner Seele, und der erste Theil wurde beendigt, während seine Frau in der Kirche war. Als er sie zurückkommen hörte, warf er sich geschwind wieder ins Bett, und hier komponirte er den Rest der Sonate, die mir Haydn nicht mehr genauer zu bezeichnen wußte, als daß sie fünf – Kreutze habe.

Gewöhnlich endete die Saison in Eszterháza Ende Oktober. 1772 jedoch beschloß der Fürst, länger in seinem ungarischen Schloß zu bleiben. Die Musiker, schon darauf brennend, zu ihren Frauen heimgehen zu dürfen, gingen Haydn um Hilfe an. Ergebnis war die berühmte „Abschiedssymphonie" (Nr. 45). Griesinger berichtet uns diese Episode wie folgt:

Unter der Kapelle des Fürsten Esterhazy befanden sich mehrere junge, rüstige Ehemänner, die im Sommer, wo sich der Fürst auf seinem Schlosse Esterhaz aufhielt, ihre Weiber in Eisenstadt zurück lassen mußten. Gegen seine Gewohnheit wollte der Fürst einst den Aufenthalt in Esterhaz um mehrere Wochen verlängern; die zärtlichen Eheleute, äußerst bestürzt über diese Nachricht, wandten sich an Haydn, und baten ihn, Rath zu schaffen.
Haydn kam auf den Einfall, eine Symphonie zu schreiben (die unter dem Namen der Abschieds-

Symphonie bekannt ist) in welcher ein Instrument nach dem andern verstummt. Diese Symphonie wurde bey der ersten Gelegenheit in Gegenwart des Fürsten aufgeführt, und jeder von den Musikern war angewiesen, so wie seine Partie geendigt war, sein Licht auszulöschen, die Noten zusammen zu packen, und mit seinem Instrumente unter dem Arme fortzugehen. Der Fürst und die Anwesenden verstanden den Sinn dieser Pantomime sogleich, und den andern Tag erfolgte der Befehl zum Aufbruch von Esterhaz.

Das folgende Jahr stand im Zeichen des dreitägigen Besuches der Kaiserin Maria Theresia und ihres Gefolges in Eszterháza. Die „Preßburger Zeitung" (Nr. 73 vom 11. September 1773) berichtet:

Am 1. Sept. trafen auch Ihre K. K. Ap. Majestät samt den zwo Erzherzoginnen Marianna und Elisabeth, imgleichen mit dem Erzh. Maximilian, in 5 Stunden von Wien allhier ein. – Se. hochfürstl. Durchlaucht suchten daher das allerhöchste Erzhaus durch verschiedene Unterhaltungen abwechselnd zu vergnügen. Ihre Majestät ließen sich nach Tische im Garten herumführen, und die übrigen höchsten Erzherzoglichen Herrschaften promenierten neben bey zu Fuße. Alsdann wurde auf einer ganz neuen Bühne eine Marionettenoperette „Philemon und Baucis" oder „Jupiters Reise auf die Erde" aufgeführt, und so dann ein überaus festlicher Ball in Masken eröffnet. – Der 2. Vormittag ist wieder mit Spazierengehen verstrichen, und nach vollzogener Tafel hat abermals ein kleines Schauspiel in Gesängen seinen Anfang genommen. Die Bühne stellte ein phrygisches Dorf vor, wo Philemons Hütte war; – Felder, Weinberge und eine Landschaft schlossen die Aussicht. – Wie der Vorhang aufgezogen wurde, herrschte ein fürchterliches Donnerwetter, von allen Orten kamen versprengte Bauern, unter welchen sich auch Philemon und Baucis befanden, und diese eröfneten das Spiel. Die Bauern und das alte Ehepaar giengen ab, und Jupiter und Merkur traten auf. – Die Bühne stellte Philemons Hütte mit 2 Aschenkrügen vor, die sich auf Jupiters Wort in Rosenlauben verwandelten, in welchen Aret und Narcissa saßen. – Unter vorhergegangenem Donner erschienen Jupiter und Merkur auf einer glänzenden Wolke. – Philemons Hütte verwandelte sich in einem prächtigen Tempel. Jupiters Bildsäule strahlte in der Mitten. – Philemons und Baucis Kleider bekamen die Gestalt der Priesterröcke, und einige Priester und Priesterinnen traten auf. – Hiernächst drangen sich ein Chor Nachbar und Nachbarinnen auf die Bühne, bebten aber aus Furcht vor dem Donner zurück. – Jupiters Bildsäule verschwand und an dessen Stelle erschien überaus prächtig das Wappen des Durchl. Erzhauses. – Der Ruhm, die Milde, die Gerechtigkeit und Tapferkeit umgaben dasselbe. – Die Fama kam blasend geflogen, und krönte das Wappen mit einem Kranz. Die göttliche Vorsicht beschützte dasselbe mit ihrem Schilde, und die Zeit umfaßte es. – Jupiters Priesterschaft verschwand. – Die ungrische Nation nahete sich in ihrem Festkleide, von der Liebe zum Vaterlande, von dem Gehorsam, Eifer und der Treue begleitet, und fiel mit Verehrung vor dem Kaiserl. Wappen auf die Knie. – Jupiters Tempel verschwand und auch die Bühne stellte den beleuchteten Mittheil des fürstl. Gartens zu Eszterház vor. – Hier verwandelten sich auch die Nachbarn in Ungarn, und ließen sich zum Beschluß singend hören. – Unter währendem Gesange faßte die Glückseligkeit mit einer Hand das Kaiserl. Wappen, mit der andern überschüttete sie aus ihrem Füllhorn die Nation selbst. Hierauf fieng der hintere Theil des neuerbauten Theaters zu sinken und wurde unsichtbar von aller Augen. Dagegen erblickten die allerhöchsten Anwesenden die prächtige Beleuchtung im Garten, und das Feuerwerk nahm seinen Anfang.

Ein weiterer Beweis für Haydns zunehmende Berühmtheit ist die autobiographische Skizze vom Jahr 1776, um die man ihn für eine Publikation mit dem Titel „Das gelehrte Österreich" bat. Der Herausgeber scheint sich auf großen Umwegen darum bemüht zu haben, indem er einen „Mons. Zoller" – den obersten Kassenverwalter des Fürsten – anging, der wiederum an „Mademoiselle Leonore" die Bitte weitergab. Obwohl dieser autobiographische Kurzbericht vieles von dem wiederholt, was wir schon wissen – und auch etliche Tatsachen nicht richtig darstellt –, ist er von solchem Interesse und von solcher Bedeutung, daß wir ihn hier zur Gänze bringen. Interessant ist, welche Werke Haydn als seine erfolgreichsten ansah. Kein Wort verliert er über seine Symphonien (bis 1776 insgesamt bereits 60), Sonaten und Trios und erwähnt die Kammermusik nur kurz als Gattung insgesamt.

Eine Seite aus dem Breitkopf-Katalog 1769, auf welcher mehrere Haydn-Symphonien (in Form von Manuskriptkopien) zum Kauf angeboten werden. Die gezeigten Symphonieanfänge sind die der Nummern 24, 38, 36 und 27.

Estoras den 6ten July 1776

Mademoiselle!

Sie werden es mir nicht für übl nehmen, wan ich Ihnen ein allerhand Misch mäsch ob den anverlangten einhändige: solche sachen ordentlich zu beschreiben, fordert zeit, diese habe ich nicht, derohalben getrauete ich mich nicht an Mon: [Monsieur] Zoller selbst zu schreiben, bitte derohalben um Vergebung:

ich übersende nur einen rohen aufsatz, dan weder stoltz noch Ruhm, sondern die allzugrosse güte, und überzeugende zufriedenheit einer so gelehrten National gesellschaft über meine bisherige wercke Veranlasset mich Dero begehren zu willfahren.

Ich wurde gebohren Anno 1733 den letzten Mertz in den Markflek Rohrau in unterösereich bey Prugg an der Leÿthä. mein Sel: Vatter ware seiner profession ein Wagner, und unterthan des grafen Harrachs, ein von Natur aus grosser liebhaber der Music, Er spielte ohne eine Notte zu kennen die Härpfe, und ich als ein knab von 5 Jahren sang ihn alle seine simple kurze stücke ordentlich nach, dieses verleitete meinen Vatter mich nach Haimburg zu dem schull Rector meinen anverwandten zu geben, um allda die Musicalischen anfangs gründe samt andern Jugentlichen Nothwendigkeiten zu erlehrnen. Gott der allmächtige (welchen ich alleinig so unermessene gnade zu dancken) gab mir besonders in der Music so viele leichtigkeit, indem ich schon in meinen 6ten Jahr ganz dreist einige Messen auf den Chor herab sang, auch etwas auf dem Clavier und Violin spielte:

in den 7ten Jahr meines alters hörete der Seel: Herr Capell Meister v. Reutter in einer Durchreise durch Haimburg von ungefähr meine schwache doch angenehme stime, Er nahme mich alsogleich zu sich in das Capell Hauß, allwo ich nebst dem Studiren die sing kunst, das Clavier, und die Violin von sehr guten Meistern erlehrnete, ich sang allda sowohl bey St: Stephan als bey Hof mit grossen Beyfall bis in das 18te Jahr meines alters den Sopran. Da ich endlich meine stimme verlohr, muste ich mich in unterrichtung der Jugend ganzer [?] 8 Jahr kumerhaft herumschleppen (NB: durch dieses Elende brod gehen viele genien zu grund, da ihnen die zeit zum studiren manglet) die Erfahrung trafte [drafte?] mich leyder selbst, ich würde das wenige nie erworben haben, wan ich meinen Compositions Eyfer nicht in der nacht fortgesetzt hätte, ich schriebe fleissig, doch nicht ganz gegründet, bis ich endlich die gnade hatte von dem berühmten Herrn Porpora (so dazumahl in Wienn ware) die ächten Fundamente der sezkunst zu erlehrnen: endlich wurde ich durch Reccomendation des Sel: Herrn v. fürnberg (von welchen ich besondere gnaden genossen) bey Herrn grafen v. Morzin als Directeur, von da aus als Capell Meister bey S: Durchl. dem fürsten an und aufgenohmen, allwo ich zu leben und zu sterben mir wünsche.

unter andern meinen wercken haben folgende den meisten beyfall erhalten

      le Pescatrice [sic]

die operen. L'incontro improviso. welche in gegenwarth Ihro k.k.: Majestät ist aufgeführt worden.

62   l'infedeltà delusa.

das oratorium Il Ritorno di Tobia. in wienn aufgeführt.

das Stabat Mater. über welches ich von einen guten freund

    die handschrift unsres grossen Ton künstlers Hasse mit unverdienten lobsprüchen erhalten. eben diese Handschrift werde ich zeit lebens wie gold aufbehalten; nicht des Inhalts sondern eines so würdigen Mannes wegen.

In dem camer Styl hab ich ausser denen Berlinern fast alle Nationen zu gefallen das glück gehabt, dieses bezeugen die offentlichen blätter, und die an mich ergangene zuschriften: mich wundert nur, daß die sonst so vernümftige Herrn Berliner in ihrer Critic über meine stücke kein Medium haben, da sie mich in jener [einer?] wochen schrift bis an die sterne erheben, in der andern 60 Klaffter tief in die Erde schlagen, und dieses ohne gegründeten warum: ich weis es wohl; weil sie ein und andere meiner Stücke zu produciren nicht in stande, solche wahrhaft einzusehen aus eigenlieb sich nicht die mühe geben, und andere ursachen mehr, welche ich mit der Hülf gottes zu seiner zeit beantworten werde: Herr Capell Meister v. Dittersdorf aus schlesien schriebe mir unlängst mit bitte, mich über Ihr hartes Verfahren zu rechtfertigen, ich andwortete aber demselben, daß ein schwalbe keinen Somer mache, Vielleicht wird denenselben von unpartheyschen der mund mit nächsten so gestopft, als es ihnen schon ein mahl wegen der Monotonie ergangen: über alles das aber bemühen sie sich Eüsserst alle meine wercke zu bekomen, ein welches mich der K:K: gesandter zu Berlin Herr Baron v. Sviten diesen verflossenen winter als derselbe in wienn ware, versicherte: genug hievon.

Liebe Mademoisell Leonore! Sie werden also die güte haben dem Mon. Zoller nebst höfl. Empfhelung gegenwartiges schreiben seinen einsichts vollen gut achten überzu lassen: mein gröster Ehrgeitz bestehet nur darin, vor aller weld, so wie ich es bin, als ein rechtschaffener Mann angesehen zu werden;

alle lobes Erhebungen widme ich gott dem Allmächtigen, welchen alleinig für solche zu dancken habe: mein wunsch sey nur dieser, weder meinen nächsten, noch meinen gnädigsten fürsten, vielweniger mein [sic] unendlich barmherzigen gott zu beleydigen:
übrigens verbleibe mit aller hochachtung Mademoiselle

Dero aufrichtigster freund und diener
Josephus Haydn mppria

Am 17. Juli wütete in Eisenstadt ein schrecklicher Großbrand, der innerhalb von zwei Stunden das Rathaus, die Franziskanerkirche, die Brauerei und diesmal auch die Pfarrkiche vernichtete. 104 Häuser fielen dem Brand zum Opfer, 16 Menschen starben in den Flammen. Der Fürst ließ Haydns Haus wiederaufbauen und zahlte mehr als 7.000 Gulden an Geschädigte. Haydns Haus war diesesmal stärker zerstört worden als beim Brand des Jahres 1768, und seine Wiederherstellung kostete 450 Gulden. Jetzt, da er den Großteil des Jahres in Eszterháza lebte, mag Haydn es als Nachteil empfunden haben, daß er den überwiegenden Teil seines Kapitals an ein Haus in Eisenstadt gebunden hatte, das er kaum benützte. Er verkaufte daher am 27. Oktober 1778 diesen Besitz an den Buchhalter des Fürsten, Anton Liechtscheidel, der ihm 2.000 Gulden dafür zahlte. Am selben Tag legte er 1.000 Gulden beim fürstlichen Zahlmeister an, wofür dieser ihm 5 Prozent Zinsen jährlich, zahlbar in zwei Jahresraten zu je 50 Gulden, gewährte. Die letzte dieser Zahlungen erfolgte am 13. Dezember 1808.

Dies war das erste Kapital, das Haydn je angelegt hatte, und er meinte diese Geldanlage, als er Jahre später seinen Biographen Dies und Griesinger sagte, er habe „keine 2.000 Gulden Kapital" besessen, als er 1790 Österreich verließ, um nach England zu reisen.

Ein neuer Vertrag zwischen dem Fürsten Nicolaus Esterházy und Haydn, datiert mit 1. Januar 1779, trat an die Stelle des alten vom Jahre 1761 (siehe S. 41 f.). In seiner bündigen Ausdrucksweise wirkt der Vertragstext geradezu modern. Das Dokument wird im Esterházy-Archiv in Forchtenstein aufbewahrt.

[Kopistenschrift, nur die Unterschriften autograph]
An heute zu Ende gesetzten Dato und Jahr ist auf Genemhaltung Sr Durchlaucht des Heiligen Römischen ReichsFürsten und Herrn Herrn Nicolai Eszterházy v. Gallantha, ErbGrafens zu Forchtenstein, Ritter des Goldenen Vlieses, Comendeur des millitarischen Maria Theresia Ordens, Ihrer Kays. Königl. und Apostolischen Maitt: Camerers und würcklichen geheimen Raths, Generall Feldmarschals, Obrist und Inhabers eines Hung. Regiments zu Fuß, Capitaine der Hungarischen Adelichen Leib Garde, wie auch der Oedenburger Gespanschafft würcklicher Erb und OberGespanns mit dem als Officier anzusehenden Capelmeister Herrn Joseph Haydn folgender Contract geschloßen worden.
Primo: solle Herr Haydn einen auferbaulichen Christlichen Gott gefälligen Lebenswandel führen.
Secundo: Wird Herr Capell-Meister seine Subalternen jederzeit mit aller güte und Glimpflichkeit tractiren.
Tertio: Solle Herr Contrahent aller Orthen, und zu allen zeiten wo, wozu, und wann es Sr Durchlaucht gefahlen wird, sich allenthalben in der Musique nach seiner Arth und Gattung gebrauchen zu lassen verbunden seyn.
Quarto: Solle Herr Contrahent ohne besonderer Erlaubnus Sr Durchlaucht seinen Dienst nicht verabsaumen, noch von dem Orth, wo S^e Durchlaucht die Musique haben, sich entfernen.
Quinto: Wird beyden Contrahirenden Theilen eine wechselseitige viertljährige Aufkindung vorbehalten.
Sexto: Wird Herr Capell-Meister alle zwey Jahr einen Winter und einen Sommer Uniform wechselweis nach belieben Sr Durchlaucht überkommen, und weithers nachstehende Convention, ausser dieser aber sonsten Nichts weder in Geld noch in Natura zu empfangen haben, und zwar

Alß Capell Meister
In Baaren   782 f. 30 X^r.
Officier Weine in Eszterház   9 Emmer
gutes authentisches Brennholtz in Eszterház   6 Klafter
Alß Organista / alles in Eszterház
Waitzen – 4. / Kohrn – 12. / Greißl – ¾ Metzen
Rintfleisch – 300. / Saltz – 50. / Schmaltz – 30.
Kertzen – 36. Pfundt
Weine – 9. / Krauth und Rüben zusammen –   1 Emmer.
Schwein – 1 Stuck
gutes Brennholtz – 6 Klafter
dann auf 2 Pferd die benöthigte fourage.
Schließlichen seynd zwey gleichlautende Exemplaria dieses Contracts errichtet, und gefertigter gegen ein ander ausgewechslet worden, und werden dahero alle vorhinige Relationes, Conventiones, und Contracte hiemit Cassiret. Schloß Eszterház den 1ten Jenner 1779.

Josephus Haydn mpria

Mit obigem Deputat und denen 100 f. welche lezteren zwar hieroben nicht mitbegriefen, doch eben in Eisenstadt ausgezahlet werden, hat es die Bewandtnus, daß ich, wann ich in Eisenstadt nicht selbst die Orgel schlagen kann, davon einen eigenen Organisten aufsuchen, und unterhalten, aber bezahlen müsse.

Josephus Haydn mpria

Im März 1779 bekam das Esterházysche Musikunternehmen personellen Zuwachs durch ein italienisches Ehepaar, Antonio und Luigia Polzelli, er Geiger, sie Sopranistin. Sie erhielten das niedrigste Salär in der Truppe und waren wahrscheinlich nicht besonders talentiert. Am Christtag des Jahres 1780 wurden sie zusammen mit zwei Trompetern entlassen. Ihre Verträge waren noch nicht abgelaufen, und sie erhielten zwei Monatsgelder als Abfertigung. Und plötzlich sehen wir sie neuerlich engagiert, ohne Zweifel auf Haydns beharrliches Verlangen. Luigia war damals etwa dreißig (und nicht zwanzig, wie allgemein behauptet wird; sie starb 1832 im Alter von 82 Jahren) und Haydns Geliebte. Voll Rücksichtnahme schrieb er ihre Gesangspartien um und komponierte eine ganze Reihe von Arien speziell für sie, als Ersatz für andere, für die ihre Stimme sich als nicht geeignet erwies. Viele dieser Arien sind in den fünfziger Jahren unseres Jahrhunderts von Dénes Bartha und László Somfai im Esterházy-Archiv entdeckt worden. Die Anwesenheit von Signora Polzelli in Eszterháza kann von Frau Haydn nicht sehr begrüßt worden sein, auch wenn sie selbst zehn Jahre vorher mit dem für die Esterházy-Familie tätigen Maler Ludwig Guttenbrunn eine Affäre gehabt hatte.

Im selben Jahr richtete ein Feuer in Eszterháza großen Schaden an. Wir haben die folgende zeitgenössische Schilderung, die in der „Preßburger Zeitung" zu lesen war:

„Mittwoch, den 24. November 1779.
Aus Eszterház gehet die unangenehme Nachricht ein, daß daselbst am vergangenen Donnerstag, als am 18 Frühe um halb 4 Uhr eine schreckliche Feuersbrunst in dem weltberühmten chinesischen Tanzsaal, welcher wegen seiner Pracht, seines Geschmacks und seiner Bequemlichkeit von allen Fremden so sehr bewundert wurde, ausgekommen, wodurch der Saal selbst, die daranstoßende Wassermaschine mit dem Turm und das Theater, welches so vortrefflich eingerichtet und sowohl mit einer großen Loge für den Fürsten als mit 2 bequemen Seitenlogen für andere versehen gewesen, ganz zugrunde gerichtet worden. Das Feuer war entsetzlich anzusehen, und glimmte auch noch Tages darauf hin und wieder, weil im Saale das meiste mit Firneiß angestrichen, im Theater aber ein großer Vorrath an Wachsbeleuchtungen beysammen war. Von innen muß es vor dem Ausbruche am Dache schon etliche Stunden gebrannt haben, weil sich dazumal der kostbare Boden samt den schönen Seitenwänden in vollen Flammen befanden, und auch meist schon verzehrt waren. – Zu diesem so unverwarteten Vorfall soll die Veranlassung dieses gewesen seyn: Bekandtermaßen war der 21te dieses zu der hohen Vermählung des Grafen Forgátsch mit der hochgräflichen Fräule Graschalkowitz anberäumet. Zu diesem Festin sollten die Kamine des Redouttensaals vorhero geheizet werden. Es befanden sich

aber auch 2 chinesische Kamine hieselbst, welche mehr zur Zierde, als zum Gebrauch eingerichtet waren. Diese wurden dermalen wider alle vorgegangene Warnung dennoch geheizet. Wahrscheinlich sind solche von der Hitze gesprungen, wo sich sodann das Feuer weiter verbreitet hat. Es hätte dasselbe noch mehr um sich gegriffen, wenn nicht durch gute Anstalten die Dächer von den anstoßenden Gebäuden auf beyden Seiten alsobald abgebrochen, und ein starker Regen samt einem zuträglichen Wind die schrecklichen Folgen gemildert und endlich gar vernichtet hätten. Doch wird der Schade nach verschiedenen augenscheinlichen Berichten über 100,000 Gulden angegeben. Zwo schöne Uhren; die prächtige Theaterkleidung; alle Musikalien, an welchen lange und mit vielen Kosten gesammlet wurde; die musikalischen Instrumente, worunter der schöne Flieg [Flügel] des berühmten Kapellmeisters Haiden und die Konzertvioline des Virtuosen Lotschi [= Luigi Tomasine] alles ist ein Raub der Flamme, welche sich um halb 8 Uhr in höchstem Grade zeigte, geworden. Seine Durchlaucht der Fürst selbst war aller widrigen Witterung ohngeachtet gleich zugegen, wo es sodann an einer schleinigen Rettung umso weniger gefehlet.
Da sich zu schon berührter Feyerlichkeit verschiedene hohe Herrschaften einfanden, so wurde den 21 eine ganz neue Oper im Marionettensaal aufgeführet."

Haydn hat eine ganze Reihe von Opern für das Marionettentheater von Eszterháza komponiert, von denen aber nur zwei vollständig erhalten geblieben sind: „Philemon und Baucis" (1773) und „Die Feuersbrunst" (1776). Haydn faszinierten die Möglichkeiten der Marionettenbühne, und eine Zeitlang, während des Karnevals, richtete er sich tatsächlich eine eigene ein. Nach dem schrecklichen Brand von 1779 übersiedelte die Truppe in das Marionettentheater, und dort dirigierte Haydn am Namenstag des Fürsten (6. Dezember) die Premiere seiner neuen Oper „L'isola disabitata" (Libretto von Metastasio).
Am 18. Dezember, dem Geburtstag des Fürsten und genau einen Monat nach dem Brand, legte Nicolaus den Grundstein für den Bau des neuen Theaters. Für diesen Anlaß komponierte Haydn eine Symphonie, die außergewöhnliche und sehr dramatische Nr. 70 in D-Dur, deren letzter Satz eine gewaltige Tripelfuge in d-Moll ist, der aber ganz nach Settecento-Manier, wie es sich für das Zeitalter der Aufklärung gehört, in D-Dur endet. Der Bau des neuen Theaterhauses wurde durch allerlei Widrigkeiten – Schlechtwetter, Fehlplanungen usw. – gehemmt, und so mußte die Eröffnung, die ursprünglich für Dezember 1780 vorgesehen war, verschoben werden. Als schließlich doch alles fertig war, fand die Eröffnung am 25. Februar 1781 mit der Erstaufführung der Oper „La fedeltà premiata" statt. Haydn nahm auf diese neue Oper Bezug in einem Brief an seinen Wiener Verlag Artaria:

... Nun etwas von Paris. Monsieur le Gros Directeur v. concert spirituel schrieb mir ungemein viel Schönes von meinem Stabat mater, so alldort 4 mahl mit größtem Beyfall producirt wurde; die Herren baten um die Erlaubnüß dasselbe stechen zu lassen. Sie machten mir den Antrag, alle meine zukünftige Werke zu meinem nahmhaften Besten stechen zu lassen, und sie wunderten sich sehr, daß ich in der Singcomposition so ausnehmend gefällig wäre; ich aber wunderte mich gar nicht, indem sie noch nichts gehört haben; wann sie erst meine Operette l'Isola disabitata und meine letzten Vorfasten Opera La fedeltà premiata hören würden: dann ich versichere, daß dergleichen Arbeith in Paris noch nicht ist gehört worden und vielleicht ebensowenig in Wien, mein Unglück ist nur der Aufenthalt auf dem Lande ...

Irgendwann in der ersten Hälfte des Jahres 1781 sandte Haydn eine Partitur der Oper „L'isola disabitata" an den Prinzen von Asturien, den späteren König Karl IV. von Spanien. In der „Wiener Zeitung" vom 8. Oktober war dann zu lesen, der am Wiener Hofe akkreditierte Gesandte des spanischen Hofes habe auf ausdrücklichen Befehl seines Monarchen persönlich in Eszterháza an Haydn eine goldene, mit Juwelen besetzte Tabatière übergeben und ihn der guten Wünsche der Katholischen Majestät versichert, hernach nach Madrid die erfolgte Übergabe des Geschenkes berichtet.

Am 26. Januar 1782 erschien in Berlin die Nummer IV der „Literatur und Theater-Zeitung" mit dem Impressum „bei Arnold Weber". In ihr finden wir folgenden Bericht:

Nachricht von dem fürstlichen Lustschlosse, Esterhaz in Ungarn.
Der Fürst . . . wobei er auch immer einen Theil seines Genusses darin setzet, daß er ihn mit jedermann theilt. So oft Freunde von einigem Ansehen nach Esterhaz kommen, und im Gasthause ihr Absteigquartier nehmen, so schickt er seine Wagen, läßt sie nach seinem Schlosse fahren und ihnen alles Merkwürdige zeigen, und ladet sie an seine Tafel. Täglich ist daselbst Spetakel; (sic.) dreimal in der Woche welsche Oper, und eben so oft deutsche Komödie. Der Eintritt stehet jedermann unentgeltlich offen. Wenn neue Stücke aufgeführet werden, so läßt er die in Oedenburg nachgedruckten Büchelchen unter die Zuschauer vertheilen. Sein Wille, daß in diesem prächtigen Schlosse allenthalben auch Leutseeligkeit und Höflichkeit herrschen soll, wird von allen seinen Leuten mit dem besten Anstande befolgt. . . . Die meisten Zimmer sind für große Herrschaften bestimmt, die von Zeit zu Zeit nach diesem Schlosse kommen. Der Fürst selbst und die verwittwete Fürstin wohnen im Rez de Cheausse. . . . daß der Fürst in diesem Schlosse bei vierhundert Uhren hat, jede mit einer anderen Kunst und Schönheit ausgearbeitet. Unter den merkwürdigsten, die ich sah, ist eine mit einem ausgestopften Kanarienvogel, der, nachdem die Uhr die Stunde geschlagen hat, wie ein lebendiger Vogel eine Arie singt, und den Schnabel, die Brust und den ganzen Körper wie ein Lebendiger bewegt; . . . ferner . . . auch verschiedene andere Uhren mit allerhand Musiken. Ein ähnliches Musikspiel ist in einem Armsessel angebracht, der, wenn man sich darauf setzt, verschiedene Stücke zu schlagen anfängt, und immer mit neuen abwechselt. . . . Von dem Garten kommt man zum Theater. Dieses ist bekanntlich vor ungefähr anderthalb Jahren abgebrannt, und nun steht es wieder mit verdoppelter Pracht vollkommen da. Es ist nun alles vergrößert, . . . seine Kammermusiker, auserwählte Leute die eine Uniform (grüne Röcke mit roth und Gold) tragen, und deren Haupt ein Haydn ist, ein Mann, dessen Musik in den kultivirtesten Ländern, als in Italien, Engelland und Frankreich bewundert wird . . .

Im Verlauf der zwanzig Jahre, seit Haydns erste Kompositionen in Frankreich (sozusagen illegal) veröffentlicht worden waren (1764), hatte sich in den österreichischen Ländern die Verbreitung musikalischer Werke radikal geändert. 1764 wurde in Wien kaum etwas gedruckt; alle Sonaten, Symphonien, Trios usw., ob sie nun von Amateuren oder Profis gespielt wurden, waren handschriftliche Kopien. Bis 1784 hatten allmählich die österreichischen Musikverleger, vor allem die Wiener Firmen Artaria und Torricella, die Funktion der Kopisten übernommen. Beide genannten Verlage brachten Haydns neueste Werke heraus. Aber Anfang der achtziger Jahre schuf sich Haydn auch wertvolle Kontakte zu ausländischen Verlagen: Guera in Lyon, Sieber in Paris, Hummel in Amsterdam und Berlin (welche Firma zwanzig Jahre lang Raubdrucke von Haydns Werken angefertigt hatte) und Forster in London. Haydn war bemüht – und das oft mit Erfolg –, dieselbe Serie von Symphonien zugleich in London, Paris, Lyon und Wien zu verkaufen, und im Fall der Symphonien Nr. 76 bis 78 (1782) scheint ihm genau das gelungen zu sein. Zwangsläufig ergab sich aus solchen Aktivitäten ein Steigen seines Ruhmes. Sogar die Italiener, die sich, was ihr Interesse und ihre Liebe für die Musik betraf, gegen alles sträubten, was von nördlich der Alpen kam, brachten die Herausgabe von Haydn-Werken zuwege: zuerst im geographisch Österreich am nächsten liegenden Venedig, dann aber auch in Neapel.
Die Symphonien, Sonaten und Quartette der achtziger Jahre waren alle im neuen, „populären" Stil komponiert: volksliedhafte Themen wechselten mit gekonnt gearbeiteten kontrapunktischen Passagen, muntere, kecke Menuette leiteten zu Finalsätzen in der neuen Rondo-Sonatenform (im Grunde ein Rondo mit einer Durchführung in der Art der Sonatendurchführung) über. Bald entstand eine ganze Schule von Haydn-Nachahmern, von denen etliche ebenso

erfolgreich, wenn nicht mehr, waren wie ihr Vorbild: so etwa Haydns Schüler Ignaz Pleyel, dann Leopold Koželuch, dessen ganz à la Haydn gearbeitete Symphonien mit Erfolg in den sechziger Jahren veröffentlicht wurden, sowie Adalbert Gyrowetz, von dem eine Symphonie in Paris unter Haydns Namen erschien und großen Anklang fand. Die Haydn-Schule hatte ganz Europa bezwungen.

Aus der Ouvertüre mit Jagdsignalen zu „*La fedeltà premiata*" entwickelte Haydn eine Symphonie (Nr. 73, „La Chasse") und überließ sie Christoph Torricella, der sie im Juli 1782 herausbrachte. In Cramer's „Magazin der Musik" (1783, S. 491 f.) finden wir eine Besprechung derselben:

Diese Symphonie ist ihres Meisters eben so würdig, als die neuesten Op. 18. lib. 1. 2. 3. und bedarf unsers Ruhms keinesweges. Bei der Anhörung derselben verrieth gleich der Anfang und die herliche Bearbeitung der Folge in allen den Kopf des grossen Verfassers, der in neuen Ideen unerschöpflich zu seyn scheinet. Da in dieser so gut wie in allen seinen Symphonien Schwierigkeiten und unerwartete Gänge vorkommen, die geübte und richtige Spieler erfordern, und nicht auf gut Glück hineingeworfen sind, ohne die Vorzeichnungen genau zu beobachten, oder zu kennen; so möge sich kein Liebhaber oder ander unsicrer Spieler daran wagen, sondern kenne sie erst genau, um nicht dabei mit Schande zu bestehen. Möchte doch Heydn, diese grosse Symphonienepoche mit mehrern solcher herrlichen Arbeiten krönen, und alle schlechte Symphonieschreiber dadurch zum Stillschweigen oder zur besseren Bearbeitung ihrer flüchtigen Aufsätze bringen, durch die niemand als sie selbst Vergnügen haben.

Am 1. Mai 1784 kam der berühmte italienische Komponist Giovanni Paisiello nach Wien, um hier die Inszenierung seiner neuen Oper „*Il rè Teodoro in Venezia*" zu überwachen. Er und sein Librettist, der Abbate Casti, waren bei einem privaten Quartettabend zugegen, dem auch der gastfreundliche irische Sänger Michael Kelly beiwohnte, der in jener Zeit eine interessante, kuriose englische Kolonie in Wien um sich scharte. In seinen „Reminiscences" (218) schreibt Kelly:

... Die Storace gab eine Quartett-Party für ihre Freunde. Die Spieler waren leidlich gut; keiner von ihnen glänzte auf seinem Instrument, aber da war sehr wohl tiefes Wissen um die Musik bei ihnen vorhanden, was, wenn ich sagen darf, jeder zugeben wird, wenn ich ihre Namen nenne:

Die erste Geige . . . . HAYDN
Die zweite Geige . . . . BARON DITTERSDORF
Das Cello . . . . VANHALL
Das Tenor[instr.; Bratsche] . . . . MOZART

Der Dichter Casti und Paisiello waren auch unter den Zuhörern. Ich war da, und ein größeres Vergnügen, oder besser ein bemerkenswerteres, kann man sich nicht vorstellen.
An jenem bewußten Abend setzten wir uns nach dem musikalischen Schmaus zu einem exzellenten Abendessen und wurden äußerst lebhaft und ausgelassen.

Das Zeitalter der Aufklärung warf seine heilenden Strahlen auf die Freimaurerei, die in den österreichischen Ländern besser denn je gedieh. Es gab Logen in Wien und allen Provinzhauptstädten. Die vielleicht berühmteste Loge war die „Zur wahren Eintracht" in Wien, ihr Logenmeister der berühmte Naturhistoriker Ignaz von Born, Urbild des Sarastro in der „Zauberflöte". Fürst Nicolaus Esterházy war Mitglied der Loge „Zur gekrönten Hoffnung" und wurde dort 1780 Zeremoniär. Da viele von Haydns Freunden Freimaurer waren, dachte er natürlich auch daran, der Bruderschaft beizutreten, und Ende Dezember 1784 wandte er sich höchst offiziell an Philipp von Weber, Hofsekretär und Zeremoniär der Loge „Zur wahren Eintracht".

[Wien, den 29. Dezember 1784]

Wohlgebohrner
HochzuverEhrender Herr Hoff Secretaire
Die vortheilhaffte Begriffe, die ich von der Freymaurerey habe, haben schon längst in mir den aufrichtigsten Wunsch erwecket, in diesen seiner menschenfreundlichen und weisen Grundsätze wegen beruffenen Orden aufgenommen zu werden. Ich wende mich mit diesem Verlangen an Sie mein Herr, mit dem angelegentlichsten Anersuchen, mir zu Gewährung meiner vorangedeuteten bitte, bey der Ordens Loge, dessen [sic] würdiges Mitglied Sie sind, durch Ihre gütige Verwendung verhülfflich seyn zu wollen
Ich habe die Ehre mit unausgesezter Hochachtung zu seyn
Wien den 29ten Christmonath / 1784.

Ihr ergebenster diener
Josephus Haydn mppria.
fürst: Esterhazischer
CapellMeister

Haydns Initiation fand am 11. Februar 1785 statt. Er nahm jedoch an keinem weiteren Treffen teil, und 1786 wurde sein Name aus der Liste der Logenmitglieder wieder gestrichen. Am Tag von Haydns Initiation traf Leopold Mozart in Wien ein, um Sohn und Schwiegertochter in ihrer großen Wohnung in der Domgasse gleich hinter dem Dom St. Stephan zu besuchen. Am nächsten Tag gab Wolfgang zu Ehren seines neuen Logenbruders eine Quartett-Party. Zwei weitere Logenbrüder, die Barone Tinti, waren ebenfalls anwesend. Der Bericht Leopolds an seine Tochter enthält die vielleicht meistzitierte Bemerkung Haydns.

… am Samstag war abends H: *Joseph Haydn* und die 2 Baron Tindi bey uns, es wurden die neuen quartetten gemacht, aber nur *die 3 neuen* die er zu den anderen 3, die wir haben, gemacht hat, sie sind zwar ein bischen leichter, aber vortrefflich componiert: H: Haydn sagte mir: *ich sage ihnen vor gott, als ein ehrlicher Mann, ihr Sohn ist der größte Componist, den ich von Person und den Nahmen nach kenne: er hat geschmack, und über das die größte Compositionswissenschaft.*

Am 1. September schrieb Mozart den berühmten Widmungsbrief an Haydn, Begleitschreiben der ersten Artaria-Ausgabe seiner sechs Streichquartette K. 387, 421, 428, 458, 464 und 465. Der Brief, in italienischer Sprache, lautet:

Wien, den 1. September 1785

An meinen lieben Freund Haydn
Ein Vater, der beschlossen hatte, seine Kinder in die große Welt zu schicken und glaubte, sie der Protektion anvertrauen zu müssen, wurde zu einem sehr berühmten Mann geführt, der zu seinem Glück sein bester Freund war. – Hier also, berühmter Mann und gleichzeitig allerbester Freund, sind meine sechs Kinder – Sie sind, es stimmt, die Frucht von vieler und langer Mühe, aber die mir von einigen Freunden gemachte Hoffnung, sie werde eines Tages wenigstens teilweise belohnt werden, gibt mir Mut und die Zuversicht, dass mir diese Werke eines Tages vielleicht noch Genugtuung bringen werden. – Du selbst, liebster Freund, hast mir bei Deinem letzten Aufenthalt in dieser Stadt Deine Zufriedenheit mit ihnen gezeigt. – Hauptsächlich diese Deine Zustimmung beflügelt und ermuntert mich, sie Dir anzuvertrauen und läßt mich hoffen, dass sie Deiner Gunst nicht ganz unwürdig sind. – Nimm sie also wohlwollend auf, das bitte ich, und sei ihnen Vater, Führer und Freund! Von diesem Augenblick an übertrage ich Dir alle meine Rechte: ich flehe Dich aber an, betrachte mit Nachsicht jene Fehler, die dem getrübten Auge des Vaters vielleicht verborgen geblieben sind, und schenke trotz allem Deine großzügige Freundschaft demjenigen, der sie so schätzt, indem ich von ganzem Herzen bin
Bester Freund
Wien, den 1. September 1785

Dein aufrichtigster (sic) Freund
W. A. Mozart

Im Oktober 1784 war im „European Magazine" unter dem Titel „An Account of Joseph Haydn, a Celebrated Composer of Music" (Bericht über Joseph Haydn, einen berühmten Komponisten) ein Artikel erschienen, der schmeichelhaft, interessant, aber voll von Ungenauigkeiten war. Darin wird behauptet, Haydns Verleumder hätten diesem vorgeworfen, eine neue musikalische Doktrin erfunden zu haben und Klänge, die bisher in diesem Land unbekannt gewesen wären. „Im letzten Punkt hatten sie sehr recht", fährt der unbekannte Schreiber fort und fügt hinzu: „Unter den Professoren, die gegen unseren aufstrebenden Autor schriftlich aufgetreten sind, war auch Philipp Emanuel Bach . . ." Als dieser Artikel auf deutsch erschien und C. Ph. E. Bach ihn las, 22 fühlte er sich genötigt, einen offenen Brief an die in Hamburg erscheinende Zeitschrift „Der Unpartheiische Korrespondent" zu schreiben, der im September 1785 abgedruckt wurde:

„Meine Denkungsart und Geschäfte haben mir nie erlaubt, wider jemanden zu schreiben: um so viel mehr erstaune ich über eine kürzlich in England in The European Magazine eingerückte Stelle, worin ich auf eine lügenhafte, grobe und schmähende Art beschuldigt werde, wider den braven Herrn Haydn geschrieben zu haben. Nach meinen Nachrichten von Wien, und selbst von Personen aus der Esterhazischen Kapelle, welche zu mir gekommen sind, muß ich glauben, daß dieser würdige Mann, dessen Arbeiten mir noch immer sehr viel Vergnügen machen, eben so gewiß mein Freund sei, wie ich der seinige. Nach meinem Grundsatze hat jeder Meister seinen wahren bestimmten Werth. Lob und Tadel können hierin nichts ändern. Bloß das Werk lobt und tadelt am besten den Meister, und ich lasse daher jedermann in seinem Werth. Hamburg, den 14. Sept. 1785. C. Ph. E. Bach."

Noch vorher, 1782, waren erstmals Pläne entstanden, Haydn nach England zu locken, und die Vorbereitungen hierfür wurden genügend weit vorangetrieben, um den Komponisten zu veranlassen, im Hinblick auf die Londoner Konzerte drei neue Symphonien (Nr. 76–78) zu schreiben. Der Fürst Esterházy wollte Haydn jedoch nicht weglassen, und so verschob man – wie Haydn dachte – die Sache. Die Jahre vergingen, und kein Haydn tauchte in England auf, und so entwickelte Anfang 1785 der *„Gazetteer & New Daily Advertiser"* (17. Januar) die Idee, den Komponisten zu kidnappen und aus der Sklaverei des Heiligen Römischen Reiches in die Freiheit Albions zu führen:

Auf einen liberalen Geist muß Haydns Werdegang äußerst bedrückend wirken. Dieser wundervolle Mann, der der Shakespeare der Musik ist und einer der Höhepunkte der Ära, in der wir leben, ist dazu verurteilt, auf dem Hofe eines unbedeutenden deutschen Fürsten zu wohnen, der ihn weder entsprechend entlohnen kann noch die Ehre seiner Anwesenheit wert ist. *Haydn,* der einfachste und zugleich der größte Mann, hat sich in sein trauriges Schicksal ergeben, weiht sein Leben den Riten und Zeremonien der Heiligen Katholischen Kirche, denen er bis zum Aberglauben nachkommt, und ist damit zufrieden, eingekerkert zu sein an einem Ort, der wenig mehr ist als ein Verlies, ausgeliefert der Herrschsucht eines kleinlichen Herrn und den Launen eines zänkischen Weibs. Wäre es nicht für einige junge, strebsame Leute eine wahre Kreuzzugs-tat, ihn von seinem traurigen Los zu befreien und nach Großbritannien zu verpflanzen, dem Land, für das seine Musik eigentlich bestimmt zu sein scheint?

[Roscoe, 205]

Aber Haydn hatte nicht die Absicht, den Fürsten Nicolaus zu verlassen. Sein Biograph A. C. Dies erinnert uns:

Haydn besaß in Eisenstadt ein kleines Haus, welches zweymahl ein Raub der Flammen wurde. Der großmüthige Fürst Nicolaus eilte beyde Mahl herbey, fand Hayden in Thränen, tröstete ihn, ließ das Haus wieder aufbauen, und die nöthige Einrichtung besorgen. Haydn, durch die Großmuth des Fürsten innigst gerührt, konnte dieselbe durch nichts, als Liebe, Anhänglichkeit und durch die Erzeugnisse seiner Muse, erwiedern. Sein gerührtes Herz wollte dankbar seyn. Er schwur dem Fürsten, ihm so lange zu dienen, bis der Tod über dessen Leben, oder über sein eigenes, entscheiden würde; ja, ihn auch dann nicht zu verlassen, wenn ihm selbst Millionen angebothen würden.

In den Jahren 1766–85 hatte das Schreiben von Opern bei allen seinen kompositorischen Aktivitäten die erste Stelle eingenommen. Sogar die bloße Aufzählung der Werke, die entstanden, ist eindrucksvoll:

La canterina (1766)
Lo speziale (1768)
Le pescatrici (1769, aufgef. 1770)
Hexenschabbas (1773)
Philemon und Baucis (1773)
L'infedeltà delusa (1773)
Acide (revidierte Fassung; 1773–74)
L'incontro improvviso (1775)
Die Feuersbrunst (wahrscheinlich aufgef. 1776)
Dido (1776)
Il mondo della luna (1777)
Die bestrafte Rachbegierde (1779)
La vera constanza (1779)
L'isola disabitata (1779)
La fedeltà premiata (1780; aufgef. 1781)
Orlando Paladino (1782)
Armida (1784)
La vera constanza (1785; revidierte Fassung)

In neuerer Zeit werden Haydns Bühnenwerke ernster genommen als je zuvor. Er hatte das Pech, sie zugleich mit Mozarts Opern herauszubringen, gegen die keine der Opern des 18. Jahrhunderts, selbst nicht die von Gluck, einen Vergleich aushält. Es ist jedoch klar, daß wir in diesen Opern eine Fülle wunderschöner, feiner, interessanter, berührender musikalischer Einfälle vorfinden und daß diese Werke interessanter sind als die meisten seiner anderen Kompositionen jener Zeitperiode. Viele dieser Opern sind in den letzten Jahren mit außergewöhnlichem Erfolg wieder ans Licht gebracht worden. Aber Haydn war ein Realist, und der folgende Brief zeigt, daß seine Selbsteinschätzung ebenso akkurat war wie seine Einschätzung Mozarts. In diesem Brief an Franz Roth (Rott), Oberpflegs-Verwalter in Prag, schrieb er:

[Dez. 1787.?]

Sie verlangen eine Opera buffa von mir, recht herzlich gern, wenn Sie Lust haben, von meiner Singkomposition etwas für sich allein zu besitzen. Aber um sie auf dem Theater in Prag aufzuführen, kann ich Ihnen dießfalls nicht dienen, weil alle meine Opern zu viel auf unser Personale (zu Esterház in Ungarn) gebunden sind, und außerdem nie die Wirkung hervorbringen würden, die ich nach der Lokalität berechnet habe. Ganz was anders wäre es, wenn ich das unschätzbare Glück hätte, ein ganz neues Buch für das dasige Theater zu komponiren. Aber auch da hätte ich noch viel zu wagen, indem der große Mozart schwerlich jemanden andern zur Seite haben kann. Denn könnt' ich jedem Musikfreunde, besonders aber den Großen, die unnachahmlichen Arbeiten Mozarts, so tief und mit einem solchen musikalischen Verstande, mit einer so großen Empfindung in die Seele prägen, als ich sie begreife und empfinde; so würden die Nationen wetteifern, ein solches Kleinod in ihren Ringmauern zu besitzen. Prag soll den theuern Mann fest halten – aber auch belohnen; denn ohne dieses ist die Geschichte großer Genien traurig, und giebt der Nachwelt wenig Aufmunterung zum fernern Bestreben; weßwegen leider so viel hoffnungsvolle Geister darnieder liegen. Mich zürnet es, daß dieser einzige Mozart noch nicht bey einem kaiserlichen oder königlichen Hofe engagirt ist! Verzeihen Sie, wenn ich aus dem Geleise komme; ich habe den Mann zu lieb. Ich bin etc.

Joseph Hayden

Haydn bewegte sich nun in Kreisen, die gesellschaftlich einer höheren Schicht angehörten und auch in geistiger Hinsicht mehr Anregungen lieferten als der

Umgang mit Musikern und Schauspielern in Eszterháza. Leider befanden sich diese Zirkel in Wien, wohin er nur für jeweils kurze Aufenthalte kam, doch verfügen wir über die nahezu vollständige Korrespondenz Haydns mit einer dieser neuen Freundschaften (in diesem Fall eine Dame). Es handelte sich um Maria Anna Sabina (1750–1793), die Gattin des von den Damen der Gesellschaft sehr frequentierten Frauenarztes und zugleich Leibarztes des Fürsten Nicolaus, Peter Leopold von Genzinger. Haydn mochte die Familie Genzinger mit ihren zahlreichen Kindern und ihrer gastlichen Wohnung im Schottenhof (nahe der Schottenkirche), und vielleicht bedeutete ihm Maria Anna Sabina mehr, als er zugeben wollte und als sie es gewünscht haben mochte. Im folgenden der Beginn dieser Korrespondenz, Maria Annas erster Brief mit den drei frommen Kreuzen über dem Briefanfang:

† † †

Hochgeehrtester Herr v. Hayden
[gestrichen: Ich] Mit [gestrichen: Ihrer] dero gütigen Erlaubnüs nehme ich mir die freyheit, Ihnen einen Clavier außzug [gestrichen: eines] des schönnen Andante Ihrer mir so schätzbaren Composition zu übermachen. solchen auszug habe ich ganz allein aus der Spart ohne Mindester beyhilf meines Meister gemacht, bitte die güte zu haben wen sie etwas daran auszustellen finden, solches zu Corigiren. Ich verhoffe Sie werden Sich in besten wohlstand befinden u. wünschte nichts sehnlicher als Sie bald in wien zu sehen, um Ihnen immer mehr meiner Hochachtung, welche ich für Sie Hege, überzeugen zu können. Ich gebleibe mit wahrer Freindschaft

mein gemahl u. kinder	dero ergebenste dienerin.
empfelen sich Ihnen	Maria Anna Edle v. Gennzinger
Gleichfals schenstens	Geborne Edle v. Kayser.
Wien den 10ᵗⁿ Juny 1789.	

Haydn antwortete:

Hoch, und Wohl gebohrne
Gnädige Frau!
Unter all mein bissherigen Briefwechsel ware die Überraschung, eine So schöne Handschrift mit So gütigen Ausdrücken durch zu lesen, für mich die allerangenehmste; noch mehr aber bewunderte ich das eingeschückte – treflich übersezte Adagio, welches Ihrer Richtigckeit wegen jeder Verleger unter die Presse legen kan. nur möchte ich wissen, ob Ihro gnaden dieses Adagio aus der Partitur, oder ob sich Ihro gnaden die erstaunende mühe gaben Es vorhero in die Partitur zu setzen, und alsdan erst für das Clavier übersezt haben, denn wan lezteres, so ist diese Attention für mich zu schmeichelhaft, welches ich in wahrheit nie verdiene:
Allerbeste – gütigste Frau v. Gennsinger! [sic] ich erwarte einen fingerzeig, wie auf was arth ich im stande seyn kan Euer gnaden gefällig zu werden: Sende unterdessen das Adagio zurück, und hofe v. Euer gnaden in Rücksicht meiner wenigen Talenten ganz sicher einige Befehle, und bin mit ausnehmender, und vorzüglichster Hochachtung
Euer gnaden

ganz gehorsamster diener
Josephus Haydn mppria

Estoras, den 14ᵗⁿ Juny 1789.
N: S: an Hoch Dero Herrn Gemahl
bitte mein gehorsamstes Compliment
zu vermelden.

Ihre Freundschaft entwickelte sich durch weitere Korrespondenz und wurde enger, als Haydn im Januar 1790 auf Winterbesuch nach Wien kam, da zum erstenmal „Le Nozze di Figaro" hörte und den Proben und ersten Aufführungen von „Così fan tutte" beiwohnte. Am 29. Januar half Haydn eine Quartett-Party in der Genzinger-Wohnung arrangieren. Dann wurde er nach Eszterháza zurückberufen, was Anlaß gab zur amüsantesten, traurigsten, witzigsten und enthüllendsten Korrespondenz, die wir von ihm kennen. Er schrieb an Maria Anna von Genzinger wie folgt (9. Feburar 1790):

Wohl Edl gebohrne

Sonders Hochschäzbarste – allerbeste Frau von Gennzinger

Nun – da siz ich in meiner Einöde – verlassen – wie ein armer waiß – fast ohne menschlicher Gesellschaft – traurig – voll der Errinerung vergangener Edlen täge – ja leyder vergangen – und wer weis, wan diese angenehme täge wider komen werden? diese schöne gesellschaften? wo ein ganzer Kreiß Ein herz, Eine Seele ist – alle diese schöne Musicalische Abende – welche sich nur dencken, und nicht beschreiben lassen – wo sind alle diese begeisterungen? – – weg sind Sie – und auf lange sind Sie weg. wundern sich Euer Gnaden nicht, daß ich so lange von meiner Danksagung nichts geschrieben habe! ich fande zu Hauß alles verwürt, 3 Tag wust ich nicht, ob ich CapellMeister oder Capelldiener war, nichts konte mich trösten, mein ganzes quartier war in unordnung, mein Forte piano, das ich sonst liebte, war unbeständig, ungehorsam, es reitzte mich mehr zum ärgern, als zur beruhigung, ich konte wenig schlafen, sogar die Traume verfolgten mich, dan, da ich an besten die opera le Nozze di Figaro zu hören traumte, wegte mich der Fatale Nordwind auf, und blies mir fast die schlafhauben von Kopf; ich wurde in 3 tagen um 20 Pfd. [Pfund] mägerer, dan die guten wienner bisserl verlohren sich schon unterwegs, ja ja, dacht ich bey mir selbst, als ich in mein. [meinem] Kost Hauß stat den kostbahren Rindfleisch, ein stuck von einer 50 Jährigen Kuhe, stat den Ragou mit kleinen Knöderln, einen alten schöpsen mit gelben Murcken, stat den böhmischen Fason, ein ledernes Rostbrätl, stat den so guten und delicaten Pomeranzen, einen dschabl oder so genanten graß Sallat, stat der backerey, düre Äpflspältl und Haslnuß – und so weiter speisen muste, – ja ja dacht ich bey mir selbst, hätte ich jezo manches bisserl, was ich in wienn nicht habe verzöhren können – hier in Estoras fragt mich niemand, schaffen Sie Cioccolate – mit, oder ohne milch, befehlen Sie Caffe, schwarz, oder mit Obers, mit was kan ich Sie bedienen bester Haydn, wollen Sie gefrornes mit Vanillie oder mit Ananas? hätte ich jez nur ein stück guten Parmesan Käß, besonders in der Fasten, um die schwarzen Nocken und Nudln leichter hinab zu tauchen; ich gabe es eben heute unsern Portier Commission mir ein baar Pfund herabzuschücken . . .

Am 25. Februar 1790 starb Fürstin Maria Elisabeth, die Gattin des Fürsten Nicolaus. Dieser Todesfall hatte eine Unterbrechung in Haydns Briefwechsel zur Folge, wie er in seinem nächsten Schreiben, zwei Wochen nach dem Tod der Fürstin, erklärt:

Esteras. den 14^{tn} Mertz. / 1790.

Hoch, und wohl gebohrne,

Hochschätzbahriste Allerbeste Frau v. Gennzinger!

Ich bitte Euer Gnaden Millionen mahl um vergebung, daß ich über die, mir So angenehme 2 briefe so späte andworth gebe, es ist nicht nachlässigkeit (für welche Sünde mich der Himmel zeit lebens bewahren wird) sondern die viele geschäften, welche ich für meinen gnädigsten Fürsten in Seiner gegenwärtigen traurigen laage anwenden muste, schuld daran; der dodtfall Seiner verstorbenen gemahlin drückte dem Fürsten dergestalt darnieder, daß wür alle unsere Kräften anspanen musten, Hochdenselben aus dieser schwermuth herauszureissen, ich veranstaltete demnach die Ersteren 3 tage, abends grosse Camer Music, aber ohne gesang, Der arme Fürst verfiel aber bey anhörung der Ersten Music über mein Favorit Adagio in D in eine so tiefe Melancoley, daß ich zu thun hatte, Ihm dieselbe durch andere stücke wider zu benehmen . . .

In seinem nächsten Brief an Frau von Gennzinger erfahren wir von Haydns zunehmendem Gefühl des Beengtseins in Eszterháza. Insgesamt lernen wir einen ganz anderen Haydn kennen – er ist Eszterháza und dem eingeschränkten Leben eines Provinzkapellmeisters entwachsen. Ebenso entwachsen war er der Polzelli, deren Reize, die sie zweifellos hatte, offenbar stark, aber dennoch nicht von zeitloser Wirkung waren. Haydn schreibt:

Estoras. den 30^{tn} May / 1790.

Hoch, und wohl gebohrne

Hochschäzbahriste – allerbeste Frau v. Gennzinger!

Als ich von Euer gnaden das letzte So schäzbahre schreiben erhielt, ware ich eben in Oedenburg, um mich des verlohrnen briefes wegen zu erkundigen: der dortige HaußMeister schwure aber bey allen was heillig ist, daß Er dazumahl keinen Brief von meiner Handschrift gesehen hatte, folglich

dieser brief in Estoras muste seyn verlohren gegangen! es seye nun, wie es immer wolle, so hat diese neugierde weder mir, viel weniger Euer gnaden den mindesten vorwurf zu machen, indem der ganze Inhalt desselben theils meine opera la vera costanza, so auf der landstraß in neuen Theater aufgeführt wurde, theils den französischen sprachMeister, so dazumahl nach Estoras hätte komen sollen, betroffen hat, Euer gnaden könen derohalben nicht allein für das verflossene, sondern auch in Hinkunft ganz ohne Sorgen seyn, dan meine freundschaft, und Hochschätzung gegen Euer Gnaden (So zärtlich dieselbe ist) wird niehmals strafbahr werden, weil ich stets die Ehrfurcht über die erhabensten Tugenden Euer gnaden vor augen habe, welche nicht nur ich, sondern alle menschen, So Euer gnaden kennen, bewundern müssen: lassen sich demnach Ihro Gnaden nicht abschröcken, mich zu zeiten mit dero So angenehmen Brifwechsel zu trösten, indem mir dieser zur aufmunterung in meiner Einöde, meines öfteren sehr tief geckränckten Hertzens höchst Nothwendig ist; o könt ich nur eine viertl stund bey Ihro Gnaden seyn, um meine widerwertigkeiten auszuschütten, und von Euer Gnaden Trost einzuhauchen, ich unterliege bey unser dermahligen Regierung vielen Verdriesslichkeiten, welche ich aber hier mit stillschweigen übergehen muß: der einzige Trost, so mir noch übrig bleibt, ist, daß ich gottlob, gesund, und thätige lust zur arbeith habe; nur bedaure ich bey dieser lust, daß Euer Gnaden so lang auf die versprochene Sinfonie warten müssen; es ist aber dissfals bloß eine gewisse Nothwendigkeit schuld daran, welche meine umstände und die dermahlige Theuerung verursachen. seund Euer Gnaden derohalben nicht böse auf Ihren Haydn, der, so oft sich sein Fürst von Estoras absentirt, nie die Erlaubnuß erhalten kan, nur auf 24 Stund nach wienn gehen zu darfen; es ist kaum zu glauben, und doch geschieht diese weigerung auf die feinste arth, und zwar auf solche, daß ich ausser stand gesezt werde die Erlaubnuß zu begehren. nu, in gottes Nahmen: es wird auch diese zeit vorüber gehen, und jene wider komen, in welcher ich das unschäzbahre vergnügen haben werde, neben Euer Gnaden am Clavier zu sitzen, Mozarts Meister stücke spiellen zu hören, und für So viel schöne Sachen die hände zu küssen. in dieser hofnung bin ich
Euer gnaden

ganz gehorsamster und
aufrichtigster diener
Josephus Haydn mppria

In den letzten Augusttagen 1790 dirigierte Haydn die letzten Proben zu Mozarts „*Le nozze di Figaro*" im Theater in Eszterháza, und wahrscheinlich wurde Anfang September eine Gesamtprobe mit Orchester abgehalten. Nach zwei Opernabenden im September ging der Fürst jedoch nach Wien, wo er am 18. „nach kurzer Krankheit und seinem 76. Jahr" („Wiener Zeitung") starb. Alle musikalischen Aktivitäten kamen in Eszterháza zu einem plötzlichen Stillstand. Der Kopist Johann Schellinger legte die Feder nieder, während er mitten im Ausschreiben der zweiten Hornstimme von Paisiellos „*Il rè Teodoro in Venezia*" war, und schrieb die Stimme nie mehr zu Ende. Die Nachricht traf ein, Fürst Anton, das neue Oberhaupt der Familie, habe die ganze „Capelle" entlassen. Haydn und Luigi Tomasini erhielten ansehnliche Pensionen (Haydn jährlich 1.000 Gulden) aus dem Nachlaß des Fürsten Nicolaus. Die Schauspieltruppe, die sich gerade in Eszterháza aufhielt, wurde unter Auszahlung einer „besonderen Gratifikation" entlassen. Das Märchen von Eszterháza war zu Ende.

Haydn floh nach Wien, ließ eine Menge wertvollen Notenmaterials zurück, das er dann vermißte (seine Wiedererlangung scheint erst 1793 erfolgt zu sein). In Wien bezog er Zimmer bei dem Hofbeamten Johann Nepomuk Hamberger, der auf der Wasserkunstbastei wohnte.

Inzwischen hatte der aus Deutschland gebürtige Impresario und Violinist Johann Peter Salomon, der sich in England niedergelassen hatte, bei einem zufälligen Aufenthalt in Köln in der Zeitung gelesen, Fürst Nicolaus sei gestorben. Er befand sich auf seiner jährlichen Reise durch Europa, um für die kommende Konzertsaison in London Sänger zu engagieren, und beschloß sogleich, Haydn zu überreden, nach England zu kommen. Umgehend trat er die Reise nach Wien an, und dort angekommen, ließ er sich bei Haydn melden und sprach beim Eintreten die berühmten Worte: „Ich bin Salomon aus London

und komme, Sie abzuholen; morgen werden wir einen Akkord schließen."
(Dies)

Haydn war sich zuerst nicht sicher, ob ein Mann seines Alters sich einer so anstrengenden Reise unterziehen solle. Aber Salomon wußte überzeugende Argumente vorzubringen, überdies waren die Bedingungen für die Londoner Konzerte außergewöhnlich (5.000 Gulden Jahresgarantie, Oper inbegriffen; Sir John Gallini war Veranstalter und hatte Salomon ermächtigt, in seinem Namen zu agieren). Sobald Haydn den Vertrag unterschrieben hatte, schickte Salomon einen offenen Brief an John Baptist Mara, den Gatten der berühmten Primadonna Gertrud Mara. Dieser Brief wurde am 1. Januar 1791 in den Zeitungen „Morning Chronicle" und „St James's Chronicle or, British Evening Post" abgedruckt, welchem eine ähnliche Ankündigung mit etwas anderem Wortlaut im „Morning Chronicle" vom 29. Dezember 1790 vorangegangen war:

An die musikalische Welt

London, 27. Dezember 1790

Durch einen Brief, den ich soeben bei meiner Ankunft in der Stadt erhalten habe und den Mr. Salomon in Wien geschrieben hat, bin ich von diesem ermächtigt worden, dem Publikum die folgende Anzeige vorzulegen, die nach Mr. Salomons Wunsch sofort in den Zeitungen erscheinen soll.

JOHN BAPTIST MARA

Mr. SALOMON, der eine Reise nach Wien unternommen hat in der Absicht, den berühmten HAYDN, Kapellmeister Seiner Durchlaucht, des Fürsten Esterházy, nach England zu verpflichten, setzt den hohen und niederen Adel davon in Kenntnis, daß er tatsächlich mit Mr. Haydn einen Vertrag unterzeichnet hat. In der Folge werden er und Haydn in wenigen Tagen von Wien abreisen und hoffen, vor Ende Dezember in London zu sein, wo Mr. Salomon sich die Ehre geben wird, dem Publikum sein Vorhaben eines Subskriptionskonzerts zu unterbreiten, das, wie er sich schmeichelt, dessen Beifall und Unterstützung finden wird.

Wien, den 8. Dezember 1790.

Griesinger (22) berichtet über die letzte Mahlzeit, die Mozart, Haydn und Salomon gemeinsam einnahmen, bevor der Impresario und Haydn abreisten:

Mozart sagte bey einem fröhlichen Mahle mit Salomon zu Haydn: „Du wirst es nicht lange aushalten, und wol bald wieder zurückkommen, denn du bist nicht mehr jung." „Ich bin aber noch munter und bey guten Kräften", antwortete Haydn.

Es muß als Ironie des Schicksals anmuten, daß Salomon bei diesem Mahl auch ausmachte, Mozart solle nach England kommen, wenn Haydn zurückkehre, und das zu ähnlichen Bedingungen wie Haydn. Von Dies (81, 83) erfahren wir weiter:

Mozart gab sich vorzüglich Mühe, und sagte: „Papa!" so nannte er ihn gewöhnlich, „Sie haben keine Erziehung für die große Welt gehabt, und reden zu wenige Sprachen." –
„O!" erwiederte Haydn, „meine Sprache verstehet man durch die ganze Welt."
Mozart verließ an diesem Tage seinen Freund Haydn nicht; er speiste bey ihm, und sagte in dem Augenblick der Trennung: „wir werden uns wohl das letzte Lebewohl in diesem Leben sagen." Thränen entquollen beyder Augen. Haydn wurde sehr gerührt, denn er deutete Mozarts Worte auf sich, und es fiel ihm der mögliche Fall nicht ein, daß Mozarts Lebensfaden schon im folgenden Jahre von der unerbittlichen Parze abgeschnitten werden könnte.

Haydn und Salomon reisten über München und Bonn. Dies (84 f.) berichtet von einer Überraschung, die Haydn in Bonn erwartete:

In der Residenzstadt Bonn, wurde er auf mehr als eine Art überrascht. Er traf daselbst an einem Sonnabend ein, und bestimmte den folgenden Tag zur Ruhe.

Salomon führte Haydn am Sonntage in die Hofkapelle, eine Messe anzuhören; kaum waren Beyde in die Kirche getreten, und hatten sich einen schicklichen Platz gewählt, so nahm das Hochamt seinen Anfang. Die ersten Accorde kündigten ein Werk der haydn'schen Muse an. Unser Haydn hielt es für einen Zufall, der sich so gefällig gegen ihn bezeigte, ihm schmeicheln zu wollen; indessen war es ihm sehr angenehm, sein eigenes Werk mit anzuhören. Gegen das Ende der Messe, näherte sich eine Person und lud ihn ein, sich in das Oratorium zu begeben, woselbst er erwartet würde. Haydn begab sich dahin und war nicht wenig erstaunt, als er sah, daß der Churfürst Maximilian ihn dahin hatte rufen lassen, ihn gleich bey der Hand nahm, und ihn seinen Virtuosen mit den Worten vorstellte: „da mache ich sie mit ihrem von ihnen so hochgeschätzten Haydn, bekannt." Der Churfürst ließ beyden Theilen Zeit, einander kennen zu lernen, und, um Haydn einen überzeugenden Beweis seiner Hochachtung zu geben, lud er ihn an seine Tafel. Haydn kam durch diese unerwartete Einladung in nicht geringe Verlegenheit; denn er und Salomon hatten in ihrer Wohnung ein kleines Diner veranstaltet, es war schon zu spät eine Abänderung zu treffen. Haydn mußte also zu Entschuldigungen die Zuflucht nehmen, die der Churfürst für gültig annahm. Haydn beurlaubte sich darauf, und begab sich nach seiner Wohnung, woselbst er von einem nicht erwarteten Beweise des Wohlwollens des Churfürsten überrascht wurde; sein kleines Diner war nämlich auf des Churfürsten stille Ordre in ein Großes zu 12 Personen, verwandelt, und die geschicktesten Musiker dazu eingeladen worden.

Von Bonn reisten sie weiter nach Calais, und von da sandte Haydn den ersten Brief dieser Reise an Maria von Genzinger:

Calais den 31^{tn} 10^{br} [Dec.] 1790.

Wohl Edl gebohrne
Hochzu Ehrende Frau v. gennzinger!
Die eingefallene schlechte witterung, der beständig anhaltende Regen verursachet, daß ich eben (als ich dieses schreibe) erst abends nach Calais angeckomen, und morgen früch um 7 uhr über Meer nach London abgehen werde; ich versprache Euer gnaden v. Brüssel zu schreiben, konte mich aber nicht länger als eine stunde alldort verbleiben: ich befinde mich dem höchsten Sey gedanck gesund, nur bin ich wegen denen Faticken, und der unordnung des schlafes, verschiedenen speisen und geträncks wegen etwas magerer geworden; in etwelchen Tagen werd ich Euer gnaden das mehreres von meiner Reise überschreiben, für heute bitte ich um vergebung. ich hofe zu gott, daß sich Ihro gnaden und der H. gemahl samt der ganzen Familie wohl befinden werden. ich bin bis dahin mit vorzüglichster Hochachtung

Euer gnaden

ganz gehorsamster diener
Jos. Haydn mppria

Am Neujahrstag (1791) übersetzte Haydn den Kanal, und damit begann das größte Abenteuer seines Lebens.

III
BESUCHE IN ENGLAND
1791–1795

„. . . wie Süss schmeckt doch eine gewisse freyheit,

ich hatte einen guten Fürsten,

muste aber zu zeiten von niedrigen Seelen abhangen,

ich seufzte oft um Erlösung, nun habe ich Sie einiger massen . . .“

BRIEF HAYDNS AN MARIA ANNA VON GENZINGER,

17. SEPTEMBER 1791

Joseph Haydn, Ölbild von Thomas Hardy, 1791. Dieses Porträt, jetzt im Besitz des Royal College of Music in London, von dem der Künstler 1792 auch einen Kupferstich anfertigte, ist wahrscheinlich das bekannteste Bildnis des Komponisten zu dessen Lebenszeiten gewesen.

Johann Peter Salomon, in Deutschland geborener Geiger und Impresario, wie Thomas Hardy ihn 1791 porträtiert hat. Salomon war unter jenen, die Haydn nach dem Tod seines Brotgebers Fürst Nicolaus überredeten, nach London zu kommen, an erster Stelle. Seine Konzertreihen in London waren bekannt dafür, daß hierbei die Werke europäischer Komponisten vorgestellt wurden und immer wieder reisende Künstler auftraten. Die Konzerte fanden in den Hanover Square Rooms statt (siehe Abbildung Seite 101), und man druckte elegante Eintrittskarten, wie die links abgebildete für den Haydn-Abend („Mr. Haydn's Night") am 16. Mai 1791.

Aufführungen und Komponisten der Londoner Musikszene der neunziger Jahre

Zu den führenden Sängern jener Tage, die sowohl in der Oper als auch bei Salomons Konzerten auftraten, gehörten Gertrud Elisabeth Mara-Schmeling (Sopran, oben links), Anna Selina (Nancy) Storace (Sopran; oben rechts), Giacomo David (od. Davidde; Tenor; Mitte links) und Brigida Banti-Giorgi (Sopran; Mitte rechts). Die letztere debütierte in London 1794. Während seiner beiden Londoner Aufenthalte schrieb Haydn für David die verlorengegangene Konzertarie „Cara, deh torna in pace" (1791); der Sänger übernahm auch den Part des Orfeo in „L'anima del filosofo", (1791) und für Banti die „Scena di Berenice" (1795). — Johann Nepomuk Hummel (unten links) und Jan Ladislaus Dussek (unten rechts), beide brillante Pianisten und erfolgreiche Komponisten, traten regelmäßig in London auf. Hummel, der ein musikalisches Wunderkind gewesen war, trat später als „Konzertmeister" in den Dienst des Fürsten Nicolaus II. Esterházy.

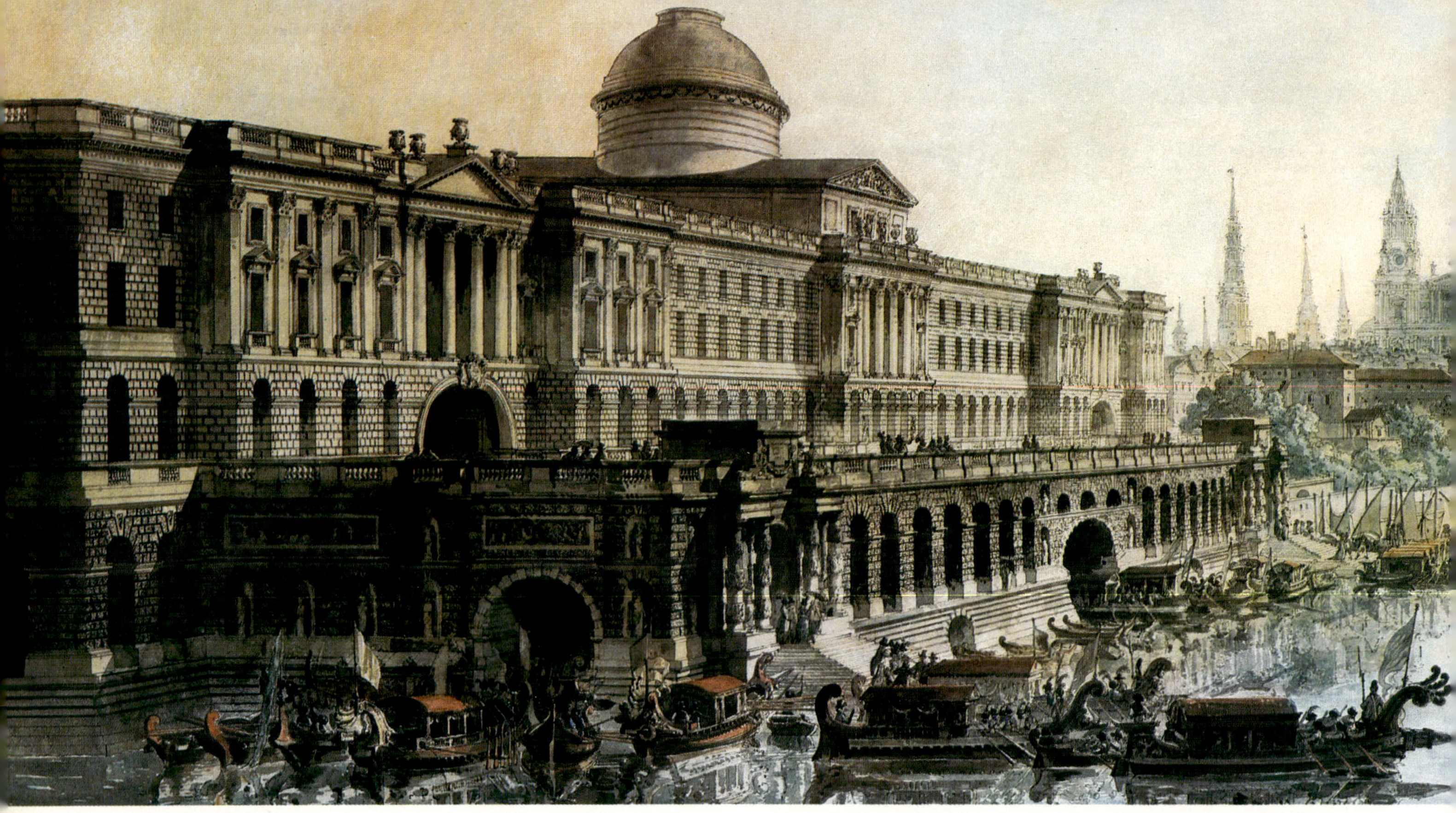

London

Unten: Buckingham House (jetzt Palace), die königliche Residenz, vom St.-James-Park aus gesehen. Aquarell von E. Dayes, 1790. Während seines zweiten Londonaufenthalts wohnte Haydn nur wenige Wegminuten entfernt. Seine Adresse lautete: No. 1 Bury Street, St. James's.

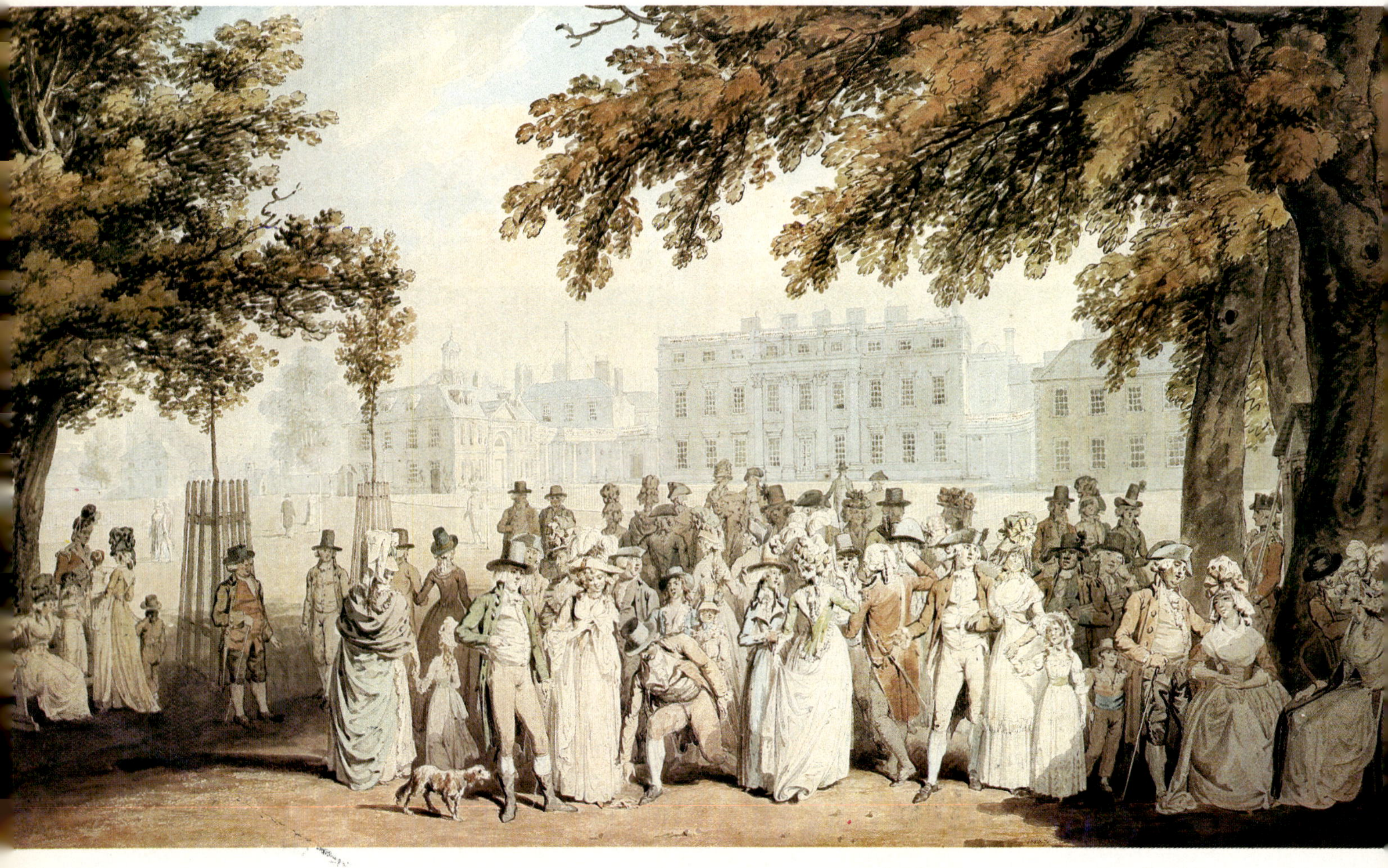

Oben: Themse-Panorama mit Somerset House (ganz links), dahinter St.-Pauls-Kathedrale, rechts die Blackfriars Bridge. Aquarellierte Federzeichnung von Jean-Louis Desprez, 1804.

Unten: Der Hanover Square vom Nordwesten gesehen. Kolorierter Stich nach E. Dayes, 1787. Die Hanover Square Rooms, wo Salomons Konzerte stattfanden, befanden sich Ecke Hanover Street (links im Hintergrund), an der Ostseite des Platzes.

Die königliche Familie

König Georg III. und seine Gemahlin, Königin Charlotte, Ausschnitte zweier Gemälde von Sir Thomas Lawrence und Sir William Beechey. Der König war vor allem von Händels Musik eingenommen und unterstützte die „Antient Concerts", also die Konzerte mit „alter" Musik. Auf Haydn wurde die königliche Familie vor allem während seines zweiten Besuches in London aufmerksam, und 1795 wurde er in das Buckingham House geladen, wo er dem Königspaar deutsche Lieder vorsang.

Ein satirischer Stich von S. W. Fores, 1787, nimmt spitz darauf Bezug, daß König und Königin in ihrer Knausrigkeit lieber als Abonnenten den „Antient Concerts" beiwohnten, als bei sich zu Hause musikalische Abende zu veranstalten. Schatzkanzler William Pitt ist links außen zu sehen, wie er mit Pfeife und Schnarre Musik macht, und eine auf dem Baldachin sitzende allegorische Figur, den Geiz darstellend, schwingt dazu im Takt Geldbeutel.

Blick von der Nordterrasse von Windsor
Castle; Aquarell von Paul Sandby
(1730–1809). Haydn besuchte Schloß
Windsor im Juni 1792 und beschrieb dessen
Anblick mit „himmlisch".

Eines der Hauptereignisse des Jahres war der
alljährlich anläßlich von Königin Charlottes
Geburtstag am 18. Januar stattfindende Ball.
Der Stich nach einer Zeichnung von
R. Dodd (rechts) gibt die vornehme
Atmosphäre dieser Veranstaltung wieder.
Haydn war bei dem Ball, der im Januar 1791
im St.-James-Palast stattfand, anwesend, und
„die gesamte königliche Familie" nahm von
ihm Notiz.

A View of the BALL at St James's on her MAJESTY's Birth Night.

103

Haydn-Porträts aus der Londoner Periode:
Das Ölbild von John Hoppner, 1791 (links),
das der Prince of Wales, der spätere König
Georg IV., in Auftrag gab; das Medaillon
aus Glasmasse von James Tassie, nach einem
Wachsporträt angefertigt (oben), das erst
kürzlich in der schottischen National
Portrait Gallery entdeckt worden ist; und
(rechts) das Bleistiftporträt von George
Dance, datiert mit 20. März 1794, dem
Haydn größte Ähnlichkeit bescheinigte. Es
befindet sich in der Sammlung des Royal
College of Music in London.

Gönner, Freunde, Ehrungen

William Shield, Musiktheoretiker und Komponist von Singspielen, mit dem Haydn sich besonders gut verstand. Stich nach einer Bleistiftzeichnung von George Dance, datiert 13. Mai 1798.

Der Earl of Abington (unten; Stich nach J. F. Rigaud) war ein guter Amateurmusiker und versuchte sich auch im Komponieren. Viele der gesellschaftlichen Kontakte Haydns mit der englischen Aristokratie und mit der gebildeten Schichte kamen durch Haydns Freundschaft mit Lord Abington zustande. Die beiden Männer auf dem Bild wurden lange Zeit für Mozart (sitzend) und Haydn ausgegeben; die stehende Figur könnte tatsächlich Haydn darstellen.

Mrs. Papendiek und ihr Sohn (unten); Pastellzeichnung von Sir Thomas Lawrence, 1789. Charlotte Papendiek, deren Gatte, ein Flötist, der Königsfamilie Musikunterricht erteilte, führte ein Tagebuch, in welchem sie ihre Eindrücke von den Haydn-Salomon-Konzerten, die sie gehört hatte, schilderte. Ihre Memoiren, kurz vor ihrem Tod im Jahre 1839 geschrieben, enthalten interessante, wenn auch nicht immer präzise Angaben zu den Ereignissen, die sie beschreibt.

Dr. Charles Burney, Komponist und bekannter Musikhistoriker, nach einer Federskizze von George Dance, 1794 (rechts), der für die Verleihung des Ehrendoktorats für Musik an Haydn durch die Universität Oxford im Juli 1791 wertvolle Vorarbeit leistete. Die Promotion, die im Sheldonian Theatre stattfand, dürfte in ähnlicher Form vor sich gegangen sein, wie es das Aquarell von S. H. Grimm darstellt (oben), wenngleich dieses eine Zeremonie zeigt, die sich zehn Jahre früher ereignete. Bei seinem Besuch in Oxford dirigierte Haydn auch ein Konzert im Sheldonian Theatre; Konzertmeister war damals William Cramer, den das 1794 entstandene Porträt von Thomas Hardy (rechts außen) zeigt.

Unter den Londoner Veranstaltungen war es
besonders das jedes Jahr in der Westminster-
Abtei abgehaltene Händel-Fest, das Haydn
beeindruckte. Im Frühsommer 1791 wohnte
er ihm bei. Der Stich (oben) zeigt das Innere
der Abtei mit der königlichen Loge beim
Händel-Fest des Jahres 1784. – Händels
Denkmal von Louis-François Roubiliac
(1738; oben rechts) besichtigte Haydn in den
Vauxhall Gardens, und er nimmt darauf in
einer Tagebucheintragung vom 4. Juni 1792
Bezug; an diesem Tag fanden dort die Feiern
zu des Königs Geburtstag statt. Vauxhall war
damals Treffpunkt der vornehmen Welt; das
kann man an der Kleidung der Schaulustigen
auf Rowlandsons bekanntem Aquarell sehen
(nebenstehende Seite oben).

Das Pantheon (nebenstehende Seite unten) in
der Oxford Road wurde 1772 eröffnet und
war Schauplatz verschwenderischer Bälle
und Maskenfeste. Der Mezzotinto-Stich von
R. Earlom nach C. Brandoin zeigt das Innere. Bei einem Konzert am 24. Februar 1791,
veranstaltet vom New Musical Fund, wurde
hier Haydns Kantate „Arianna a Naxos"
aufgeführt. Das Gebäude, von James Wyatt
dem Pantheon in Rom nachgebaut, wurde
später zur Verwendung als Theater und als
Opernhaus umgebaut, Anfang 1792 durch
einen Brand zerstört und wiederaufgebaut. —
Mit dem Pantheon-Theater rivalisierte ein
zweites Opernhaus, das King's Theatre auf
dem Haymarket. Auf einem satirischen Stich
von Cruikshank (rechts), veröffentlicht 1791,
sieht man den Prince of Wales als „modernen
Atlas", das Theater auf den Schultern tra-
gend, eine Anspielung darauf, daß er Sir John
Gallinis Opernhaus favorisierte. Im Hintergrund kann man die Säulenfassade des Carlton House (Abbildung Seite 112/13) sehen.

The MODERN ATLASS

Anton Fürst Esterházy und seine zweite Gemahlin, Fürstin Maria Anna Theresia, geb. Hohenfeld; Ausschnitte aus (von links nach rechts) dem Bild eines unbekannten Malers und aus einem Porträt von Angelika Kauffmann. Fürst Anton war Familienoberhaupt von 1790 bis 1794, das fiel in die Zeit, da Haydn wieder in Wien war (1792/93). Der Fürst war nicht angetan von Haydns Absicht, neuerlich England zu besuchen, ließ sich aber schließlich überreden, seinen Kapellmeister, der keine formellen Verpflichtungen hatte, reisen zu lassen.

Während seines zweiten England-Aufenthaltes bereiste Haydn mit der Kutsche das Land. Im August 1794 fuhr er nach Bath und Bristol, und in Bath war er Logiergast in „Perrymead", dem Haus des berühmten, in Italien geborenen Kastraten Venanzio Rauzzini (rechts außen), von dessen Garten man einen herrlichen Rundblick auf die Stadt hatte (oben). Rauzzini, ebenso wie der Komponist Dr. Henry Harington (rechts), war eine der bedeutendsten Persönlichkeiten des Musiklebens von Bath.

Im Juli 1794 besuchte Haydn den Flottenstützpunkt in Portsmouth (oben), dargestellt auf einem Stich von R. Dodd, 1796. Diese Reise zur Küste unterbrach er bei Schloß Hampton Court, an der Themse im Südwesten Londons. Der Stich von J. Toomey (ganz oben) zeigt die Gartenfront des Schlosses gegen Osten und den französischen Park.

Haydns größter Wohltäter in England war der Prince of Wales, den Sir Thomas Lawrence porträtiert hat (Bildausschnitt oben). Haydn war oft im Carlton House, der Londoner Residenz des Prinzen, zu Gast, wo regelmäßig Musik – auch von Haydn – gespielt wurde. Das verschwenderische Interieur des „Roten Salons" (Crimson Drawing Room) zeigt der Stich von W. H. Pyne (links).

In Oatlands, bei Weybridge in der Grafschaft Surrey, genoß Haydn im November 1791 die Gastfreundschaft des Herzogs und der Herzogin von York. Die Szenerie, die Haydn in seinem Tagebuch beschreibt, zeigt ein Stich nach einer Zeichnung von E. Dayes, verlegt 1795.

London, als Musikzentrum der Welt, zog viele Komponisten und Instrumentalisten an. Der Komponist Muzio Clementi (links), der sich schon als junger Mann in England niedergelassen hatte, mußte entdecken, daß der Ruhm des erst kürzlich eingetroffenen Haydn den seinen überschattete. Vincente Martin y Soler (Mitte), auch Martini genannt, kam 1794, während Haydns zweitem Aufenthalt, nach England, und das Geigen-Wunderkind George Polgreen Bridgetower (rechts) erregte von 1789 an Aufsehen durch sein vollendetes Spiel.

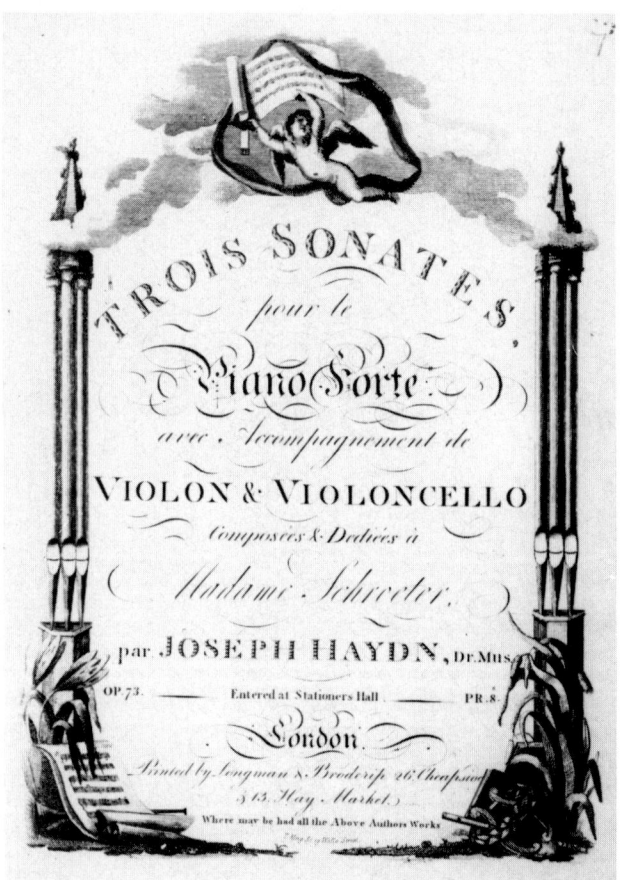

Unter den in London verlegten Werken Haydns, die formelle Widmungen trugen, waren auch zwei Gruppen von Klaviertrios, mit den Opuszahlen 70 und 73, beide verlegt bei Longman & Broderip. Die erste Gruppe war der Fürstin Maria Anna Theresia Esterházy (siehe Abbildung Seite 110) gewidmet, die Witwe geworden war, als die Trios im November 1794 erschienen; die zweite Gruppe, die auch das berühmte Trio mit dem „Rondo all'Ongarese" enthält, erschien 1795 mit einer Widmung an Haydns enge Freundin Mrs. Rebecca Schroeter.

Andere Persönlichkeiten, mit denen Haydn in London gesellschaftlichen Kontakt hatte: die Sopranistin Anna Morichelli
(links), die neben anderen bei Haydns Benefizkonzert am
4. Mai 1795 auftrat; Mrs. Elizabeth Billington (Mitte), der
Haydn (durch Vermittlung seines Freundes William Shield) sein
Terzett „Pietà di me" präsentierte; und Giovan Battista Viotti,
Komponist und Geiger, mit dem Haydn im Jahr darauf bei
seinen Konzerten in der Oper zusammen arbeitete.

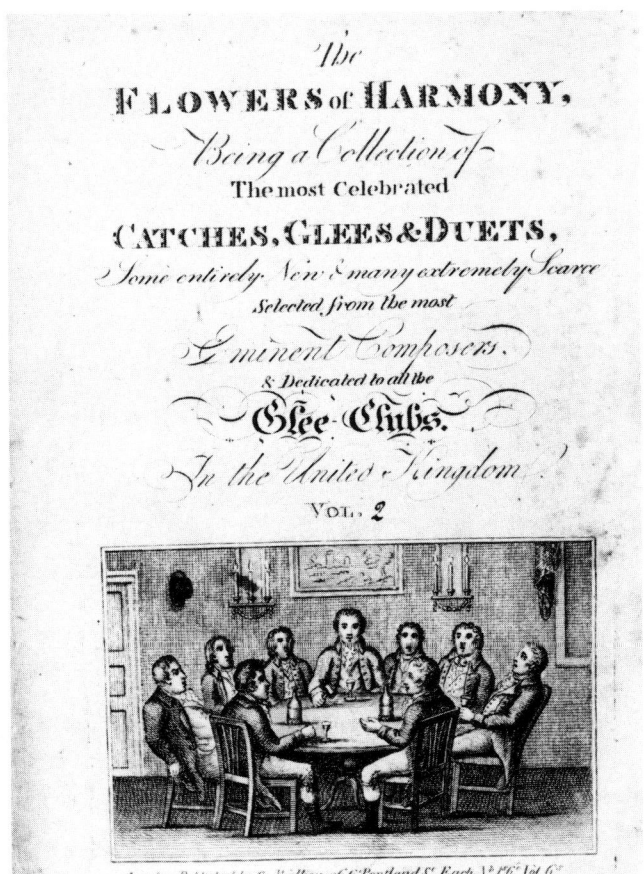

Zwei Titelseiten zeitgenössischer Londoner Publikationen:
Eine Ausgabe von „Catches, Glees and Duets" (Kanons, zwei-
und mehrstimmige Gesänge), viele von Freunden und Bekannten Haydns komponiert, zeigt auf dem Deckblatt, wie diese
Gesänge häufig ausgeführt wurden. Haydns „Zehn Gebote",
die er für den sächsischen Gesandten in London schrieb,
wurden oft in dieser Weise von einer Tischrunde gesungen,
wobei meist eine Flasche Portwein im Kreis herumwanderte. –
Die bei Longman & Broderip erschienene Ausgabe von sechs
Trios Ignaz Joseph Pleyels (rechts) weist auf dem Titelblatt ein
Bild des Komponisten – eines früheren Schülers Haydns – und
eine Widmung an Königin Charlotte auf.

Ein „grand" Pianoforte (mit erweitertem Tonumfang), ähnlich dem, das Longman & Broderip Haydn im Jahre 1794 schenkten und das der Komponist im Jahr darauf nach Wien mitnahm, wo Beethoven sich bewundernd darüber äußerte. Auf dem Notenpult: Haydns Divertimento „Il maestro e lo scolare" (im Original für Cembalo zu vier Händen) in einer Ausgabe für zwei Cembali und Streicher. Das Porträt an der Wand zeigt Kaiser Joseph II. kurz vor seinem Tod 1790.

Haydns erstes Reiseziel nach der Ankunft auf der Britischen Insel war London. Die Größe der Stadt erstaunte ihn, und überdies sah und erlebte er zum erstenmal eine Weltmetropole (denn Wien war damals zwar eine schöne, aber eher kleine Stadt, deren Stadtmauern noch der letzten Türkenbelagerung standgehalten hatten). Später, auf dem Tisch in der Bibliothek eines englischen Landhauses, in das er eingeladen wurde, mag Haydn dann im „Sporting Magazine" (Januar 1794, S. 220) die folgende Notiz gefunden haben:

Zu keiner Zeit und in keinem Land ist die Hauptstadt Englands besser charakterisiert worden als mit den Worten Johnsons: „Will man den richtigen Eindruck von der Größe dieser Stadt gewinnen, dann darf man sich nicht damit begnügen, die großen Straßen und Plätze auf sich wirken zu lassen, sondern man muß die unzähligen kleinen Gassen und Höfe besichtigen. Nicht in der großartigen Entfaltung von Häusern und Gebäuden liegt das Gewaltige dieser Stadt, sondern in der Vielzahl menschlicher Behausungen, die sich hier aneinanderdrängen. Ich habe oft mit Vergnügen beobachtet, wie verschieden ein Ort wie London auf verschiedene Menschen wirkt. Leute mit engem Horizont, in deren Gehirn nur Platz ist für eine bestimmte Art von Objekten, sehen London dann nur unter diesem bestimmten Gesichtspunkt: ein Politiker sieht es als Regierungssitz mit seinen diversen Ministerien; für den Viehmäster ist es ein riesiger Viehmarkt; der Kaufmann sieht es als den Ort an, wo der Großteil aller Geschäfte auf der Börse abgewickelt wird; dem Theaterfan erscheint es als die große Stadt des Theaters; dem Lebemann als eine einzige Ansammlung von Tavernen und leichten Mädchen; der Intellektuelle schließlich ist fasziniert davon, weil es das Leben in all seinen Facetten in sich beherbergt, dessen Beobachtung eine sich nie erschöpfende Tätigkeit ist."

Haydns Neugier und Interesse waren auf alles gerichtet, was er in England zu sehen bekam: die Menschen, die Sitten, das Klima, die Musikpflege, die Frauen (alle seine Biographen betonen, er sei Frauen sehr zugetan gewesen, in „jüngeren Jahren sehr empfänglich für die Liebe"). Und er machte sich Aufzeichnungen. Von seinen Notizbüchern sind drei komplett, ein viertes auszugsweise erhalten, worin sich humorvolle, sarkastische, naive, kluge und manchmal schockierende Mitteilungen über sein Leben in England finden. Die verschiedensten Leute wurden Haydns Freunde (wobei die Enge der Freundschaft davon abhing, inwieweit ihre Stellung ihnen das erlaubte): angefangen von der Herzogin von York bis zu einem „Mr. March ... ein Zahnarzt, Kutschenmacher und Weinhändler ... ein Mann von 84 mit einer jungen Mätresse"; oder von Dr. Charles Burney bis zum Earl of Abingdon (Haydn muß fasziniert davon gewesen sein, daß der letztere wegen böswilliger Verleumdung ohne Ansehen seines Standes ins Gefängnis mußte); oder von dem gewalttätigen, aufrührerischen Dichter und Dramatiker Thomas Holcroft (dessen Hochverratsprozeß und Freispruch Haydn ebenfalls mit Staunen verfolgt haben muß) bis zur edelgesinnten Mistress Schroeter, der „schönen und liebenswürdigen Frau", die Haydn wohl geheiratet haben würde, wenn er frei gewesen wäre; vom Bankier Nathaniel Brassey zu dem Seekäptn, der den entzückten Haydn auf seinem Ostindien-Kauffahrer „mit sechs Kanonen" zum Lunch empfing und dem Komponisten erklärte, wie man Milch oder Sahne „für

107, 106

117

lange Zeit" konservieren könne. Haydn blühte förmlich auf. Doch weder Schmeicheleien noch die Lobhudeleien von seiten des Publikums, noch das ständige Erwähntwerden in den Londoner Tageszeitungen stieg ihm zu Kopf. Die Engländer liebten ihn und hielten seine Musik nach der Händels für die größte ihnen bekannte.

Noch in der ersten Woche seines Aufenthalts nahm Haydn die Korrespondenz mit Maria Anna von Genzinger wieder auf:

Hoch und wohl gebohrne!   London. den 8^{tn} Jenner 1791.
gnädige Frau!

Hoffe, daß Euer gnaden mein letztes schreiben v. Calais werden erhalten haben, ich hätte zwar alsogleich nach meiner ankunft in london, So wie ich versprochen habe, einigen bericht abstatten sollen, allein ich wolte etwelche täge abwarten, damit ich mehrere umstände zugleich übermachen kan. berichte demnach, daß ich den ersten dieses als an neuen Jahres tag früch um halb 8 uhr nach angehörter H: Meß in das schif stiege, und nachmittag um 5 uhr dem höchsten sey gedanckt wohlbehalten und gesund zu Dower ankame, anfangs hatten wür 4 ganze stund fast gar keinen wind, und das schif gieng so langsam, daß wür in diesen 4 stunden nicht mehr als eine einzige Englische Meile machten, deren aber sind v. Calais bis Dower 24. unser schif Capitain in üblester laune sagte, daß, wan sich der wind nicht ändere, wür die ganze nacht zur See bleiben müssen, zum glück aber hub sich der Wind gegen halb 12 uhr so günstig, daß wür bis 4 uhr 22 Meilen zurück legten, da wür aber wegen der eben einfallenden Ebbe mit unsern grossen schife nicht an das gestatt komen konten, so liefen schon von weiten 2 kleinere schiffe gegen uns, in welche wür uns samt unser Pagage übersetzten, und endlich unter ein[en] klein[en] sturmwind doch glücklich anlandeten, das grosse schif blieb noch 5 stunden darnach im Meer, bis es endlich nach angeckomener fluth einlaufen konte, einige von den Reisenden blieben aus forcht in das kleinere zu steigen auf demselben ich schluge mich aber zu den grösseren Hauffen. wehrend der ganzen überfahrt bliebe ich oben auf den schif um das ungeheure Thier das Meer satsam zu betrachten, solange es windstill war, förchtete ich mich nicht, zulezt aber, da der immer stärckere wind ausbrach und ich die heranschlagende ungestimme hohe wellen sahe, überfiel mich eine kleine angst, und mit dieser eine kleine üblichkeit. doch überwündete ich alles, und kam ohne S: v: zu brechen glücklich an das gestadt. die meisten wurden kranck, und sahen wie die geister aus; da ich aber nach london kam, wurde ich erst die beschwerde der Reise gewahr. ich gebrauchte 2 Tag um mich zu erhollen. nun aber bin ich wider ganz frisch und Munter, und betrachte die unendlich grosse stadt london, welche wegen Ihren verschiedenen schönheiten und wunder dingen ganz in Erstaunung versezt, ich machte alsogleich die Nothwendigsten Visiten, als den Neapolitanischen und unsern gesandten, ich erhilte in 2 Tagen von beeden die gegen Visit, und speisete vor 4 Tagen bey dem Ersteren zu Mittag, aber NB um 6 uhr abends, das ist So Mode hier. meine anckunft verursachte grosses aufsehen durch die ganze stadt durch 3 Tag wurd ich in allen zeitungen herumgetragen: jederman ist begierig mich zu kennen. ich muste schon 6 mahl ausspeisen, und könte wenn ich wolte täglich eingeladen seyn, allein ich mus erstens auf meine Gesundheit, und 2^{tens} auf meine arbeith sehen. ich nehme ausser denen Milords bis nachmittag um 2 uhr keine visite an. um 4 uhr speis ich zu Hauß mit Mon. [Monsieur] Salomon. ich habe ein niedliches bequemes aber auch theueres logement. mein Haußherr ist ein Italiäner, und zugleich ein Koch, welcher mich mit 4 speisen recht gut bedient, wür bezahlen ein jeder ohne wein und bier täglich 1 fl. 30 kr. aber alles ist erschröcklich theuer. gestern wurde ich zu ein. grossen liebhaber Concert geladen, ich kam aber etwas zu spät, und als ich mein Billiet abgabe, liesse man mich nicht hinein, sondern führte mich in ein nebenzimer, allwo ich bleiben muste, bis das eben in den Saal producirende stücke vorüber war, alsdan öfnete man die thür, und ich wurde unter den arm des Entepraneurs unter allgemein. Hände Klatschen durch die Mitte des Saals bis vorne an das orchest. geführt, allda angeäffet. und mit einer menge Englischer Complimenten bewundert, man versicherte mir, daß diese Ehre seit 50 Jahren nicht seye vollzohen worden, nach der Music führte man mich in einen andern daranstossenden schönen Saal, allwo für die sammtliche Amateurs eine Tafl von 200 Persohnen mit sehr vielen gedecken bereit stunde, und zu welcher ich oben an sitzen solte, allein da ich an eben diesen Tag ausspeisete und mehr wie gewöhnlich asse, so verbatte ich mir diese Ehre mit einer Excus, daß ich mich nicht allerdings wohl befände, ich muste aber ungeacht dessen die Harmonische gesundheit in Burgunder wein allen anwesenden zu trincken, welche es erwiederten, und alsdan liesse man mich nach hause führen: alles dieses meine gnädige Frau war für mich sehr schmeichelhafft, doch wünschte ich mir auf eine zeit nach wienn fliehen zu könen um mehrere ruhe zur arbeith zu haben, dan der lärm auf den gassen von dem allgemeinen verschiedenen Verkaufs Volck ist unausstehlich, ich arbeithe zwar jezo noch an

Sinfonien, weil das opera büchl noch nicht entschieden ist, ich werde aber um mehr ruhe zu haben mir ein zimmer weit vor der stadt miethen müssen. ich möchte recht gerne noch etwas mehr überschreiben, allein ich förchte die gelegenheit zu versaumen. unterdessen bin ich nebst höfl. Empfehlung an H: gemahl, freyle Pepi und all übrige mit vorzüglichster Hochachtung

Euer gnaden
ganz gehorsamster aufrichtigster
diener
Joseph Haydn mppria

Haydn war nun in der Great Pulteney Street 18 untergebracht, wo auch Salomon wohnte; zusätzlich hatte er ein Zimmer beim berühmten Musikaliengeschäft von Broadwood, gleich gegenüber, wo er komponieren konnte. Doch fiel es ihm schwer, sich bei dem großen Straßenlärm zu konzentrieren, und später bezog er Räume in einem ruhigen Vorort (siehe unten).

Johann Peter Salomon, dieser bemerkenswerte Impresario, daneben Violinist und Komponist, war in Bonn zur Welt gekommen (die Taufe fand am 20. Februar 1745 statt); später, im Jahr 1770, wurde Beethoven im selben Haus geboren. Nach großen Erfolgen in Deutschland emigrierte Salomon nach England und hatte dort sein Debüt als Geiger im Covent Garden Theatre am 23. März 1781. Anfangs war er an das Konzertunternehmen „Professional Concert" gebunden, veranstaltete dann aber selbst Konzertreihen, deren Besonderheit die Aufführung von Streichquartetten war. 98

London war 1791 musikalische Hauptstadt der Welt, jeden Abend gab es eine Opernvorstellung oder ein Subskriptionskonzert. Die Salomon-Konzerte fanden in den Hanover Square Rooms statt. Andere Konzertsäle, die regelmäßig in 98, 101 Gebrauch standen, waren *Freemasons' Hall*, *The Rooms* in der Tottenham Street, *Crown and Anchor* auf dem Strand und *Willis's Rooms* in der King Street in St. James's. Oper gab es im King's Theatre, welches später auch über einen 109 großen Konzertsaal verfügte (allgemein nannte man ihn „New Room") und wo Haydns letzte drei Symphonien uraufgeführt wurden. Im Pantheon spielte eine 109 zweite Operntruppe, die vom Prince of Wales unterstützt wurde und dem Opernunternehmen im King's Theatre Konkurrenz machte. Dort sollte Haydns neue Oper „*L'anima del filosofo*" über die Bühne gehen. Es ergab sich dann, daß dort Haydns populärstes Vokalwerk, „Maccone", das er für Sir John Gallini schrieb, dreimal in der Saison 1791 aufgeführt wurde (den Titel des Werkes haben wir von Haydn; es handelte sich um einen siebenstimmigen Rundgesang, der leider verlorengegangen ist). Die zwei Hauptkonzertreihen waren „*Professional Concert*" jeden Montag in den Hanover Square Rooms) und die Haydn-Salomon-Konzerte (jeden Freitag in den Hanover Square Rooms). Natürlich erwartete man von Haydn, daß er für diese Abende zahlreiche neue Werke liefere, aber er vermochte sich auch damit zu behelfen, daß er als „neu" mehrere Symphonien (Nr. 90 und die bald sehr beliebte Nr. 92, die „Oxford"-Symphonie), die sechs Quartette op. 64 (komp. 1790) sowie einige der Notturni für den König von Neapel (1790) und einige in England noch nicht bekannte Vokalwerke (etwa „*Ah, come il core*" aus „*La fedeltà premiata*", die Haydn als Konzertarie vorstellte, oder die Kantate „*Arianna a Naxos*") zur Aufführung bringen ließ. Neben einer Arie für den Sänger Davidde, „*Cara, deh torna in pace*" (verlorengegangen) und dem 99 „Maccone" für Gallini komponierte Haydn für Salomons erste Konzertsaison zwei neue Symphonien, die Nr. 96 („Mirakel") und die Nr. 95, beide besonders signiert und mit „London 1791" datiert. Die neue Oper, „*L'anima del filosofo*", deren Libretto auf der Orpheus-Sage basierte (und die später als Fragment unter dem Titel „*Orfeo ed Euridice*" veröffentlicht wurde, stammte von dem Librettisten Carlo Francesco Badini, einem äußerst cleveren italienischen Journalisten und Rivalen des Mozart-Librettisten Lorenzo da Ponte. Badini hatte sich in London niedergelassen und schrieb regelmäßig Beiträge für verschiedene Zeitungen. Wie Da Ponte war auch er eine etwas anrüchige Figur. Schnell geriet Haydn in den Strudel des musikalischen und gesellschaftlichen Lebens der Hauptstadt. Er schloß Freundschaft mit Frauen und Männern unterschiedlicher sozialer Stellung und Nationalität; er wurde ein allgemein bekannter Mann, dessen Erscheinen von der Tagespresse vermerkt wurde. Unter seinen einflußreichen Freunden war auch Dr. Charles Burney, Komponist und Schriftsteller und Vater der berühmten Romanautorin Fanny Burney (die später einen französischen Emigranten namens D'Arblay heiratete). Burney schrieb für Haydn ein Willkommensgedicht, das dann unter dem Titel „Verses on the Arrival of Haydn. Price one shilling" (Verse auf die Ankunft Haydns. Preis ein Shilling) veröffentlicht wurde. Eine Ankündigung im *„Public Advertiser"* vom 7. Januar 1791 sollte den Lesern gehörigen Appetit machen:

107

WOCHENPROGRAMM DER MUSIKALISCHEN VERANSTALTUNGEN FÜR DIE WINTERSAISON

Nie zuvor konnte sich unser Land einer solchen Konstellation musikalischer Gestirne brüsten, die den Himmel der eleganten Welt erhellen. Keine Metropole hat eine solche Ansammlung von Meistern zu bieten, wie London sie jetzt beherbergt. Und da Musik das Hauptvergnügen der Saison sein wird, geht unser Bemühen dahin, getreulich alle Konzerte anzuführen.

Das gestern im Carlton House unter der Patronanz des Prince of Wales stattgehabte Meeting wird schließlich wohl die große Affäre bezüglich der beiden rivalisierenden Opernhäuser bereinigen. Und alle Anzeichen deuten darauf hin, daß die Oper zu *einer* nationalen Sache werden wird. Inzwischen mag es unseren Lesern gefallen, zu sehen, welche musikalischen Vergnügungen die Woche zu bieten hat; selbst wenn es zu keiner Zusammenarbeit der beiden Opernhäuser kommen sollte.

Jeweilige Änderungen werden wir bekanntgeben; im folgenden der jetzige Stand der Dinge:

SONNTAG. „Noblemen's Subskriptionskonzert". Findet jeden Sonntag an anderem Ort statt.

MONTAG. Konzertreihe „Professional Concert" in den Hanover-Square Rooms, mit Mrs. Billington.

115

DIENSTAG. Oper.

MITTWOCH. Alte Musik in den Räumen in der Tottenham Street, unter der Patronanz Ihrer Majestäten.

DONNERSTAG. „The Pantheon". Ein Pasticcio aus Musik und Tanz, im Falle des Zustandekommens der Zusammenarbeit der Opernhäuser; andernfalls ein Konzert mit Madame Mara und Sig. Pacchierotti.

99

Akademie mit alter Musik, jeden zweiten Donnerstag in Freemason's Hall.

FREITAG. Konzert unter der Leitung Haydns in den Rooms, Hanover Square, mit Sig. David.

SAMSTAG. Oper.

Das ist also das Wochenprogramm für die ganze Saison. Und die Stadt ist so voll von bedeutenden Professoren aller Wissenszweige, daß möglicherweise ein zweites Orchester mit hervorragenden Kräften gefunden wird, um jeden Abend musikalische Unterhaltung an gleich zwei Stätten zu ermöglichen.

> Wenn die Musik der Liebe Nahrung ist,
> Spielt weiter! gebt mir volles Maß! daß so
> die übersatte Lust erkrank' und sterbe.

SHAKESPEARE

Am 15. Januar stand dann die bedeutsame Ankündigung der Haydn-Salomon-Konzerte in den Zeitungen (*„Public Advertiser"*, *„Gazetteer"* usw.):

HANOVER SQUARE. MR. SALAMON [sic] gibt dem hohen und niederen Adel respektvollst bekannt, daß er vorhat, in dieser Saison ZWÖLF SUBSKRIPTIONSKONZERTE zu veranstalten. Das erste wird Freitag, den elften Februar, die anderen an den folgenden Freitagen stattfinden. Mr. Haydn wird für jeden Abend ein neues Stück komponieren und es vom Cembalo aus leiten.

Sänger sowie Instrumentalisten werden erstklassig sein, eine Liste von ihnen erscheint in wenigen Tagen.

Subskription, zu fünf Guineen, für zwölf Abende, bei Messrs. Lockhard's, Nr. 36. Pall-Mall.

Damen können ihre Karten an Damen, Herren ihre Karten an Herren weitergeben.

Am 18. Januar, zu Königin Charlottes Geburtstag, fand in St. James's ein Hofball statt. Haydn war anwesend, und von jenem Abend an war seine Stellung in der Londoner Aristokratie gesichert. Der „*St James's Chronicle*" berichtet über das Fest, und ein ähnlicher Bericht im „*Daily Advertiser*" (20. Januar 1791) setzt uns davon in Kenntnis, daß sich am Donnerstagabend ein „bemerkenswerter Vorfall ereignete": 102, 103

Im Ballsaal zu St. James's: Haydn, der berühmte Komponist, obwohl noch nicht bei Hofe vorgestellt, wurde von allen Mitgliedern der königlichen Familie erkannt und erwies ihnen stille Ehrerbietung. Mr. Haydn betrat den Saal zusammen mit Sir John Gallini, Mr. Wills und Mr. Salomon. Der Prince of Wales sah ihn zuerst, und nachdem Mr. Haydn sich zum Prinzen hin verbeugt hatte, ruhten die Augen der ganzen königlichen Gesellschaft auf ihm, und jeder erwies ihm Ehre.

Haydn lernte sehr viele Adelige kennen. König George III., ein sehr viel scharfsinnigerer und feinfühliger Mann, als man oft meint, lud ihn ein, in England zu bleiben; und 1795 bot die Königin ihm eine Suite in Windsor Castle an. Haydn war oft zu Gast beim Prince of Wales, bei dessen Bruder, dem Herzog von York, und vor allem bei der schönen Herzogin von York. Der Komponist war bald ungeheuer beliebt, verbrachte Weekends in schönen Landhäusern überall in England, und seine Gastgeber fanden offenbar, er sei ein äußerst angenehmer Gast. Haydns besonderer Freund und Gönner war Lord Abingdon, der den Komponisten überallhin mitnahm. 102 113 106

Haydn war jedoch kein Snob. Voll Stolz sagte er: „. . . ich bin mit Kaisern, Königen, und vielen großen Herren umgegangen, und habe manches Schmeichelhafte von ihnen gehört: aber auf einen vertraulichen Fuß will ich mit solchen Personen nicht leben, und ich halte mich lieber zu Leuten von meinem Stande." (Griesinger, 55)

In England fand Haydn einen Mittelstand vor, der viel alteingesessener und reicher war als der in seiner Heimat Österreich und auch wesentlich mehr Einfluß hatte. Aristokraten mochten ihm für eine Karte zu seinem Benefizkonzert fünfzig Guineen schicken, aber es war der solide (und in jenen Tagen keineswegs starrköpfige) Mittelstand, der in Scharen zu Haydns und Salomons Konzerten strömte, sich nach dem Anhören der „Militärsymphonie" die Lungen heiser schrie und eifrig sämtliche Klaviertrios und die englischen Lieder Haydns aufkaufte. Und es war diese anteilsmäßig breite Schicht der britischen Gesellschaft, in der Haydn die meisten Freunde gewann, die Mister Marches und Mistress Schroeters und all die anderen, deren Namen seine Londoner Notizbücher zieren.

Noch bevor die Salomon-Konzerte begannen, hatte Haydn sich in wilde Geschäftigkeit zu stürzen. Als er dann bei jedem der Konzerte ständig gebraucht wurde, dazu die neue Oper und die zwei neuen Symphonien komponierte, meldeten sich erste Anzeichen der Überanstrengung, und irgendwann in jenem Frühling übersiedelte er nach Lisson Grove, das damals ein ruhiger Vorort war mit Feldern rundum, auf denen die Kühe grasten. Neben seinen Auftritten als „Gast" bei den Konzerten gab Haydn Privatstunden an verschiedene Leute, und für jede Stunde erhielt er eine Guinee. Haydn: „Da machte ich große Augen." (Griesinger)

Nach etlichen Verschiebungen begann endlich die Reihe der Haydn-Salomon-Konzerte am 11. März 1791. Die folgende Ankündigung erschien mehrmals im *„Public Advertiser"*:

HANOVER SQUARE. MR. SALOMON gibt dem hohen und niederen Adel respektvollst bekannt, daß seine Konzertreihe ohne weitere Verschiebung nächsten Freitag, den 11. März beginnt und an jedem folgenden Freitag fortgesetzt wird.

Teil I.
Ouvertüre   Rosetti.
Gesang   Sig[nor] Tajana.
Oboenkonzert   Mr. Harrington.
Violinkonzert   Madame Gautherot [komponiert v. Viotti].
Rezitativ und Arie   Signor David [komponiert v. Rusi].
Teil II.
Neue Große Ouvertüre [d. i. Symphonie, wahrscheinlich Nr. 92]   Haydn.
Rezitativ und Arie   Signora Storace.
Concertante, Pedalharfe und Pianoforte   Madame
Krumpholtz und Mr. Dusseck,
Komponiert von Mr. Dusseck.
Rondo – Signor David [komponiert von Andreozzi].
Ein ganzes Stück – Kozeluck [sic].
Mr. HAYDN wird am Cembalo begleiten.
Leiter des Orchesters, Mr. SALOMON.
Eintrittskarten dürfen nur von Damen an Damen,
von Herren an Herren weitergegeben werden.
Die Karten für Damen sind grün, die für Herren schwarz.
Die Subskribenten werden dringend ersucht, ihre Kutscher be-
sonders zu instruieren, ihre Insassen am Seiteneingang abzu-
setzen und wiederaufzunehmen, wobei die Köpfe der Pferde zum
Platz zeigen sollen.
Der Eingang auf dem Platz ist nur für Sänften.

Die Leute waren natürlich neugierig. Manche dachten, Haydn müsse sich längst ausgeschrieben haben. Selbst ein so großer Bewunderer wie der Rev. Thomas Twining (ein Freund von Burney und ein sehr guter Amateurmusiker) hatte am 15. Februar 1791 an Burney geschrieben:

Wenn die Reserven eines Komponisten unerschöpflich sind, dann die Haydns, würde ich sagen; aber da er, immerhin, auch nur ein Sterblicher ist, fürchte ich, muß er bald an den Boden seiner Ideen-Kiste gelangen.

[Lonsdale, 355]

Twinings Furcht war unbegründet. Die Ideen-Kiste hatte immer noch keinen Boden. Es gibt mindestens drei zeitgenössische Kritiken des Konzertes in den Londoner Zeitungen, eine davon im *„Morning Chronicle"* vom 12. März:

SALOMON'S CONCERT [Titel der Konzertreihe]

Das erste Konzert unter der Leitung Haydns fand gestern statt, und wohl selten hat man ein reichhaltigeres musikalisches Programm geboten bekommen.

Es ist nicht verwunderlich, daß für Seelen, die Musik zu rühren vermag, Haydn zu einem Objekt der Verehrung, ja der Vergötterung werden muß; denn wie unser eigener SHAKSPEARE [sic] bewegt und lenkt er die Leidenschaften nach seinem Willen.

Seine *neue Große Ouvertüre* wurde von jedem geschulten Ohr als ganz wundervolle Komposition empfunden; aber im besonderen der erste Satz in seiner Erhabenheit des Vorwurfs und seinem Reichtum an *air* und Leidenschaft erhebt sich selbst über alles, was Haydn sonst komponiert haben mag. Die Ouvertüre hat vier Sätze, Allegro – Andante – Menuett – und Rondo. Sie sind alle schön, jedoch der erste überragt in jeder seiner Schönheiten alles andere, und das Orchester spielte ihn mit bewundernswerter Präzision.

Signor David zeigte alle wunderbaren Eigenschaften seiner Stimme, und man hat sicherlich nie einen Tenor mit solchem Ausdrucksreichtum und solchem Schmelz gehört. Sein erstes Gesangssolo war ein Rezitativ mit Arie, von RUSI, sein zweites ein Rondo, von ANDREOZZI. Ein vorzügliches *concertante* wurde von M. DUSSECK und Madame KRUMPHOLLZ [sic] bestritten; Signora STORACE sang sehr stilvoll zwei Lieder.

Wir freuen uns, die Konzertreihe am ersten Abend so gut besucht gesehen zu haben; und wir können nicht unsere große Hoffnung verhehlen, daß der bedeutendste musikalische Genius des Zeitalters durch unseren reichen Willkomm veranlaßt werden möge, seinen Wohnsitz in England zu nehmen.

Wir sind in der glücklichen Lage, einen zweiten zeitgenössischen Bericht zu haben, weniger verläßlich vielleicht als der in den Zeitungen, aber nichtsdestoweniger interessant. Er steht im Tagebuch von Charlotte Papendiek, deren 106 Gatte, ein Flötist, in Wien 1779 gespielt hatte (wo Haydn ihn vielleicht kennenlernte) und jetzt als Musiklehrer der Königsfamilie tätig war.

. . . Der herbeigesehnte Abend kam endlich, und da ich in der Nähe der Ausführenden sein wollte, ging ich zeitig hin. Mr. Papendiek kam vom Queen's House nach, und ich bekam einen sehr guten Sitz auf einem Sofa auf der rechten Seite. Das Orchester saß nach neuer Sitzordnung. Das Pianoforte stand im Zentrum, ganz außen zu beiden Seiten die Kontrabässe, dann auf jeder Seite zwei Violoncelli, dann zwei Tenöre oder Violas und zwei Violinen und in der Einbuchtung des Pianos ein Pult auf hohem Postament für Salomon mit seinem ripieno[-Geiger]. Dahinter, in einem Bogen nach außen, alle diese Instrumente noch einmal, somit das Orchester auf die erforderliche Stärke bringend. Noch weiter hinten, auf erhöhten Plätzen, die Trommeln, und auf der anderen Seite Trompeten, Posaunen, Fagotte, Oboen, Klarinetten, Flöten &c., in einer Zahl, entsprechend den jeweiligen Erfordernissen der Symphonien und der anderen Musik, die an diesen Abenden gespielt werden soll.

Das Konzert begann mit einer Symphonie von Haydn, die er mitbrachte, die aber in England noch niemand kannte. Sie bestand aus vier Sätzen, schön lebhaft, und gut . . .

Der zweite Akt begann wiederum mit einer neuen Symphonie, für den Abend komponiert. Haydn dirigierte natürlich seine Musik, im allgemeinen auch die anderer Komponisten, in der Tat den ganzen Abend hindurch.

Die Hanover Square Rooms sind für 800 Personen außer den Ausführenden berechnet. Zu Beginn des zweiten Akts folgerten wir, daß alle gekommen waren, die hatten kommen wollen, und obzwar wir wußten, daß Salomons Subskriptionsliste nicht voll war, hatten wir doch gehofft, es würden am Abend weitere kommen. Aber nein; und ich bedaure, die Bemerkung über meine Landsleute machen zu müssen, daß sie, solange sie nicht wissen, was sie für ihr Geld bekommen werden, nur langsam aus ihrer Reserve herausgehen. Ein Unternehmen dieser Größe, das einen großen Mann wie Haydn aus seinem Land herbeiholt, um für ein Orchester voll von Musikern mit dem höchsten Können und höchster Begabung zu komponieren, hätte mehr Mut und Entgegenkommen verdient, erst einmal, um dem Fremden Respekt entgegenzubringen, dann auch Salomon, der unter uns lebt und soviel für die Musikwelt getan hat, in diesem Fall endlose Mühen auf sich nahm und ein hohes Risiko einging.

Aus den uns vorliegenden Zeugnissen will es scheinen, daß die „neue Symphonie" (oder, wie der „*Morning Chronicle*" sie nennt, „neue Große Ouvertüre"), die beim ersten Salomon-Konzert gespielt wurde, die Nr. 92 in G-Dur war, die faktisch 1789 komponiert worden war. Etwas von der Spannung dieser ersten Konzerte Haydns mit seinem Freund Salomon ist in der folgenden Bemerkung in Dr. Burneys Memoiren eingefangen:

1791. Dieses Jahr begann für die musikalische Welt sehr glücklich mit der Ankunft des berühmten Haydn in London. Was die Musikliebhaber eine Segnung nennen, verdanken sie Salomon. Salomon reiste selbst nach Wien . . . in der Absicht, den gefeierten Musikgenius hierherzulokken; und am 25. Februar [sic] wurde die erste der von Haydn für die Salomon-Konzerte komponierten unvergleichlichen Symphonien aufgeführt. Haydn selbst hatte am piano-forte den Vorsitz; und der Anblick des berühmten Komponisten elektrisierte das Publikum derart, daß dessen Aufmerksamkeit und Vergnügen alles überstieg, was meines Wissens je in England durch Instrumentalmusik hervorgerufen worden ist. Alle langsamen Mittelsätze wurden wiederholt; etwas, was, wie ich glaube, in keinem Land noch je geschehen ist.

[Scholes II, 110]

Der Bericht ist auch hinsichtlich des Instruments, von welchem aus Haydn dirigierte, von Nutzen. In den meisten Zeitungen vom Jahre 1791 ist von einem Cembalo die Rede. Aber obwohl die Briten noch bis ins letzte Jahrzehnt des Jahrhunderts die tonstärksten und mechanisch besten Cembalos bauten, die die Welt je gesehen hatte, spricht Burney, der Berufsmusiker, unmißverständlich von einem „piano-forte", und es darf bezweifelt werden, ob Haydn ein Cembalo gewählt hätte, wenn die neuen englischen Klaviere offensichtlich weit tonstärker waren.

Die Haydn-Salomon-Konzertreihe des Jahres 1791 erwies sich als spektakulärer Erfolg für alle Beteiligten. Haydn präsentierte dem Londoner Publikum eine klug gewählte Auswahl an Vokal- und Instrumentalwerken, von denen die meisten sofort von britischen Verlagshäusern veröffentlicht wurden (die Quartette op. 64, *„Arianna a Naxos"*, die Symphonien Nr. 90 und 92). Es war nicht schwer, Haydn zu überreden, eine weitere Saison zu bleiben, und Salomon konnte schon bald eine neue Saison „unter Assistenz von Mr. Haydn" ankündigen. Die letzten Maitage waren einem gigantischen Händel-Festival gewidmet, „auf Anordnung und unter der Patronanz Ihrer Majestäten";

108 Veranstaltungsort war die Westminster Abbey. Es gab über tausend Mitwirkende, darunter die *Crème de la crème* der Sänger und Orchester. Die berühmten „großen Kontrabässe" und „Kontrabaß-Kesselpauken" (eine Oktave tiefer als normal gestimmt) und Kontrafagotte fanden dabei Verwendung. Haydn erlebte großartige Aufführungen von „Israel in Ägypten", der Krönungshymne „Zadok der Priester", dem „Messias" und Auszügen aus zahlreichen anderen Oratorien. Haydn war erstaunt und zutiefst bewegt. Viele Jahre später gab Haydn seinem Biographen Dies eines der Londoner Notizbücher. Dies (133 f.) schreibt:

... ich schlug es auf und fand ein paar Dutzend Briefe in englischer Sprache darin. Haydn lächelte und sagte: „Briefe von einer englischen Wittwe in London, die mich liebte; aber sie war, ob sie gleich schon 60 Jahre zählte, noch eine schöne und liebenswürdige Frau, die ich, wenn ich damahls ledig gewesen wäre, sehr leicht geheirathet hätte."
Diese Frau ist die noch lebende Wittwe des berühmten Klavierspielers Schröder, dessen melodischen Gesang Haydn mit Nachdruck lobte.
... wenn er sonst nirgends eingeladen war, speiste er gewöhnlich bey ihr.

Johann Samuel Schroeter (1750–88) war 1782 Nachfolger von J. C. Bach als „Master of the King's Musick" geworden (Musikmeister des Königs). In Rees' *„Cyclopaedia"* (1819–20) steht: „Er heiratete eine junge Dame mit beachtlichem Vermögen, die seine Schülerin gewesen war, und lebte in angenehmen Verhältnissen." Schroeter veröffentlichte viele Stücke für Tasteninstrumente; Haydn besaß etliche davon, die ihm wahrscheinlich Rebecca gegeben hatte. Man hat bezweifelt, daß sie wirklich sechzig Jahre alt war; jedenfalls verliebte sie sich in Haydn und führte ihn in einen interessanten und unterhaltsamen Londoner Kreis ein. Ihr erster Brief lautet wie folgt:

HANOVER-SQUARE.

MR. HAYDN's NIGHT.

MAY the 16th, 1791.

PART THE FIRST.

New Grand Overture———HAYDN.

Aria———Signora STORACE.

Concertante for Two Corni Baffetti,
Meffrs. SPRINGER and DWORSACK.

New Aria, with Oboe and Baffoon obligati,
Signor DAVID.———*Haydn.*

Concerto, Violin———Mr. GIORNOVICHI.

PART THE SECOND.

By particular Defire, the New Grand Overture, *Haydn,*
as performed at Mr. Salomon's firft Concert.

Cantata—Signor PACCHIEROTTI.——*Haydn.*

Concertante for Piano Forte and Pedal Harp,
Mr. DUSSECK, and Madame KRUMPHOLTZ.

Duetto—Sig. DAVID and Sig. PACCHIEROTTI.

Finale———HAYDN.

RONDO. Signora STORACE.

Cimarofa.

INFELICE ch'io fono!
A tè diedi il mio core
Di tè mi fido, e tù m'inganni!
Oh Dio! qual pena amara
Qual affanno è il mio
Mifera in tale ftato che mai far deggio
Porgerti la deftra farai viltà
Gl' affetti a un traditore
Pria di giurar, m'incenerifca amore.

Il mio cor, gl' affetti miei
A chi mai più donerò
Se crudel con me tù fei
Di chi fidarmi oh Dio non sò
Cari amici ... il cor vi lafcio ...
Tù rammenta ... ah fi crudele ...
Di queft' alma a tè fedele
Sentirai mà invan pietà
Son oppreffa dal deftino
Mi divora in fen l'affanno
Fiera forte amor tiranno
Perchè tanta crudeltà.

ARIA. Signor DAVID.

Haydn.

CARA deh torna in pace
Non ti fdegnar ben mio
Troppo m'affanno oh Dio
La pena del tuo cor.
Barbaro io vado a morte
Ah che l'affanno mio
Mi porta a delirar.

CANTATA. Signor PACCHIEROTTI.

RECIT.
Haydn.

AH come il core mi palpita nel feno
Per Fillide infedel morì Fileno.
Omnipotenti Numi, che leffi!
Ah mia tiranna inumana pieta
Tu per falvarlo fofti l'empia cagion della fua morte,
Crudeliffima legge ingrata forte!
Ohime! di fofco velo fi fcopre il giorno
Io gelo, il piè vacilla oh Dio!
Ombra dell' Idol mio, fra mirti degli Elifi
Il noftro amor fi eternerà frà poco
Teco farò ... Che fento? ... Ah! tu fdegnofa
Dal margine di lete mi rifpondi
Tra fofpiri funefti. Fuggi infida da me,
Tu mi uccidefti.

ARIA.

Ombra del caro bene
Ah non chiamarmi infida
Fidati a me, e fida
Verrò frà la ombre ancor.
Tiranna a me ti refe
Una pieta fedele
Mi refe a te crudele
Un infelice amor.

DUETTO.
Signor DAVID and Signor PACCHIEROTTI.

RECIT.
Bianchi.

PADRE fon teco;
Io della morte la via t' infegnerò

A. 2.   Ho non la temo.
Così ci ferba o Ciel nel punto eftremo.

DUETTO.

Gual.   Caro Padre a te vicino
Infelice io non fon più

Ermes.   Figlio amato del deftino
Ta trionfa la virtù

A. 2.   Già ritorna alfin queft' alma
A goder la dolce calma
Già ritorna à refpirar.

Printed by H. REYNELL, (No. 21,) Piccadilly, near the Hay-Market.

Flugblatt mit der Ankündigung von Haydns Benefizkonzert in den Hanover Square Rooms am 16. Mai 1791. Neben den Programmpunkten des Abends enthält es auch die Texte der zur Aufführung gelangten Vokalnummern, darunter eine verschollene Arie, „Cara deh torna", die Haydn für Giacomo David schrieb (siehe Abbildung Seite 99).

Mrs. Schroeter empfiehlt sich Mr. Haydn und setzt ihn davon in Kenntnis, daß sie soeben in die Stadt zurückgekehrt ist und glücklich wäre, ihn bei sich zu sehen, wann immer es ihm genehm ist, ihr eine Stunde zu geben. James str. Buckingham Gate. Mittwoch, 29. Juni 1791.

Sowohl Dies als auch Griesinger berichten, Haydn habe selbst auf seine alten Tage etwas für Frauen übriggehabt. Dies schreibt:

Er gestand freymüthig, daß er schöne Weiber gern gesehen hätte, doch konnte er nicht begreifen, woher es komme, daß er in seinem Leben von so manchem schönen Weibe geliebt worden sey? „Meine Schönheit, fuhr er fort, konnte sie nicht dazu verleiten."

107   Im Juli 1791 erhielt Haydn das Ehrendoktorat für Musik der Universität Oxford. Wir besitzen viele Dokumente, die uns bis ins Detail von den drei Konzerten, die im Zusammenhang damit stattfanden, und von der Zeremonie selbst berichten. Die Konzerte fanden im hübschen Sheldonian Theatre statt, einem von Sir Christopher Wrens Meisterwerken, dem Marcellus-Theater in Rom nachempfunden und 1664–69 erbaut. Griesinger berichtet:

107   Dr. Burney machte Haydn den ersten Antrag, sich zum Doktor in Oxford creiren zu lassen. Das Ceremoniel der Promotion geht in einem Dom mit vielen Feyerlichkeiten vor sich; die Doktoren treten in Prozession auf, und machen Fragen an die Kandidaten, ob sie wünschen aufgenommen zu werden? u. dgl. m. Haydn antwortete, was ihm sein Freund Salomon vorsagte. Die Wahl wird der Versammlung von einer Rednerbühne herab vorgetragen; der Sprecher verbreitete sich über Haydns Verdienste, er führte seine Werke an, und auf die Frage: ob Haydn zuzulassen wäre? entstand ein allgemeiner bejahender Zuruf. Die Doktoren bekleiden sich mit einer Halskrause und einem Mäntelchen, und in dieser Tracht zeigen sie sich drey Tage hindurch. „Ich hätte wol gewünscht, daß mich meine Wiener Bekannten in diesem Aufzuge gesehen hätten!" Die Storace und einige andere musikalische Freunde winkten ihm vom Orchester zu. Den Tag nach der Wahl dirigirte Haydn die Musik. Sobald er sich zeigte, rief alles: Bravo Haydn! I thank you! antwortete er, indem er die Zipfel seines Mäntelchens in die Höhe hielt. Das verursachte großen Jubel. Dreyßig Jahre hatte Händel in England zugebracht, ohne daß ihm die Ehre, Doctor in Oxford zu werden, wiederfahren wäre. Es begegnete Haydn einigemale, daß Engländer zu ihm traten, ihn vom Kopf bis zu den Füßen anschauten, und mit dem Ausruf: you are a great man (Sie sind ein großer Mann) verließen.

Dies weiß dasselbe zu berichten, fügt aber einige neue Details hinzu:

Dr. Burney war die Triebfeder; er beredete Haydn zu diesem Schritte, und reiste auch mit ihm nach Oxford. Bey der Ceremonie im Universitätssale, wurde die anwesende Volksversammlung in einer Rede aufgemuntert, die Verdienste eines Mannes, der in der Tonkunst so hoch gestiegen, mit dem Doctorhut zu beehren. Die ganze Versammlung wurde zu Haydn's Lobe laut. Darauf wurde Haydn mit einem weißseidenen Mantel, mit Aermeln von rother Seide, bekleidet, ihm ein schwarzseidenes Hütchen aufgesetzt, und so angezogen mußte er sich auf einen Doctorstuhl setzen . . . Haydn wurde ersucht, etwas von seiner Composition zu geben; er bestieg die Orgel im Saale, richtete sich mit dem Gesicht gegen die Versammlung, deren Augen alle auf ihn gerichtet waren; ergriff mit beyden Händen den Doctormantel auf der Brust, öffnete ihn; machte ihn wieder zu und sagte so laut und vernehmlich er konnte: „I thank you." Die Versammlung verstand diese unerwartete Mimik gut, Haydn's Dank gefiel ihr und sie antwortete: „you speak very good english."
„Ich kam mir in diesem Mantel recht possierlich vor; und was das Schlimmste war, ich mußte mich drey Tage lang auf den Gassen so maskirt sehen lassen. Jedoch habe ich dieser Doctorwürde in England Viel, ja, ich möchte sagen Alles zu verdanken; durch sie trat ich in die Bekanntschaft der ersten Männer, und hatte Zutritt in den größten Häusern."
Haydn sagte dieß mit einer ihm eigenen Natürlichkeit, so daß ich beynahe nicht begreifen kann, wie es möglich ist, daß ein Genie, wie er, so ganz unbekannt mit seiner Kraft seyn, und dem Doctorhute Alles, seiner Kunst aber Nichts zuschreiben könne? Eigenliebe blickte aus diesen Worten nicht hervor; viel weniger ein verborgener Stolz . . .

Der „*Morning Herald*" vom 11. Juli berichtet nicht nur von der Zeremonie, sondern auch von dem Konzert am Abend:

Am Freitagvormittag fand das jährliche Stiftergedenkfest in OXFORD statt, bei welchem dem berühmten Haydn die DOKTORWÜRDE in einer Weise verliehen wurde, die für ihn höchst schmeichelhaft, für die Universität ehrenvoll war, geschah es doch aus freiem Willen und dem einmütigen Wunsch jener gelehrten Körperschaft.

Zwischen den feierlichen Reden in Latein und Englisch spielte das Orchester zum Anlaß passende Stücke. Bei der Rückkehr der Prozession vom Theater und als Haydn sich verabschiedete, erhob sich Applaus, der keinem von denen nachstand, die hier jemals bei ähnlichen Anlässen gespendet worden sind.

Am Abend um fünf fand dann zum Abschluß das Konzert statt; und etliche der Ausführenden wurden beim Betreten des Saals herzlich empfangen, besonders CRAMER, den man durch wärmste Zeichen allseitigen Respekts ehrte.

Eröffnungsstück war die Ouvertüre zu ESTHER, die mit viel Feuer dargeboten wurde. KELLY folgte mit „why does the Go[d] etc." aus dem „Samson" mit schönem Ausdruck. MATTHEWS und BELLAMY sangen danach „The Lord is a Man of War" leidlich gut. Nächstes in der Reihe war eine schöne Kantate von HAYDN, der in seiner Robe erschien und sie dirigierte; – dieses entzückende Stück wird immer so schön von der MARCHES[I] gesungen; es war daher unklug von der STORACE, es bei dieser Gelegenheit zu versuchen, und in der Tat erhielt sie weniger Applaus als HAYDNS *Doktorrobe.* Der erste Akt endete mit dem Rezitativ „Search round, etc." und dem Chor „May no rash, etc." aus Händels „Salomon", gesungen von KELLY. Dieses letztere wurde wiederholt.

Eine neue Ouvertüre von PLEYEL leitete den zweiten Akt ein. Die Komposition fand viel Bewunderung, und das Orchester spielte sie mit großer Genauigkeit und Spiellaune, obwohl die Musiker die Noten nie zuvor gesehen hatten. Dann sang die STORACE „The Prince unable to conceal, etc." aus dem „Alexanderfest" mit so *ausdrucksvoller Gebärde,* daß die jungen Herren in den *schwarzen Talaren* einstimmig ein *da capo* verlangten. Das nächste war ein Violinkonzert, von CRAMER in seiner stilvollen Weise und mit solcher Brillanz vorgetragen, daß der Applaus überall im Saal sehr groß war. DAVID folgte mit „Comfort ye my People", jedoch nicht mit dem Erfolg, den er damit in der Abbey gehabt hatte. Dieser Akt endete mit dem Chor „And the Glory, etc."

Vor Beginn des dritten Akts sang KELLY eine italienische Arie, deren Musik nicht sehr eindrucksvoll war; er machte soviel daraus, wie sie verdiente.

Der letzte Akt begann mit einer Ouvertüre von HAYDN, sehr schön, aber bestens bekannt. HAYDN war dabei nicht anwesend. Die STORACE folgte mit der Arie „with lowly suite", und verdientermaßen wurde sie um Wiederholung gebeten. Dann sang DAVID „Pensa che in [campo] etc.", eine Arie von PAESIELLO, mit zu vielen Verzierungen und ungenau in der Phrasierung . . .

107

Haydn, in Geldangelegenheiten methodisch genau wie immer, verzeichnete die Kosten der Reise nach Oxford in einem seiner Notizbücher.

. . . ich muste für das ausläuten zu Oxfortt wegen der Doctorswürde 1½ guinee und für den Mantl ½ guinee bezahlen. die Reise kostet 6 guinees.

Luigia Polzelli hatte Haydn in einem Brief mitgeteilt, daß ihr Gatte Antonio Polzelli schließlich gestorben sei; er war seit Jahren kränklich gewesen. Haydns Antwort (auf italienisch) lautet:

London, am 4. August 1791

Liebe Polzelli!

Ich hoffe, dass Du den letzten Brief des Grafen Fries bekommen hast und auch die hundert Gulden, die ich Dir angewiesen habe, ich möchte mehr für Dich tun, aber im Augenblick kann ich es nicht. Was Deinen armen Mann betrifft, meine ich, dass es die Vorsehung gut mit Dir gemeint hat und Dich von einer schweren Last befreite, denn es ist besser, in einer anderen Welt zu sein, als auf dieser allen Menschen zur Last zu fallen. Der Arme hat genug gelitten. Liebe Polzelli, vielleicht, vielleicht wird einmal die Zeit kommen, in der wir öfter zusammen vier Augen werden schliessen können. Zwei sind zu, aber die anderen beiden – genug jetzt damit, das walte

Gott. Einstweilen, ich bitte Dich, gib auf Deine Gesundheit acht und schreibe mir recht bald, denn ich habe in letzter Zeit viele Tage voll Melancholie, und ich weiß nicht, warum, Deine Briefe trösten mich, obwohl ich traurig bin. Leb wohl, liebe Polzelli, die Post will nicht länger warten, ich küsse Deine Familie und bin ewig

Dein aufrichtigster
Haydn

Am 17. September schrieb Haydn wieder an Frau von Genzinger:

... nun meine liebe – gute gnädige Frau was macht Ihr forte piano? wird doch zu zeiten ein Haydnischer gedancke durch Ihre schöne hand erneuert? singt meine gute freyle Pepi bisweilen die arme Ariadna? o ja, ich höre es bis hieher, besonders seit 2 Monathe, indem ich auf den land in einer der schönsten gegenden bey einem Banckier lebe, dessen hertz samt der Familie dem v. gennzingerischen hauß gleichet, und allwo ich wie in einer Clausur lebe, ich bin dabey Gott sey ewig gedanckt bis auf die gewöhnliche Rheomatische zu stände gesund, arbeithe fleissig, und gedencke jeden früch morgen, wenn ich alleine mit meiner Englischen Grammer in den wald spaziere, an meinen schöpfer, an meine Familie, und an all meine hinterlassene freunde, worunter ich die Ihrige am Höchsten schätze, ich hofte freylich dieselbe früher zu geniessen, allein, meine umstände, – kurtz das schicksall will es So haben, daß ich noch 8 oder 10 Monathe in London verbleibe, O meine liebe gnädige Frau, wie Süss schmeckt doch eine gewisse freyheit, ich hatte einen guten Fürsten, muste aber zu zeiten von niedrigen Seelen abhangen, ich seufzte oft um Erlösung, nun habe ich Sie einiger massen, ich erkenne auch die gutthat derselben ohngeachtet mein geist mit mehrer arbeith beschwert ist. das bewust seyn, kein gebundener diener zu seyn, vergütet alle mühe, allein so lieb mir diese freyheit ist, so gerne verlange ich bey meiner zurückkunft in fürst. Esterhazischen Diensten zu seyn, bloß meiner armen Familie wegen, Ob ich aber dieses verlangen erhalten werde, zweifle ich sehr, indem mein Fürst über mein längeres aussenbleiben sich in seinem schreiben über mich beschwert, und Absolute meine baldige Rückkehr verlanget, ein welches ich aber vermög neuen Contracts so ich hier machte, nicht vollziehen kan; ich erwarte nun leyder meine entlassung; hofe aber anbey, daß mir gott die gnade geben wird, durch meinen fleiß diesen schaden in etwas zu ersetzen; indessen tröste ich mich von Euer gnaden bald etwas zu vernehmen; meine versprochene neue Sinfonie werden Euer gnaden in 2 Monathen erhalten; um aber gute Ideen zu beckomen, so bitte ich, schreiben mir Euer gnaden, aber schreiben Sie ja recht viel dem jenigen, so ewig seyn wird

Euer gnaden
ganz gehorsamster, aufrichtigster
freund und diener
Jos. Haydn mppria

Fürst Esterházys Verlangen, Haydn möge zurückkehren, fußte auf dem Wunsche, er solle eine Opera seria komponieren. Die Aufführung derselben wäre für die Installation des Fürsten zum Obergespan des Komitats Ödenburg vorgesehen gewesen. Das Ereignis fand in Schloß Eszterháza am 3. August 1791 statt und war die letzte große Festivität, die dort veranstaltet wurde. Sie ist auf einem hübschen Stich verewigt, mit einigen Zigeunermusikern im Vordergrund 55 – zweifellos als „Kompensation" für *Capellmeister* Haydns Abwesenheit. In diesem Fall versöhnte sich Fürst Anton mit Haydn, und als sie sich 1792 in Frankfurt trafen (siehe S. 135), sagte der Fürst nur: „Haydn, er hätte mir 40.000 Gulden erspart", welche horrende Summe angeblich dafür bezahlt worden war, um mit einem aus Wien geholten Ensemble Joseph Weigls „*Venere e Adonis*" auf die Bühne zu bringen.

Inzwischen, im Sommer 1791, war Haydn ins Haus des Bankiers Nathaniel Bressey nach Roxford (nahe Hertingfordbury in Hertfordshire) nördlich von London geladen. Während dieser ruhigen Sommerwochen wird Haydn die Symphonie Nr. 93 und wahrscheinlich Teile von Nr. 94 und Nr. 98, die er nun für die kommende Salomon-Saison 1793 zu vollenden hatte, komponiert haben. Bis Ende September, wenn nicht früher, war Haydn zurück in London: am 26. September 1791 schrieb er sich ins Gästebuch des Broadwood-Klavierhauses gegenüber von seiner Wohnung in der Great Pulteney Street ein.

Bis zu einem gewissen Grad war Haydn nun nicht länger Schmied seines Glücks. Seine Reputation entwickelte, losgelöst vom Menschen Haydn, ein Eigenleben. Während er einerseits, wie alle Komponisten der Zeit, keinerlei Kontrolle über Publikation und Verbreitung seiner Musik hatte, sobald diese einmal aus seinen Händen war, sah er sich, wie alle berühmten Leute, ständig den kritischen Blicken der Öffentlichkeit ausgesetzt. Man durfte natürlich nicht glauben, daß seine Musik jedermann gefiel; dazu war sie in den Jahren zuvor zu sehr Gegenstand der Kontroverse gewesen. Aber soweit sie erhältlich war, wurde sie nun in ganz Europa gespielt. Sogar seine Opern, für uns heute die Stiefkinder seines Schaffens, die er besonders liebte, begannen auf dem Kontinent zu zirkulieren: zu spät allerdings, denn sie waren im Vergleich zu Haydns jetzigem Stil „veraltet", und das um so mehr, wenn man sie Mozarts glänzenden Bühnenwerken zur Seite stellte.

Anfang November war Haydn zu einem offiziellen Lunch geladen, den der Lord Mayor (Oberbürgermeister) von London gab. Die Beschreibung desselben im ersten Londoner Notizbuch ist eine brillante Reportage, die auch zeigt, daß Haydn sich dabei wie von allem in London, das mit Lärm verbunden, leicht abgestoßen fühlte:

Den 5ten 9^{ber} [Nov. 1791] war ich Gast zu Mittag bey dem Fest von Lord Mayor. an der ersten Tafl Nro 1 speisete der neue Lord Mayor sammt seiner Frau, dan der Lord Canceler, die beide Scherifs, Duc de Lids [Leeds], Minister Pitt und die übrigen Richters von ersten Rang. No. 2 speisete ich mit M^{tr} Silvester, der gröste Advocat und erster Statts Rath in London, es waren in diesen Saal (genant die geld Hall [Guild Hall]) 16 Tafeln nebst noch andern in Nebenzimmern, es speiseten ohngefähr in allen gegen 12 hundert Persohnen, alles gröster Pracht. Die Speisen waren sehr niedlich und gut gekocht, Wein von vielen Sorten in Überfluß, man ging um 6 Uhr zu Tafl und um 8 Uhr stunde man auf, man begleitete den Lord Major so wohl vor als nach der Tafl in der Rang ordnung und viele Ceremonien mit Vortragung des Schwerdes und einer Arth von einer goldnen Kron unter Trompeten begleitet mit einer Harmonie Music. nach der Tafl reterirt sich in ein schon bestimtes Extra Zimmer die ganze hohe Gesellschaft von N^r 1 um allda Caffe und The zu trincken; wür andern Gäste aber werden in ein andres Nebenzimmer gebracht, um 9 Uhr erhebt sich N^r 1 in einen kleinen Saal, allwo der Ball anfängt, In diesem Saal ist für die hohe Nobless ein a parte erhabener Orth, allwo der Lord Major mit seiner Frau gleichsam auf einem Thron sizt, alsdan fangen sie rangmessig an zu tanzen, aber nur 1 Baar, so wie bey Hof am 6^{tn} Jenner [richtig: am 4. Juni] als am Geburtstag des Königs, in diesem kleinen Saal sind beederseits erhabene Bäncke von 4 Stuffen, allwo meistens das schöne Geschlecht die Oberhand hat. Man tanzt in diesem Saal nichts anders als Menuets. Ich konte aber hier nicht länger als ein Viertlstund verbleiben, erstens weil die Hitze wegen so vielen Menschen in einem so engen Raum zu groß ware und 2^{tns} wegen der schlechten Tanz Music, indem nur zwey Violin- und ein Violoncello spieler das ganze Orchest ausmachten, die Menuets waren mehr Pohlisch als nach unser und der Italienischen Arth, ich gieng von da in einen andern Saal, welcher mehr einer unterürdischen Höle gleichte, da wurde Englisch getanzt, die Music war da etwas besser, weil eine Troml mitspielte, welche das üble von den Geigern deckte. ich gienge weiter in den grossen Saal, allwo wir speiseten, da war die Music zahlreicher und etwas leydendlicher. Man tanzet Englisch, aber nur an den erhabenen Orth, allwo der Lord Major samt den 4 Ersten N^r speiseten. die übrigen Tafeln waren aber alle neuerdings besezt mit Mansbildern, welche wie gewöhnlich die ganze Nacht hindurch wacker suffen. Das Wunderbahrste aber ist, daß der eine Theil fort tanzt, ohne einen Ton von der Music zu hören, weil bald an jenen, bald an einem anderen Tisch theils Lieder gebrült, theils Gesundheiten unter den tollen Aufschreyen und Schwenckung des Glases Hurrey, H: H: gesoffen werden. Der Saal und alle die übrigen Zimmer sind mit Lampen beleuchtet, welches einen unangenehmen Geruch von sich giebt, besonders in dem kleinen Tanz-Saal. Remarcabl ist, daß der Lord Major an der Tafl kein Messer von Nöthen hat, indem ein Vorschneider, so mitten in der Tafl vor sein steht mit einen Extra einschnitt ihm alles vorschneidet.

Am 23. November heiratete der zweite Sohn von König George III., Frederick, Herzog von York, die Prinzessin Friederike Charlotte Ulricke, die älteste

100 Tochter des Preußenkönigs Friedrich Wilhelm II. Das königliche Paar war bereits in Berlin getraut worden, doch das britische Gesetz verlangte eine nochmalige Heirat auf englischem Boden. Die Zeremonie fand um fünf Uhr abends im Buckingham House (jetzt Palace) statt. Mirabeau hat den Herzog von York als „puissant chasseur, puissant buveur, et puissant homme en cordialité pour les femmes mariées, et libre Comme un Seigneur Anglais" beschrieben. Haydn verehrte die Herzogin vom ersten Augenblick an, und sie sollte seine getreue Wohltäterin und Gönnerin werden. Jedermann tat alles, damit das junge Mädchen sich wie zu Hause fühle. Der gutaussehende Prince of Wales kam, um das Paar zu begrüßen, als es im York House eintraf. Das „European Magazine" vom November 1791 (S. 323 ff.) berichtet:

Bei ihrer Ankunft im York House wurden sie von Seiner Königlichen Hoheit dem Prince of Wales empfangen, der zwanzig Minuten vorher dort eingetroffen war. Der Prinz empfing die Herzogin in der Great Hall mit der ihm eigenen Eleganz. Indem Seine Hoheit ihre Hand nahm, begrüßte er die königliche Schwester und beglückwünschte sie in deutscher Sprache, die der Prinz vorzüglich beherrscht, zu ihrer Ankunft.

113 Schon am nächsten Tag reiste Haydn mit dem neuen königlichen Paar eiligst nach Oatlands, nahe Weybridge in Surrey:

Den 24^{tn} 9^{bris} [Nov. 1791] war ich von Prinzen von Wallis nach eatland [Oatlands] zu seinem bruder Duc du York geladen. ich bliebe 2 täge allda, und genosse viele gnaden und Ehrenbezeugungen, so wohl von Prince Wallis als auch von der Herzogin, Tochter von König von Preussen: das kleine schloß 18 Meil von London ligt auf einer anhöhe, hat den herlichesten Prospect; nebst vielen schönheiten ist besonders merckwürdig die grotta, so 25 tausend Pfund Sterling gekost hat, man hat 11 Jahr daran gebaut, Sie ist sehr groß, und hat viele abwechslungen, nebst lebendigen wasser von verschiedenen seiten, einen schönen Englischen garten, verschiedene ein, und zugänge nebst ein sehr niedlichs baad; der Herzog kaufte dieses landgut um 47 tausend Pfund sterling.
der Herzog liesse mich in 3^{tn} tag mit seinem Pferdt und wagen 12 Meill wegs gegen london führen.
der Prince Wallis verlangte mein Portrait. wür machten durch 2 tag des abends 4 stund Music, das ist von 10 uhr bis 2 uhr nach Mitternacht, alsdan Soupirte man und um 3 uhr gienge man zu beth.

104 Das erwähnte Porträt sollte von John Hoppner angefertigt werden und gehört heute zu den treffendsten Bildnissen Haydns. Es befindet sich in der königlichen Sammlung. Haydn bezog sich darauf noch einmal, als er an Frau von Genzinger einen mit 20. November datierten langen Bericht nach Wien schrieb:

... bey dieser gelegenheit mus ich Euer gnaden melden, daß ich vor 3 wochen durch Printzen v. Wallis zu seinem bruder dem Herzog v. yorck auf sein lustschloß geladen wurde, der Printz führte mich bey der Herzogin, die Tochter des Königs von Preussen auf, welche mich sehr gnädig mit vielen schmeichelhaften worten Empfing, Sie ist die liebenswürdigste Dame von der Weld, besizt sehr viel Verstand, spielt das Clavier und singt sehr artig, ich muste 2 Tag da bleiben weil Sie den ersten Tag wegen einer kleinen unbässlichkeit zur Music nicht komen konte Sie bliebe aber an 2^{tn} Tag von 10 uhr abends, allwo die Music anfienge bis 2 uhr nach Mitternacht beständig neben mir, es wurde nichts als Haydnische Music gespielt ich Dirigirte die Sinfonien am Clavier. die liebe kleine saß neben meiner an der lincken Hand, und humste alle stücke auswändig mit, weil Sie solche so oft in Berlin hörte, der Printz v. Wallis saß an meiner rechten Seite, und spielte das Violoncello so zimlich gut mit. ich muste auch Singen; der Printz v. Wallis läst mich nun abmahlen, und das Portrait wird in seinem Cabinet aufgemacht. Printz v. Wallis ist das schönste Mannsbild auf gottes Erd boden, liebt die Music ausserordentlich, hat sehr viel gefühl, ABER WENIG GELD: NB UNTER UNS. mich vergnügt aber mehr seine güte als das Interesse. Der Herzog v. yorck liesse mich am dritten Tag, da ich keine Post Pferde haben konte, durch seinen Zug 2 Posten weit führen. nun gnädige Frau möchte ich mich gerne ein wenig zancken mit Sie, da Sie glauben, daß ich die stadt London wienn vorziehe, und mir der hiesige aufenthalt angenehmer seyn solte, als jener in meinem Vatterland. ich hasse London nicht, aber alle meine Täge da zuzubringen wäre ich nicht im stande, wenn ich Millionen zu verdienen wuste, die ursachen dauon werde ich Euer gnaden mündlich sagen. ich freue mich kindisch nach Hauß um meine gute Freunde zu umarmen. nur bedaure ich dieses an den grossen Mozart zu Entbehren, wan es anderst deme [?] also, welches ich nicht wünsche, daß Er gestorben seyn solte. die nachweld beckomt nicht in 100 Jahren wider ein solch Talent.

Ich bin herzlich erfreuet, daß Sich Euer gnaden samt denen angehörigen in gutem wohlstand befinden, ich war gott lob bishero immer gesund, hab aber vor 8 Tagen einen Englischen Rheomatisme überkomen, der so starck, daß ich bisweilen hell laut schreyen muß. doch hofe ich denselben bald zu verliehren, weil ich mich, wie hier der gebrauch ist ganz von unten bis oben mit Franell eingewicklet habe. Heute bitte ich Sie in der that um vergebung, daß meine handschrift so schlecht ist . . .

Mozart war am 5. Dezember in Wien gestorben. Als das in allen Einzelheiten in London bekannt wurde, war Haydn wie betäubt. Nie kam er über den Verlust hinweg, und in späteren Jahren traten ihm jedesmal, wenn er einen der Söhne des Komponisten sah, die Tränen in die Augen. Haydn wußte, daß Mozarts Logenbruder Johann Michael Puchberg, ein Bankier, eine besondere Beziehung zu dem jungen Komponisten gehabt hatte. Sehr bald nach Jahresbeginn – der Brief ist nur in Teilen erhalten – schrieb Haydn an Puchberg nach Wien:

London, Jan. 1792.

. . . ich war über seinen [Mozarts] Todt eine geraume Zeit ganz ausser mir und konnte es nicht glauben, daß die Vorsicht so schnell einen unersetzlichen Mann in die andere Welt fordern sollte, nur allein bedaure ich, daß Er nicht zuvor die noch dunklen-Engländer darinn hat überzeugen können, wovon ich denselben täglich predigte ————————————————————

Sie werden, bester Freund, die Güte haben, mir das Verzeichniß der noch nicht hier bekannten Stücke mit zu schicken, ich werde mir alle erdenkliche Mühe geben, solche der Wittwe zum Besten zu befördern; ich hatte der Armen vor 3 Wochen selbst geschrieben, mit dem Inhalt, daß wenn ihr Herzens-Sohn die gehörigen Jahre haben wird, ich denselben unentgeltlich die Composition mit allen meinen Kräften lehren will, um die Stelle des Vaters einigermassen zu ersetzen . . .

Haydn muß sich schmerzlich daran erinnert haben, daß er und Mozart und Puchberg („nur Sie und Haydn lade ich dazu ein") sich zuerst die Proben mit Klavier und dann die Orchesterproben zu *„Così fan tutte"* im Januar 1790 angehört hatten. Haydn hat wahrscheinlich nichts vom Ausmaß der Schulden Mozarts bei Puchberg gewußt (1.000 Gulden, was Haydns Jahresgehalt 1790 entsprach). Am 14. Januar 1792 schrieb Haydn einen langen Brief an seine Ex-Geliebte Polzelli, die nun eine Stelle am Opernhaus von Piacenza gefunden hatte.

London, den 14. Jänner 1792.

Meine allerliebste Polzelli! In diesem Augenblick, wo ich Deinen Brief bekommen habe, antworte ich Dir umgehend; ich bin froh zu wissen, daß es Dir gut geht und daß Du ein kleines Theater gefunden hast, es ist nicht wegen der Gage so wichtig, sondern wegen der Praxis; ich wünsche Dir alles Beste, und zwar einen guten Lehrer und eine gute Rolle, und der Lehrer soll sich dieselbe Mühe mit Dir machen wie Dein Haydn. Du schreibst mir von Deinem lieben Peter, daß Du ihn zu mir schicken willst. Schicke ihn nur, ich werde ihn von ganzem Herzen willkommen heißen. Er wird mir immer lieb sein und wie mein eigener Sohn gehalten. Ich werde ihn mit mir nach Wien nehmen. Ich werde mich vielleicht bis Mitte Juni in London aufhalten, aber nicht länger, denn sowohl mein Fürst wie auch viele andere Umstände verlangen es dringlich, daß ich wieder nach Hause gehe; wenn es möglich ist, werde ich versuchen, nach Italien zu kommen, um Dich zu sehen, meine liebe Polzelli, aber einstweilen schicke mir Deinen Peter nach London, er wird immer entweder bei mir oder bei Deiner Schwester sein, die jetzt alleine ist und schon seit einiger Zeit von ihrem Mann getrennt, dieser Bestie. Sie ist so unglücklich, wie Du es warst, und sie erweckt mein Mitleid. Ich gehe selten zu ihr, denn ich habe zu viel zu arbeiten. Vor allem jetzt, wo man meinen Schüler Pleyel hat kommen lassen, um mir Konkurrenz zu machen, aber ich habe keine Angst, denn ich habe letztes Jahr einen so großen Eindruck auf die Engländer gemacht, daß ich hoffe, ihn auch heuer wieder zu machen. Meine Oper wurde nicht aufgeführt, weil Herr Gallini vom König dafür keine Erlaubnis bekam und sie auch nie bekommen wird; und um Dir die Wahrheit zu sagen, ist die italienische Oper hier im Augenblick ganz und gar nicht gefragt, und zu allem Überfluß brannte heute zwei Stunden nach Mitternacht das Pantheon-Theater ab; Deine Schwester war noch dort beschäftigt in ihrer letzten Rolle, ich bemitleide alle. Meiner Gesundheit geht es ganz gut: aber ich habe fast immer die englischen Launen, das sind melancholische, und ich werde wahrscheinlich nie mehr die gute Laune haben, die ich hatte, als ich mit Dir war. O liebe Polzelli: Du bist immer in meinem Herzen und niemals, niemals werde ich Dich vergessen und ich werde mein Möglichstes tun, Dich zu sehen, wenn nicht dieses Jahr, dann sicherlich im nächsten mit Deinem Sohn. Ich hoffe, Du wirst mich nicht vergessen, und ich bitte Dich, schreibe mir, solltest Du Dich wieder verheiraten, denn ich möchte den Namen desjenigen kennen, der so glücklich ist, Dich zu besitzen. Ich müßte eigentlich ein wenig mit Dir zürnen, denn es wurde mir von vielen Menschen aus Wien geschrieben, daß Du sehr schlecht über mich gesprochen hast, aber Gott segne Dich, ich verzeihe Dir alles, weil ich weiß, die Liebe hat gesprochen. Paß auf Deinen guten Ruf auf, ich bitte Dich, und denke manchmal an Deinen Haydn, der Dich schätzt, der Dich zärtlich liebt und Dir ewig treu bleiben wird. Schreibe mir auch, ob Du jemanden gesehen hast, oder mit jemandem geredet, der in Diensten des Fürsten Esterházy stand –

Lebwohl meine Liebe. Soviel für heute abend: denn es ist spät. Heute war ich bei Deiner lieben Schwester, um sie zu fragen, ob sie Deinen Peter in ihrem Haus aufnehmen kann – er wird mit großer Freude empfangen werden, und er wird auch bei Deiner Schwester schlafen und mit ihr essen; denn ich esse immer außer Haus und bin alle Tage eingeladen, aber der Peter wird jeden Tag zu mir kommen und Unterricht nehmen, ich wohne nicht weit von Deiner Schwester entfernt, ich werde ihr auch etwas zahlen, denn sie tut mir leid, sie ist zwar nicht arm: aber sie muß sparen. Ich werde Deinen Sohn gut kleiden und ich werde alles für ihn tun, ich will nicht, daß Du Ausgaben hast, er wird alles haben, was er braucht. Mitte Juni werde ich sicherlich nach Wien reisen, aber ich werde den Weg über Holland, Leipzig, Berlin nehmen, um den König von Preußen zu sehen; mein Peterchen wird immer mit mir sein. Aber ich hoffe, daß er bisher seiner Mutter ein folgsamer Sohn gewesen ist, denn sonst will ich ihn nicht haben, und Du wirst mir die Wahrheit schreiben, ich möchte keinen Undankbaren haben, denn ich wäre sonst imstande, ihn im Augenblick zu verlassen. Deine Schwester umarmt Dich, und ich küsse Dich tausend und tausend mal. Schreibe mir doch öfter, liebe Polzelli, vergiß nicht, ich bin immer Dein treuer

Haydn

Haydn und Salomon waren in der Saison 1791 so erfolgreich gewesen, daß zu erwarten war, daß andere Konzertunternehmungen eifersüchtig werden würden. Nachdem die Veranstalter der „Professional Concert"-Konzertreihe ohne Erfolg versucht hatten, Haydn von Salomon wegzuködern, überredeten sie jetzt Haydns Starschüler Ignaz Pleyel, als Hauptkomponist ihres Unternehmens in der Saison 1792 nach London zu kommen. Für uns ist es heute unbegreiflich, wie beliebt Pleyels Musik – die heute so gut wie vergessen ist – 1792 war. In der Tat war Pleyel in vielen Teilen Europas populärer als sein Meister, und die Verleger stritten sich um die neuesten Werke Pleyels – ausgeklügelte, aber oberflächliche Nachahmungen der Haydn-Manier, kurz, verwässerte Versionen des Originals, jedoch Gehirn, Ohren und Fingern so mancher jungen Dame in London, Paris, Berlin und Wien gefälliger. Mozart hielt hohe Stücke auf Pleyel und wähnte, der Schüler werde eines Tages den Lehrer ausstechen. Also müssen wir zur Kenntnis nehmen, daß Pleyel für Salomons Konzertreihe einen formidablen, möglicherweise gefährlichen Rivalen darstellte. Haydn spielt in einem Brief an Frau von Genzinger, datiert mit 2. März 1792, auf diese bedrängte Lage an:

115

. . . allein, kein Tag, ja gar keinen Tag bin ich ohne arbeith, und ich werde meinem lieben gott dancken, wenn ich wie eher desto lieber werde london verlassen könen. meine arbeithen erschweren sich durch die ankunft meines schüllers Pleyl, welchen die H. Professionalisten zu

Ihrem Concert anhero komen liessen, Er kam mit einer menge neuer Composition [sic], welche Er schon lang vorhero verfertigte anhero an, Er versprache demnach alle abende ein neues Stück zu geben, da ich dan diss sahe, und leicht einsehen konte, daß der ganze haufen wider mich ist, liesse ich es auch Publiciren, daß ich ebenfals 12 neue verschiedene stücke geben werde, um also worth zu halten, und um den armen Salomon zu unterstüzen mus ich das Sacrifice seyn und stets arbeithen, ich fühle es aber auch in der that, meine Augen leyden am meisten, und hab viele schlaflose nächte: mit der hilfe gottes werd ich alles überwinden, die H. Professionisten suchten mir eine brille [?] auf die Nase zu setzen, weil ich nicht zu Ihren Concert übergine, allein, das Publicum ist gerecht; ich erhielte voriges Jahr grossen beyfall, gegenwärtig aber noch mehr, man critisirt sehr Pleyels Kühnheit; unterdessen liebe ich Ihn denoch, ich bin jederzeit in sein Concert, und bin der erste so Ihn Applaudirt; mich freyet es herzlich daß sich Euer gnaden samt allen angehörigen wohl befinden. ich bitte meinen gehorsamst. Respect an alle. die zeit nahet herbey meinen Couffer zu Repariren, o wie froh werd ich seyn Euer gnaden wider zu sehen, und Persöhnlich zu zeigen, mit welcher hochachtung ich in abwesenheit ware, und künftighin seyn werde

gnädige Frau

Ihr ganz gehorsamster diener
Jos: Haydn

Beim sechsten Konzert, am 23. März 1792, hatte Haydns Symphonie Nr. 94 in G-Dur, die bald als „Symphonie mit dem Paukenschlag" bekanntwerden sollte, 208 ihre Erstaufführung. Das „Oracle" vom 24. März schrieb:

Der zweite Satz gehört zu den fröhlichsten aus des Meisters Vorwürfen. Der Überraschungseffekt des Paukenschlags könnte verglichen werden mit der Lage einer schönen Schäferin, die, vom Gemurmel eines entfernten Wasserfalles eingeschläfert, plötzlich beim Knall einer Vogelflinte erschreckt hochfährt. Die obligate Flöte war köstlich.

Griesinger verbreitet sich in seiner Biographie über diesen langsamen Satz:

Ich fragte ihn einst im Scherz, ob es wahr wäre, daß er das Andante mit dem Paukenschlag komponirt habe, um die in seinem Konzert eingeschlafenen Engländer zu wecken? „Nein, erhielt ich zur Antwort, sondern es war mir daran gelegen, das Publikum durch etwas Neues zu überraschen, und auf eine brillante Art zu debütiren, um mir nicht den Rang von Pleyel, meinem Schüler, ablaufen zu lassen, der zur nämlichen Zeit bey einem Orchester in London angestellt war (im Jahre 1792) und dessen Konzerte acht Tage vor den meinigen eröffnet wurden. Das erste Allegro meiner Symphonie wurde schon mit unzähligen Bravos aufgenommen, aber der Enthusiasmus erreichte bey dem Andante mit dem Paukenschlag den höchsten Grad. *Ancora, Ancora!* schallte es aus allen Kehlen, und Pleyel selbst macht mir über meinen Einfall sein Kompliment."

Haydn traf in seiner freien Zeit Rebecca Schroeter ziemlich oft. Am 6. März verbrachten sie zusammen den Abend. Ihr Brief vom nächsten Tag zeigt, daß ihre Beziehung die gewisse Grenze überschritten hatte und zu einer richtigen Liebesaffäre geworden war. Ihre Briefe lassen sie uns als liebenswerte, anziehende Person erscheinen.

7. März 92.
Mein L.: Es tat mir so leid, mich gestern abend so plötzlich von Ihnen trennen zu müssen, unser Gespräch war besonders interessant, ich hatte Ihnen tausend liebe Dinge zu sagen, mein Herz war und ist voll ZÄRTLICHKEIT für Sie, aber keine Sprache kann ZUR HÄLFTE die LIEBE und ZUNEIGUNG ausdrücken, die ich für Sie empfinde, Sie sind mir mit JEDEM TAG meines Lebens TEURER. Es tut mir leid, daß ich mich gestern so dumm und albern benommen habe, doch, mein LIEBSTER, es war nichts, bloß eine Erkältung, die meine Dummheit verursachte. Ich danke Ihnen tausendmal für Ihre Teilnahme, Ihre Güte ist mir wirklich bewußt, und ich versichere Ihnen, mein L., wäre irgend etwas geschehen, das mich betrüben müßte, ich hätte Ihnen mein Herz geöffnet und es Ihnen in vollstem Vertrauen mitgeteilt. Oh, wie ernsthaft wünsche ich Sie zu sehen, ich hoffe, Sie kommen morgen zu mir. Ich werde glücklich sein, Sie

morgens und abends zu sehen. Gott segne Sie, mein Liebster, meine Gedanken und besten Wünsche begleiten Sie, und ich bin immer mit den aufrichtigsten, stets gleichen Grüßen, mein L.:
Mein Liebster, ich kann nicht glücklich sein,
ehe ich Sie nicht bei mir habe,
sobald Sie es wissen, bitte, sagen Sie mir, wann Sie kommen

Mrs. Schroeter liebte es, Mitteilungen, kurz bevor sie sich abends zurückzog, zu Papier zu bringen, so daß ihr Diener sie am folgenden Morgen überbringen konnte. Am 1. Juni schrieb sie:

Mein L., ich bitte um Nachricht, WIE ES IHNEN GEHT. Hoffe zu hören, daß Ihr Kopfschmerz GANZ WEG und daß Sie GUT GESCHLAFEN haben. Ich werde glücklich sein, Sie am Sonntag zu sehen, wann immer es Ihnen nach ein Uhr angenehm ist – ich hoffe, Sie, mein L. G. am Dienstag wie gewöhnlich beim Dinner zu sehen [durchgestrichen: „und die ganze (?Nacht?) bei mir"] – und ich wäre Ihnen sehr verbunden, wenn Sie mich wissen ließen, welcher Tag Ihnen angenehm wäre, Mr. M^{tris} und Miss STONE in meinem Haus beim Dinner zu treffen, ich wäre froh, wenn es Donnerstag oder Freitag ist, welcher Tag immer, setzen Sie ihn fest, und ich werde es Mr. Stone wissen lassen. Ich sehne mich danach, Sie, mein LH, zu sehen, lassen Sie mich dieses Vergnügen haben, sobald Sie können, bis dahin und auf immer bleibe ich in FESTESTER Anhänglichkeit Mein L G:

in Liebe und Treue
die Ihre [etc.]

Freitag, 1. Juni 792

Sie entschwindet jedoch bald als Briefschreiberin aus Haydns Leben: aus dem Zeitabschnitt 1794–95 sind uns keine Briefe bekannt. Wenn welche existieren, würden sie in Haydns viertem Londoner Notizbuch kopiert worden sein. Sollte dieses Notizbuch unvollständig auf uns gekommen sein? Oder machte die Tatsache, daß Haydn 1794–95 in der Bury Street in St. James wohnte, also ganz in der Nähe von Mistress Schroeter, jede Korrespondenz unnötig? Noch zweimal taucht sie in Haydns „offizieller" Biographie auf: Ihr sind drei von Haydns größten Klaviertrios, die von Op. 73 aus dem Jahre 1795, gewidmet; und sie befindet sich unter den Subskribenten der „Schöpfung". Außerdem leistete sie Haydn Hilfe beim Abschluß eines wichtigen Vertrages (1796), bei welchem sie als Zeugin auftrat.
Früher in jenem Jahr, am 10. April, hatte Haydn an den Fürsten Anton Esterházy nach Österreich geschrieben und der Familie noch einmal seine Dienste angeboten.

Durchlauchtigster Reichs Fürst!
Gnädigster Herr Herr!
Da ich in kurzer Zeit England verlassen muß, So erdreiste ich mich, allenfals ich im stande seyn solte, all meinen dienst Eyfer Euer Hochfürstl. DURCHLAUCHT in allen Angelegenheiten ganz zu Hoch Dero Befehl anzubiethen. unsere Concerten werden sich zu Ende Juny Endigen, nach welchem ich ohne verzug meine nach hauß Reise beschleunigen werde, um Meinem Gnädigsten Fürsten und Herrn wider dienen zu können.
unterdessen bin ich in tiefester Submission

Euer Hochfürstlichen DURCHLAUCHT
unterthänigster Joseph Haydn mppria
Capell Meister.

Haydn reiste über Bonn nach Wien zurück (im Juli 1792). In Bonn lernte er einen begabten jungen Mann kennen, der Violaspieler im kurfürstlichen Orchester war und 1790 zwei eindrucksvolle Kantaten komponiert hatte („auf den Tod Kaiser Josephs II."; „auf die Erhebung Leopolds II. zur Kaiserwürde"). Eine davon legte er Haydn vor. Der alte Komponist war beeindruckt, und man vereinbarte, daß Beethoven, damals 22 Jahre alt, Haydn im folgenden Jahr nach England begleiten solle. Im November 1792 kam Beethoven nach Wien, um bei Haydn Kontrapunkt und Harmonielehre zu studieren. Zu dem Englandbesuch 1793 ist es, wie wir wissen, nie gekommen.

Von Bonn reiste Haydn nach Frankfurt, um dort seinen Fürsten zu treffen. Am 14. Juli wurde Leopold II. zum Kaiser des Heiligen Römischen Reiches gekrönt. Einige Tage darauf fuhr Haydn nach Biebrich am Rhein, um dort mit Bernhard Schott über Fragen, die Publikation Haydnscher Werke betreffend, zu reden. Schott sollte jedoch nie zu Haydns persönlichem Verleger werden. Am 24. Juli traf Haydn wieder in Wien ein und bezog seine alte Wohnung auf der Wasserkunstbastei Nr. 992 bei Herrn Hamberger (das historische Gebäude, das heute nicht mehr besteht, sollte einige Jahre später Beethoven als Residenz dienen). Keine Wiener Zeitung nahm von Haydns Ankunft Notiz. Wenn sich auch die Zeitungen über die Anwesenheit Haydns in der kaiserlichen und königlichen Hauptstadt ausschwiegen, so war man doch allgemein über die Triumphe des führenden Komponisten Österreichs in England im Bilde. Das vielleicht rührendste Zeichen der Ehrerbietung war 1793 die Errichtung eines pyramidenförmigen Monuments durch den Grafen Harrach, dem Gutsherrn von Rohrau, wo Haydn 61 Jahre vorher geboren worden war. Von Dies gefragt, wie es zur Errichtung des Monuments gekommen sei, schrieb Graf Harrach den folgenden Brief, den Dies zitiert:

19

Die Veranlassung, (schreibt der Herr Graf), warum ich dem Haydn in meinem Garten einen Denkstein setzen ließ, war keine andere, als daß ich bey meiner erlangten Großjährigkeit, die nächst meinem Schlosse liegenden Zier-Küchen-Obst- und Fasangärten, die beyläufig 40 Joch Gründe enthalten, ich darf nicht sagen, zu einem englischen Park, aber doch zu einer ordentlichen Promenade, bey welcher die ökonomischen Gegenstände nicht ausgeschlossen werden mußten, umschaffen wollte.

Ich hielt es für angemessen und zweckmäßig, wohl auch für meinen Park beehrend, den so rühmlich bekannten J. Haydn, in dem burgfriedlichen Umkreis seines Geburtsorts einen Denkstein zu errichten. Haydn selbst war damahls in England, war mir nur wenig bekannt, und wußte von meinem Unternehmen nichts; auch hat er erst zwey bis drey Jahre später zufällig erfahren, daß dieses Monument zu Rohrau bestehe, und dasselbe ohne mein Vorwissen in Augenschein genommen.

Haydn bot 1804 an, in seinem Testament Vorsorge zu treffen, daß nach seinem Tode für die Erhaltung des Monuments gesorgt werde, und Graf Harrach, der sich nicht ausstechen lassen wollte, bot an, einen Treuhandfonds von 500 oder 600 Gulden zu zeichnen, um sicherzustellen, daß das Monument erhalten bleibe.

Am 13. November schrieb Haydn an Frau von Genzinger, und es sollte sein letzter Brief an sie sein; sie starb etwas mehr als zwei Monate später, noch nicht 43 Jahre alt, am 20. Januar 1793.

Gnädige Frau!
Nebst anwünschung eines guten Morgen Bitte ich Euer gnaden dem überbringer dieses die leztgrössere Aria in F minor von meiner opera zu übergeben, welche ich für meine Fürstin abschreiben lassen muß. ich werde solche längstens in 2 tagen selbst wieder überbringen. Heute nehme ich mir die Freyheit mich auf Mittag einzuladen, wo ich gelegenheit haben werde Euer gnaden dafür die hände zu küssen. unterdessen bin ich wie allzeit
E: G: [Euer Gnaden]

ganz dienstfertigster diener
Joseph Haydn mppria

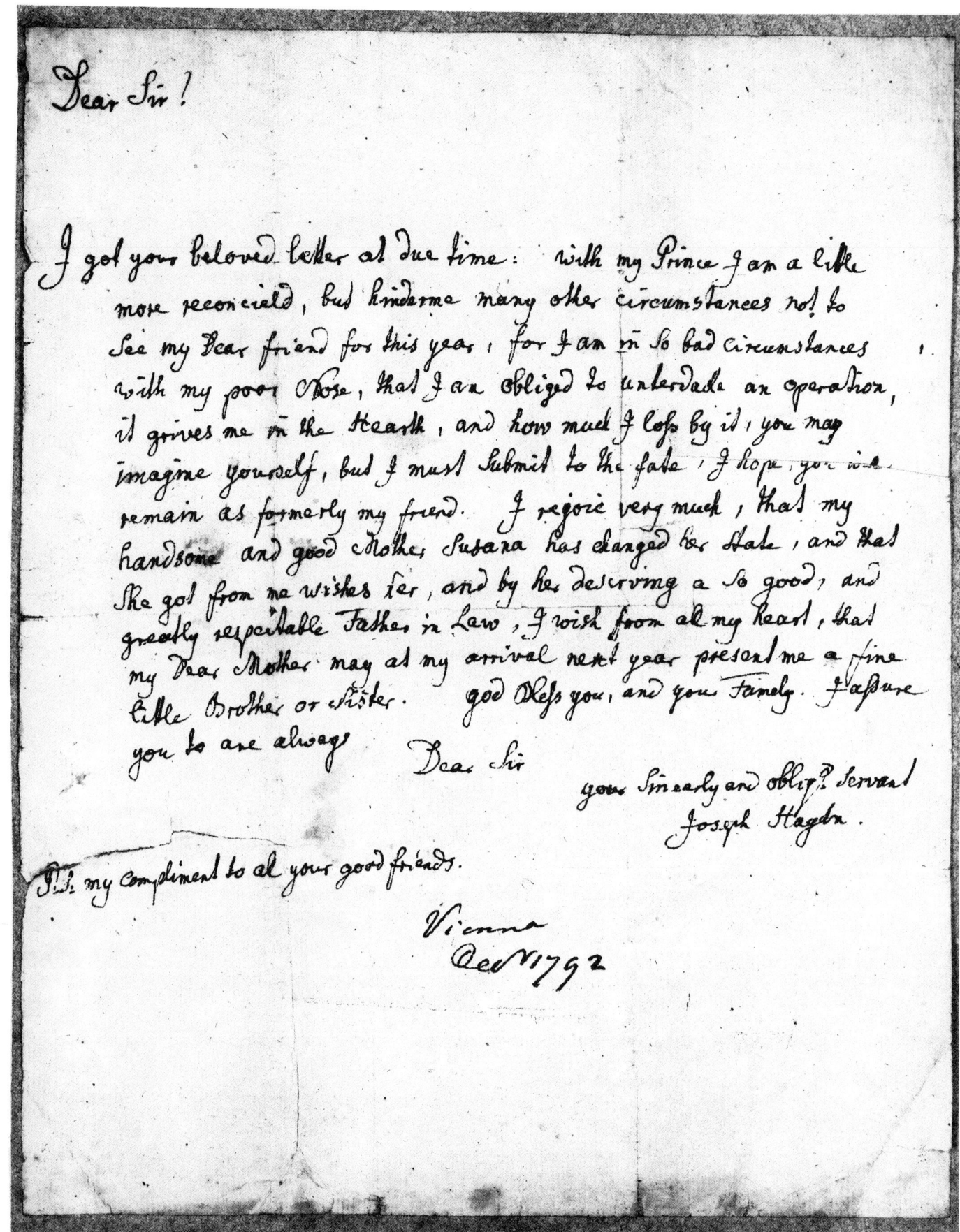

Dear Sir!

I got your beloved letter at due time: with my Prince I am a little more reconcield, but hinderme many other circumstances not to See my Dear friend for this year, for I am in So bad circumstances with my poor Nose, that I am obliged to undertacke an operation, it grives me in the Heart, and how much I loss by it, you may imagine yourself, but I must Submit to the fate, I hope, you will remain as formerly my friend. I rejoice very much, that my handsome and good Mother Susana has changed her State, and that She got from me wishes her, and by her deserving a So good, and greatly respectable Father in Law, I wish from all my heart, that my Dear Mother may at my arrival next year present me a fine little Brother or Sister. god bless you, and your Family. I assure you to are always

Dear Sir

your Sincearly and oblig? Servant
Joseph Hayden.

P.S. my compliment to all your good friends.

Vienna
Oct 1792

Ein erst kürzlich aufgefundener Brief in englischer Sprache, den Haydn nach seiner Rückkehr von seinem ersten Englandaufenthalt von Wien abschickte (das Datum ist von unbekannter, jedoch zeitgenössischer Hand hinzugefügt worden). Aus den dürftigen Hinweisen der Botschaft kann nicht erschlossen werden, um welchen Freund und dessen Familie es sich handelt, auf die Briefschreiber Haydn sich im Text bezieht.

Haydn hatte Frau von Genzinger mehr geliebt, als er es in seinen Briefen auszusprechen wagen durfte. Sie hatte einen Platz in seinem Herzen, den weder die Polzelli noch Rebecca Schroeter an ihrer Stelle einnehmen konnten.

Die französischen Revolutionskriege ließen es bald als problematisch erscheinen, daß Haydn quer durch Europa reise, um rechtzeitig zu Beginn der neuen Saison 1793 in London zu sein. Und als am 21. Januar 1793 Ludwig XIV. in Paris durch die Guillotine hingerichtet wurde, schien die Geschichte in eine neue Phase eingetreten. Im nächsten Monat besichtigte König George III., ihm zur Seite der Prince of Wales und der Herzog von York, das britische Expeditionsheer, das nach dem Kontinent entsandt werden sollte.

Fürst Anton Esterházy war sehr dagegen, daß Haydn eine neuerliche Reise nach England unternehme (Haydn habe sich „genug Ruhm" erworben), und Haydn ergab sich vorläufig darein. Er stürzte sich in allerlei Aktivitäten. Im November 1792 schrieb er zwölf deutsche Tänze und zwölf Menuette (Hob. IX:11 und 12), die mit einem Riesenorchester (die Originalstimmen sind erhalten) mit doppelt besetzten Holzblasinstrumenten (4 Flöten, 4 Oboen usw.) und 16 (bei den Menuetten 10) Ersten Geigen aufgeführt wurden. Es waren die größten Sammlungen von Tänzen, die er bisher geschrieben hatte, und diese Tänze werden an Kraft, Schönheit und Differenziertheit nur noch von den 24 Menuetten für Orchester (1795–98?; Hob. IX:16) erreicht. Haydn verbrachte die Sommermonate des Jahres 1793 in Eisenstadt, nahm dorthin seinen Schüler Beethoven mit, und im Herbst schrieb er an Maximilian Franz, den Kurfürsten von Köln und Gönner Beethovens, der junge Mann werde mit der Zeit die Stellung des größten Komponisten Europas einnehmen und er, Haydn, stolz sein, von sich als seinem Lehrer sprechen zu dürfen. In jenem Sommer 1793 erwarb Haydn ein hübsches kleines Haus in der Wiener Vorstadt Gumpendorf, wohin er sich zur Ruhe zu setzen beabsichtigte. Heute ist dort das Wiener Haydn-Museum untergebracht.

170

Im Juni mußte Haydn von Eisenstadt aus an die lästige Polzelli wegen Geldangelegenheiten (wie gewöhnlich) und anderer widriger Manipulationen seiner Ex-Geliebten einen Brief schreiben:

Liebe Polzelli!
Ich hoffe, Du hast die zweihundert Gulden bekommen, die Dir Herr Buchberg [Puchberg] geschickt hat, und vielleicht auch die anderen hundert, alles in allem 300 Gulden; ich möchte, ich könnte Dir mehr schicken, aber nachdem meine Einkünfte nicht größer sind, mußt Du Geduld haben mit einem Mann, der bisher mehr getan hat, als er tun konnte, bedenke, daß ich Dir in nicht einmal einem vollen Jahr mehr als sechshundert Gulden geschickt oder gegeben habe; bedenke wieviel mich Dein Sohn kostet und wieviel er mich in Zukunft noch kosten wird, um ihn so lange zu unterstützen, bis er selbst sein Brot verdienen kann; bedenke, daß ich mich nicht mehr so anstrengen kann wie in den letzten Jahren, denn ich beginne alt zu werden, und langsam, langsam läßt mein Gedächtnis nach. Und bedenke auch, daß ich aus diesen und noch aus vielen anderen Gründen nicht mehr verdienen kann und daß ich keine anderen Ersparnisse habe als die Rente meines (gute Seele!) Fürsten Nikolaus Esterházy, und die reicht gerade aus, um mich zu erhalten, vor allem jetzt in diesen schlechten Zeiten . . . Im Moment bin ich allein mit Deinem Sohn in Eisenstadt, und ich werde noch einige Zeit hier bleiben, um die Luft zu genießen und um etwas mehr Ruhe zu haben; zusammen mit meinem Brief wirst Du auch den von Deinem Sohn bekommen, es geht ihm ganz ausgezeichnet, und er läßt dir die Hände küssen für die Uhr; ich werde bis zu den letzten Septembertagen in Wien bleiben, dann habe ich vor, mit Deinem Sohn eine Reise zu machen und dann vielleicht, vielleicht noch einmal ein Jahr lang nach England zu gehen; aber zuerst einmal muß sich das Kriegstheater ändern, denn sonst nehme ich einen anderen Weg, und vielleicht, vielleicht komme ich nach Neapel, um Dich zu sehen; die Gesundheit meiner Frau ist gleichmäßig schlecht, und sie ist auch immer gleichmäßig schlechter Laune, aber ich kümmere mich nicht mehr darum, einmal werden diese Qualen ein Ende nehmen. Im übrigen tröstet mich der Gedanke, daß Du ein wenig von Deiner Schwester aufgeheitert wirst. Gott schütze Dich und erhalte Dir immer die Gesundheit, ich werde immer versuchen, das Wenige,

das ich tun kann, für Dich zu tun, aber jetzt mußt Du für einige Zeit Geduld haben, denn ich habe auch noch andere lästige Ausgaben, und ich kann behaupten, daß ich selber von meinen Anstrengungen wenig oder fast nichts habe und mehr für die anderen als für mich selber lebe. Bevor Du nach Neapel abreist, hoffe ich auf eine Nachricht von Dir . . .

155 Während er sich 1793 in Wien aufhielt, gab Haydn zwei öffentliche Aufführungen seiner Londoner Werke. Die erste war am 15. März im Kleinen Redoutensaal, wobei drei der Londoner Symphonien gespielt wurden. Sie ernteten Erfolg („Il était charmant", schrieb Graf Zinzendorf in sein Tagebuch). Und gegen Ende des Jahres lud die „Tonkünstler-Societät" Haydn ein, ihr alljährlich stattfindendes Benefizkonzert für die Witwen und Waisen armer Musiker zu dirigieren. Obwohl Haydn lange nicht auf gutem Fuß mit der Societät gestanden hatte – der Bruch war erfolgt wegen seines erfolgreichen Oratoriums *Il ritorno di Tobia*", 1775 aufgeführt, 1784 nochmals aufgeführt in revidierter Fassung, und wegen einiger Aufführungsrechte, die die Societät von Haydn ganz für sich haben wollte –, sagte er zu und präsentierte dem Publikum sein Madrigal „Der Sturm" (Hob. XXIVa:18), das ursprünglich zu englischem Text für die Salomon-Konzerte komponiert worden war und das er nun in deutscher Übersetzung (wahrscheinlich von Baron Gottfried van Swieten, der dann zu gegebener Zeit die Libretti der späten Oratorien verfaßte) anbot. Außerdem dirigierte er einen Chor aus „Il ritorno di Tobia" und drei der Londoner Symphonien (sicher Nr. 94, wahrscheinlich Nr. 95 und eine dritte, nicht identifizierbare). Zum Gedenken an die Aufführung von Haydns „sechs

Eine Seite aus Haydns „Andante con variazioni" in f-Moll (Hob. XVII:6) für Klavier aus dem Jahr 1793. Die Abschrift fertigte Johann Elssler an. Die abgebildete Passage stammt aus der dramatischen, stürmischen Coda, deren turbulenter Stil auf Beethovens mittlere Periode und sogar auf Chopin vorausweist. (Der Zufall will es, daß die Entstehung dieses Werkes, das allgemein als Haydns größtes unter den „kleinen" Klavierwerken gilt, in die Zeit fällt, da Beethoven der Schüler Haydns war.)

in London geschriebenen Symphonien" verfaßte die Tochter von Haydns altem Freund, dem Hofrat Franz von Greiner, Caroline (sie heiratete später den Hofbeamten Pichler), ein äußerst schwülstiges Widmungsgedicht („Bey Anhörung seiner sechs neuen, in England verfertigten Symphonien"). Die „Wiener Zeitung" berichtete:

Besagter Hr. Kapellmeister übernahm aus Hochachtung für das verehrungswürdige Publikum, und aus besonderer Liebe für das Institut die Leitung des aus mehr als 180 Personen zusammengesetzten Orchesters selbst, und die treffliche Ausführung bewog das sehr zahlreich versammelte Publikum seine vollkommenste Zufriedenheit durch oft wiederhohlte lebhafte Aeusserung ungetheilten Beyfalls zu erkennen zu geben.

Schließlich überredete Haydn seinen ihm geneigten Fürsten Anton Esterházy, eine weitere England-Reise zu erlauben. Baron van Swieten stellte seine Reisekutsche zur Verfügung, und Haydn, der diesmal seinen Diener und exzellenten Kopisten Johann Elssler mit auf die Reise nahm, fuhr am 19. Januar 1794 ab. Er richtete sich im Hause Bury Street 1 (St James's) ein, nahe von Rebecca Schroeter, deren Haus (6 James Street, Buckingham Gate) keine zehn Gehminuten entfernt lag. Man gelangte dorthin entlang dem St James's Park über St James's Palace und The Mall. Mitgebracht hatte Haydn eine fertige neue Symphonie (von der gewöhnlich als „Ouvertüre" geredet wurde), die beim ersten Salomon-Konzert zur Aufführung gelangen sollte. Es war die Nr. 99 in Es-Dur, die erste Symphonie, bei der Klarinetten zum Einsatz kamen. Die Konzertreihe des Jahres 1794 sollte am 3. Februar eröffnet werden, der Start wurde aber dann um eine Woche verschoben, zum Teil wegen Haydns verspäteter Ankunft am 5. Februar. Die folgende Ankündigung wurde während des Monats Januar von Salomon in mehreren Londoner Zeitungen (*„Oracle"*, *„Public Advertiser"*, *„Morning Chronicle"* usw.) zur Veröffentlichung gebracht:

MR. SALOMONS KONZERT, HANOVER-SQUARE.
MR. SALOMON setzt den hohen und niederen Adel respektvollst in Kenntnis, daß seine KONZERTE am Montag, den 3. Februar beginnen und an jedem folgenden Montag (Passions- und Osterwoche ausgenommen) fortgesetzt werden.
Dr. HAYDN liefert für die Konzerte neue Kompositionen und wird die Aufführung derselben vom Piano Forte aus dirigieren.
In der Hauptsache wirken als Instrumentalisten, die auf ihren jeweiligen Instrumenten Concertos und Concertante spielen werden, mit: Violinen, Signor Viotti und Mr. Salomon – Piano Forte, Mr. Dussek – Oboe, Mr. Harrington – Deutsche Flöte [Querflöte], Mr. Ash[e]. Pedalharfe, Madame KRUMPHOLTZ.
Neben anderen ausgezeichneten Vortragenden, die bei Gelegenheit auftreten werden.
Subskription zu fünf Guineen für zwölf Konzerte sowie Abgabe der Eintrittskarten bei Messrs Lockarts, Maxtone, Wallis und Clark, Pall Mall.
Die Karten der Damen sind blau und an Damen übertragbar, die der Herren rot und nur an Herren übertragbar.

Nicht weniger als vier Tageszeitungen brachten Kritiken über das erste Konzert der Reihe, und das Musikinteresse Londons war außer auf die Oper nun ganz auf diese Konzerte gerichtet, da die Reihe „Professional Concert" nach der kümmerlichen Saison 1793 ihren Geist aufgegeben hatte. Am 11. Februar berichtete der *„Morning Chronicle"*:

SALOMON'S CONCERT.
Diese superbe Reihe begann für diese Saison gestern abend, und mit einer solchen Ansammlung von Talenten, daß der Amateur reichliche Genüsse vorgesetzt bekam. Der unvergleichliche HAYDN führte eine Ouvertüre vor, über die in normalen Ausdrücken zu sprechen unmöglich

ist. Sie stellt eine der größten Hervorbringungen der Kunst dar, der wir jemals beigewohnt haben. Sie überquillt von Einfällen, ebenso neu in der Musik als großartig und eindrucksvoll, rührt und ergreift alles seelische Empfinden. – Sie wurde mit rasendem Applaus quittiert.

VIOTTI führte ein neues Konzert vor, in welchem seine eigene Ausführung desselben ebenso vorzüglich wie ergreifend war; nichts könnte schöner sein als seine Tongebung im zweiten Satz. Und wir haben keinen Zweifel, daß diese beiden Stücke wieder zur Aufführung gebracht werden müssen; sie gehören zu den schönsten Werken, deren sich die Musik brüsten darf.

DUSSEK spielte auch ein neues Konzert auf dem piano forte, und es gehört zu den besten seiner Art; und Madame MARA sang göttlich.

Die Symphonie Nr. 99 wurde beim zweiten Konzert am 17. Februar wiederholt, und die Kritik im *„Morning Chronicle"* erwähnte besonders die schöne Holzbläserstelle in der berühmten Bläserpassage des zweiten Satzes, „. . . aber das Vergnügen, das das Ganze einem verschaffte, hörte nie auf; der Genius Haydns, erstaunlich, unerschöpflich und erhaben, war in jedem Thema gegenwärtig."

Neben den neuen Symphonien übergab Haydn Salomon auch die Quartette Op. 71 und Op. 73, welche dieser große Veranstalter im Laufe der Saison zur Aufführung brachte und die sofort in London verlegt wurden. Im vierten Konzert (3. März) dirigierte Haydn die Erstaufführung seines neuesten symphonischen Meisterwerkes, Nr. 101 („Die Uhr"), die das Publikum mit Jubel aufnahm. Sowohl der erste als auch der zweite Satz mußten wiederholt werden – „Es war HAYDN: was können wir, was brauchen wir mehr darüber zu sagen", schloß der *„Morning Chronicle"*; während das *„Oracle"* bemerkte, daß „Die Uhr", wie alle Kenner zugäben, sein bestes Werk sei.

Beim achten Konzert (31. März) dirigierte Haydn die Erstaufführung der dritten neuen Symphonie, Nr. 100 in G-Dur (die „Militärsymphonie"), welche, wie die Kritiken bald zeigen sollten, zum größten Erfolg seiner Karriere wurde, der sogar über den der „Paukenschlag"-Symphonie hinausging: irgendwie hatte er damit den Nerv der Zeit getroffen. Der *„Morning Chronicle"* vom 9. April berichtete:

. . . Eine weitere neue Symphonie von Haydn wurde zum zweitenmal aufgeführt, und der Mittelsatz wurde abermals mit Applaussalven bedacht. Encore! encore! encore! kam es von jedem Sitz, und selbst die Ladies vermochten sich nicht zurückzuhalten. Es ist der Aufmarsch der Heere, der Marsch der Männer, die Signale zum Angriff, das Donnern des Angriffs, das Klirren der Waffen, das Stöhnen der Verwundeten und das, was man als das Höllengebrüll des Krieges bezeichnen könnte, das sich schließlich zu einem Höhepunkt von schrecklicher Schönheit steigert, was, sofern andere es sich überhaupt vorstellen können, er allein zur Ausführung zu bringen vermag; wenigstens ist er allein es, der solche Wunder bis heute vollbracht hat.

Dieser Bericht bezieht sich offensichtlich auf die Stelle ab Takt 152 im Allegretto; mit „Höhepunkt von schrecklicher Schönheit" wird das unheilvolle Rollen der Kesselpauken (Takt 159 f.) und das sich daraus ergebende Tutti (Takt 161) beschrieben.

Salomons letztes Konzert der Saison fand am 12. Mai statt, und aus den Kritiken geht klar hervor, daß die Londoner mehr denn je zuvor erkannt hatten, daß diese Konzerte Musikgeschichte machten. Jedem einigermaßen vernünftigen Gehirn muß klargeworden sein, daß diese großen Haydn-Symphonien nach ihrer Erstaufführung auch schon zum bleibenden Repertoire gehörten. Haydn war überredet worden, eine weitere Saison zu bleiben, und diese Tatsache wurde einem ohne Zweifel darüber entzückten Publikum am 12. Mai mitgeteilt.

Ein Grund, warum Haydn sich willens gezeigt haben mag, in England zu bleiben, war der Tod des Fürsten Anton Esterházy (durch das plötzliche Platzen eines Eitersacks in seinem Brustkorb). Unter solchen Umständen schien es für Haydn keinerlei Grund mehr zu geben, sich nicht für immer in England niederzulassen. Seine Zukunft war schließlich gesichert. Alle Zeugnisse lassen annehmen, daß Haydn während der Saison 1794 über diese Zukunftsaussichten ernstlich nachdachte. An diesem kritischen Knotenpunkt seiner Karriere jedoch erhielt Haydn einen bedeutsamen Brief, in welchem Fürst Nicolaus II., der Nachfolger des Fürsten Anton, der eben Italien bereiste, seine Absichten kundtat. Der Brief, der nicht erhalten geblieben ist, war von Neapel aus abgeschickt worden, wie Dies berichtet:

Etwa ein halbes Jahr nach Haydn's Ankunft in London, wurde ihm, im Nahmen des jetzt regierenden Fürsten Nikolaus Esterhazy (der damahls Italien bereiste) von Neapel aus, ein Brief zugeschickt, der die Nachricht enthielt, „der Fürst habe Haydn zu seinem Kapellmeister ernannt, und wolle die ganze Kapelle wieder errichten." Haydn vernahm diese Nachricht mit größtem Vergnügen. Er hatte von jeher für die Fürsten Esterhazy eine herzliche Zuneigung gehabt; Sie hatten ihm ein sicheres Brot, und (was ihm vorzüglich lieb war) viel Gelegenheit gegeben, seine musikalischen Talente auszubilden. Zwar sah Haydn, daß sein Erwerb in England groß war, und den in seinem Vaterlande bey weitem überstieg. Auch wäre es ihm leicht gewesen, daselbst in irgend eine ansehnliche Besoldung zu treten. Er war seit dem Tode des Fürsten Anton eine völlig freie Person; nichts fesselte ihn an das fürstliche Haus, als seine Liebe und Dankbarkeit. Diese waren es, die jedem Einwurfe begegneten und ihn bewogen, das Anerbieten des Fürsten Nikolaus mit Freuden anzunehmen; und sobald seine Verbindung in London geendigt seyn würden, in sein Vaterland zurückzukehren.

Es gab wahrscheinlich drei wichtige Gründe als Motive für Haydns Entschluß, heimzukehren: 1. Der Lebensrhythmus, den er in England haben mußte, war einfach zu schnell für einen Mann über sechzig, und auf Dauer nicht beizubehalten; das hatte er besonders gegen Ende der Saison 1792 gespürt. 2. Der Revolutionsterror in Frankreich erreichte gespenstische Ausmaße, und jetzt, da der Krieg für die Alliierten auch noch böse verlief (am 10. Juli hatten die Franzosen Brüssel eingenommen, im August Trier, das sie erfolgreich gegen alliierte Gegenangriffe hielten, und im Oktober griffen sie Holland an und vertrieben die englischen Truppen aus dem Land), dachte Haydn, es wäre das beste, im eigenen Lande zu sein, wo man seine Muttersprache sprach (im Englischen lernte er nie, sich fließend zu verständigen). 3. Haydn wußte, daß der Fürst stets für ihn sorgen würde; in hohem Alter würde er weder Hunger leiden noch Mangel an körperlichem Beistand haben. Und wer in England würde solches für ihn tun? Sein tiefverwurzelter Instinkt sagte Haydn vielleicht, er werde ein hohes Alter erreichen und dann nicht mehr komponieren. Und es kam auch so; er hatte einen schönen Lebensabend, geehrt von der Familie Esterházy (besonders von der Gattin Nicolaus' II., Marie Hermenegild), vom 152 Kaiser und besonders von Kaiserin Marie Therese. Sein Entschluß war weise, obzwar er England und seine englischen Freunde sehr liebgewonnen hatte. Vorläufig jedoch blieb er. Es hatte ihm immer schon gefallen, durch England zu fahren, und im Sommer 1794 unternahm er außerhalb der Hauptstadt besonders ausgedehnte Reisen. Im Juli besuchte er Hampton Court, und von da ging es 111 nach Portsmouth. Haydn liebte Schiffe und befreundete sich mit mehreren 111 Kapitänen, von denen einer ihn im August 1791 zu einem bemerkenswerten Lunch auf seinen Ostindien-Kauffahrer lud. Von Portsmouth überquerte der Komponist die Solent-Meerenge und besuchte die Isle of Wight. Im August fuhr er mit zwei Freunden nach Bath, wo er in „Perrymead", dem Landhaus des 110 berühmten, aus Italien stammenden Kastraten Venanzio Rauzzini, für den 110

Mozart im Januar 1773 in Mailand das „Exsultate, jubilate" (K. 165) komponiert hatte, für drei Tage Station machte. In seinem Notizbuch gab Haydn seine Eindrücke getreulich wieder:

den 2tn August 1794 gieng ich früch [frueh?] um 5 uhr nach Bath mit Mr Ashe und Mr Cimador kamen abends um 8 uhr dahin, es sind von london 107 Meil. die Mail Coach macht diesen weeg zurück [?] in 12 stund, ich wohnte bey H. Rauzzini.

ein Musicus, so sehr berühmt ist und zu seiner zeit einer der grösten Sänger war, er lebt allda schon 19 Jahr, erhelt sich durch die Subscriptions Concerten, so in winter gegeben werden, und giebt zugleich lection er ist ein sehr guter Hospitaler Mann. sein Somer Hauß, allwo ich war, liegt in einer anhöhe in einer sehr schönen gegend, von welcher man die ganze Stadt übersehen kan. Bath ist eine der schönsten Städte in Europa, alle Häuser von Stein gebaut, diese Steine werden aus denen herumliegenden Bergen gebrochen, Sie sind sehr weich, so zwar, dass man Sie mit sehr leichter mühe in alle formen schneiden kan, Sie sind sehr weis; und wie länger Sie aus der Erde seyn, daher [?] härter werden Sie, die ganze stadt liegt in einer anhöhe, es sind derohalben sehr wenige kutschen, statt dessen sind eine Menge Trag sesseln, mit welchen man sich eine gute Strecke um 6 Pence kan bedinen lassen. nur schade, daß sehr wenig in gerader linee gezogene gassen sind; es sind eine Menge schöne Pläze, worinen die vortreflichsten Häuser stehen, wohin man aber mit keinem wagen komen kan: man macht nun eine ganz neue, breite gasse.
NB. heute, den 3tn besahe ich die Stadt und fande an der Helfte des bergs ein gebäu in form eines halben Mondes, so Prächtig, was ich nie in london gesehen. diese Runde belauft sich auf 100 klafter, und nach jeder klafter ist eine Corinthische Säule. das gebäud hat 3 Stockwerk, Rings um her ist das Pflaster an den häusern 10 Fuß breit für die Persohnen So zu fuß gehen und a proportione ist der fahrtweeg mit ein Eisernen Gatter umgeben von welchen alsdan ein Terras bey 50 klaffter tief hinab Successive in der schönsten grüne hinab geht, beiderseits sind kleine weege um sehr comod hinab zu komen . . .
alle Montag und Freytag abends werden alle Glocken Exercirt – dan ausser diesen wird sehr wenig geklinglet. die stadt ist nicht volckreich und man sieht in Somer sehr wenige Menschen dan die baad gäste komen erst anfangs october und bleiben bis halben Februari. Sie kamen aber in sehr grosser Menge so daß Anno 1795 25,000 Persohnen allda waren. alle Inhaber leben durch diesen zulauf, ausser welchen die Stadt sehr arm seyn würde: es sind sehr wenige kaufleite und fast gar kein handl und ist alles sehr theuer, das baad ist von Natur sehr warm, man badet, und man trinckt das wasser, allgemein ist das lezte. und man zahlt sehr wenig, um sich zu baaden kostet es allzeit 3 schilling. ich machte allda bekanntschafft mit Miss Brown eine liebenswürdige Persohn, von bester Conduit, gute Clavier spiellerin, die Mutter ein sehr schönes weib: die Stadt bauet nun einen sehr herlichen Saal für die baadgäste.

Eine rührende Geschichte, Rauzzini betreffend, wird von Dies berichtet:

Rauzini hatte in seinem Garten ein Denkmahl zu Ehren seines besten Freundes, der ihm durch den Tod entrissen wurde, setzen lassen. Er beklagte in einer Inschrift den Verlust eines so treuen Freundes etc. und beschloß seine Klage mit den Worten: „er war nicht Mensch – er war ein Hund."
Haydn schrieb ins Geheim die Inschrift ab, und verfertigte einen vierstimmigen Canon, dem er die Worte unterlegte. Rauzzini wurde überrascht; der Canon gefiel ihm so sehr, daß er denselben zur Ehre Haydn's und des Hundes, auf dem Denkmahl einhauen ließ.

Eine weitere persönliche Beziehung Haydns enthüllt uns das Lobgedicht „What art expresses" (Was Kunst ausdrückt), das Dr. Henry Harington, ein in Bath ansässiger Komponist, auf Haydn verfaßte. Als Haydn diese Huldigung empfing, setzte er sie sofort in Töne. Welche Episode Muzio Clementi zu der Bemerkung veranlaßte:

110

114

Der erste Doktor [Harington] spendet dem zweiten Doktor [Haydn] viel Lob, woraufhin der zweite Doktor aus doktorenhafter Dankbarkeit dem ersten Doktor für die ihm erwiesene Ehre seinen Dank ausspricht und nun seinerseits besagten ersten Doktor in gesetzter Form lobpreist.

Von Bath ging Haydn nach Bristol, und drei Wochen später fuhr der nimmermüde Komponist nach Waverly Abbey, nahe Farnham in Surrey, um

Sir Charles Rich zu besuchen. „Ich muß gestehen, daß, so oft ich diese schöne Wildniß betrachtete, mein Herz beklemmt wurde, daß alles dieses einst unter meiner Religion stand." (Haydns Tagebuch)
Immer mehr wurde nun die Königsfamilie auf Haydn aufmerksam. In seinem vierten Notizbuch steht der folgende Bericht:

Den 1sten Februar 1795 wurde ich durch den Prinzen von Wallis auf eine Abend-Musik zu dem Herzog von York eingeladen, wo der König, die Königin, ihre ganze Familie, der Herzog von Oranien, u. a. m. zugegen waren. Es wurde nichts anderes als von meiner Komposition gespielt; ich saß am Klavier; zuletzt mußte ich singen. Der König, der bisher nur Händelsche Musik hören konnte oder wollte, war aufmerksam; er unterhielt sich mit mir, und führte mich zur Königin, die mir viel schmeichelhaftes sagte. Ich sang mein deutsches Lied: „Ich bin der verliebteste." Auf den 3ten Febr. war ich zum Prinzen von Wallis eingeladen: den 15ten, 17ten und 19ten Apr. 1795 war ich eben daselbst, den 21ten bey der Königin in Buckinghamhouse.

113
100

Es gibt viele Beschreibungen dieses Ereignisses, welches einer der Höhepunkte in Haydns Leben gewesen sein muß. Die bei weitem interessanteste findet sich in William Parkes „*Memoirs*" (I, S. 196 f.), die 1830 veröffentlicht wurden:

. . . Zu Ende des ersten Teils des Konzertes wurde Haydn die besondere Ehre zuteil, durch Seine Königliche Hoheit den Prince of Wales formell Seiner Majestät George III. vorgestellt zu werden. Mein Platz war in diesem Augenblick so nahe dem des Königs, daß ich gar nicht anders konnte, als ihre ganze Unterhaltung mit anzuhören. Seine Majestät sagte (auf englisch): „Doktor Haydn, Sie haben viel geschrieben." Woraufhin Haydn bescheiden antwortete: „Ja, Sire, viel mehr, als gut ist." Hierauf der König geschickt: „O nein, die Welt ist da anderer Meinung." Nach dieser Einführung setzte sich auf Wunsch der Königin Haydn ans Pianoforte, und umgeben von Ihrer Majestät und deren königlichen Töchtern, sang er, und begleitete sich wunderbar dabei, etliche seiner *Canzonette*. Der huldvolle Empfang, den Haydn durch den König erfuhr, war nicht nur den Gefühlen Seiner Majestät zu danken, sondern als schmeichelhafte Geste an Haydns ausgeübte Wissenschaft. Und während es einerseits die Herablassung und den Freisinn eines großen und guten Monarchen zeigte, konnte es anderseits nicht verfehlen, als mächtiger Anreiz auf den aufsteigenden *Genius* zu wirken.

Das „deutsche Lied", von dem Haydn in seinem Notizbuch redet, ist die deutsche Fassung von „Transport of Pleasure" aus der zweiten Sammlung von Canzonetten.
Inzwischen hatte Salomon einen bedeutsamen Entschluß gefaßt, nämlich seine Konzertreihe aufzugeben und sich mit dem Konzertunternehmen „Opera Concert" zu fusionieren. In einem sehr langen offenen Brief an die Presse gibt er seine Gründe für dieses Tun an, worunter der wichtigste der war, daß es schwierig sei, Sänger zu finden, die bereit wären, den Kanal zu überqueren. Die großen Salomon-Konzerte waren damit zu Ende – wenn auch nicht für lange, denn 1796 fand Salomon, er könne wieder eine Konzertreihe veranstalten. Haydn war nicht weiter beunruhigt, denn das neue Unternehmen hatte sich offenbar sofort an ihn gewandt und sich seiner Dienste versichert. Die Reihe „Opera Concert" des Jahres 1795 stand unter der Leitung des großen Violinisten und Komponisten Giovan Battista Viotti, der 1793 von Frankreich nach England geflohen war. Er hatte ein großes Orchester von siebzig Mann unter sich, und für dieses prächtige Ensemble komponierte Haydn seine letzten drei Symphonien, Nr. 102, 103 und 104. Die erste der drei bildete das *pièce de resistance* des ersten Konzerts (2. Februar), während die „Paukenwirbel"-Symphonie (Nr. 103) erstmals beim vierten Konzert (2. März) gespielt wurde und „höchste Aufmerksamkeit" hervorrief. Der Zufall wollte es, daß am selben Abend in Wien Beethoven sein Debüt bei einem Konzert des Fürsten

115

153

Lobkowitz feierte und die Zuhörer „aufhorchen ließ" (*fit tous sentir*, Zinzendorf, Tagebuch).

Großes Londoner Ereignis war Haydns Benefizkonzert am 4. Mai, vielleicht das größte Konzert seines Lebens. Bei diesem spektakulären Ereignis erklangen zwei Haydn-Werke zum erstenmal: die Symphonie Nr. 104 – die zwölfte, die er in England komponiert habe, schrieb er auf die Titelseite der Handschrift, vielleicht mit dem bestimmten Gefühl, damit sei ein Endpunkt erreicht – und die schöne „*Scena di Berenice*" für Brigida Giorgi Banti, eine der größten Kantaten des Jahrhunderts und Vorbild für Beethovens *Scena „Ah, perfido!"*, ein Jahr später in Prag entstanden. Einige der damals größten Sänger der Welt wirkten mit, neben der Banti auch *die* Morichelli, ihre große Rivalin, und Morelli.

Nach diesem eindrucksvollen Benefizkonzert, das dem Komponisten 4.000 Gulden in bar einbrachte, hatte Haydn weitere Auftritte, nicht nur in der Reihe „Opera Concert" (in der in dieser Saison außer der Reihe zwei zusätzliche Konzerte angesetzt wurden), sondern auch bei Benefizkonzerten für seine Freunde, so für Miss Corri (jetzt Mrs. Dussek), den Oboisten Hindmarsh und den Flötisten Andrew Ashe („das Haus war zimlich voll", schrieb Haydn in sein Tagebuch). Diese Konzerte fanden Ende Mai und Anfang Juni statt.

Am 16. Mai fungierte Haydn als Trauzeuge bei der Hochzeit von Therese Jansen und Gaetano Bartoluzzi in der St James's Church, Piccadilly. Weitere Trauzeugen waren Charlotte Jansen, Gaetanos Vater Francesco Bartoluzzi, der berühmte Kupferstecher, und Maria Adelaide de la Heras.

Seine letzten drei Klaviersonaten (Nr. 60–62; Hob. XVI:50–52) hatte Haydn 1794 für Miss Jansen geschrieben, und später komponierte er für sie buch noch drei Klaviertrios.

Die nächsten zwei Monate verlebte Haydn in London ruhig, überwachte die Herausgabe seiner neuesten Werke (z. B. der drei Klaviertrios Nr. 35–37, Hob. XV:21–23, der Fürstin Marie Hermenegild Esterházy gewidmet; sie erschienen in London am 13. Juni), und vollendete mehrere neue Werke, etwa die letzten sechs englischen Canzonettas und drei Klaviertrios (das mit dem berühmten „Rondo all'Ongarese" inbegriffen), Mrs. Schroeter gewidmet. Er fertigte ein Verzeichnis der in England komponierten Werke an und legte es in eines seiner Notizbücher ein. Es umfaßte „768 Blätter", wie Haydn es nannte, wobei unter

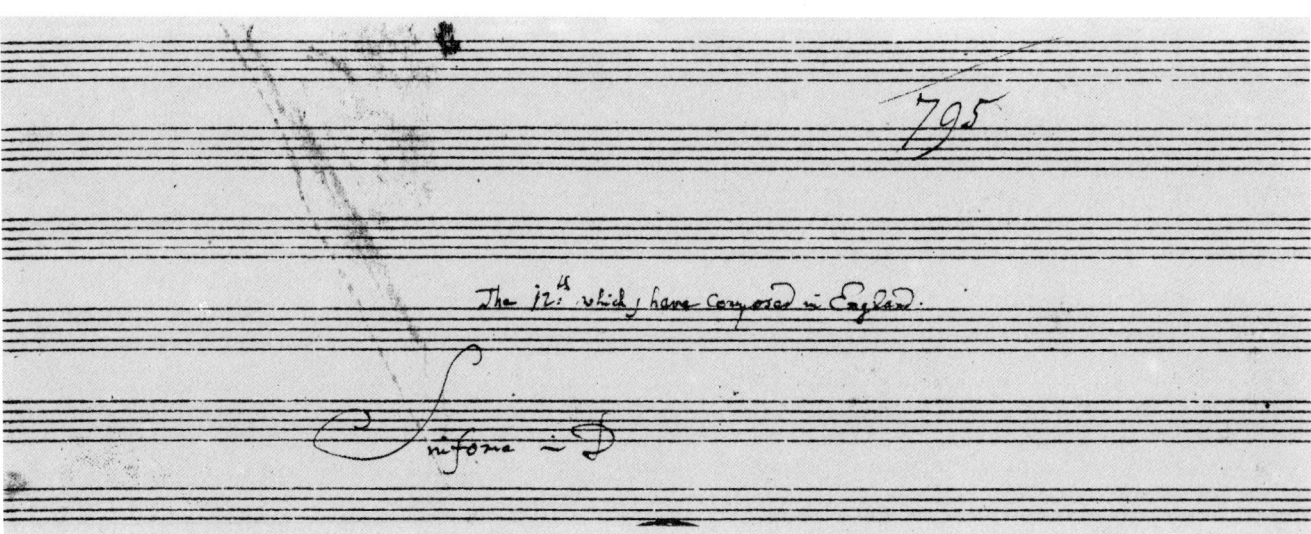

Haydns Inschrift auf der Titelseite der Symphonie Nr. 104 (1795). Text siehe S. 143.

NEW MUSICAL FUND,

Under the PATRONAGE of Their ROYAL HIGHNESSES

The PRINCE of WALES and DUKE of YORK.

At the KING's THEATRE, *in the* HAY-MARKET,

On MONDAY the 20th of APRIL, 1795,

WILL BE PERFORMED

A Grand Miscellaneous Concert

OF

VOCAL AND INSTRUMENTAL MUSIC,

FOR THE BENEFIT OF

𝕿𝖍𝖊 𝕹𝖊𝖜 𝕸𝖚𝖘𝖎𝖈𝖆𝖑 𝕱𝖚𝖓𝖉,

ESTABLISHED FOR

The Relief of Decayed Musicians, their Widows and Orphans,

RESIDING IN ENGLAND.

Leader of the Band, Mr. CRAMER.
Conductors, Dr. HAYES and Dr. MILLER,
Dr. HAYDN will preside at the Forte Piano.
Mr. GREATOREX at the Organ, built for the Occasion, by Mr. ELLIOTT, with
the Long Movement.

N. B. The Band will confist of Four Hundred Performers, for which an Orcheftra will
be erected on the Stage.

ACT I.		ACT II.	
GRAND CHORUS in the Dettengen Te Deum	HANDEL.	GRAND SYMPHONY, M. S.	HAYDN.
SONG, Mrs. SECOND		and performed under his immediate Direction	
CONCERTO GRAND FORTE PIANO,		SONG, Mr. HARRISON	
Mr. SMART, Jun.	CRAMER.	PLEYEL'S CELEBRATED CONCERTANTE	
SONG, Mr. BARTLEMAN		*(by defire)* Meffrs. CRAMER, F. CRAMER,	
CONCERTO VIOLONCELLO, Mr.		H. SMART, SMITH, &c.	
LINDLEY		A Favorite GLEE	
SONG, Madam BANTI, with Violin Obligato,		SONG, Mrs. HARRISON	
Mr. CRAMER		CONCERTO VIOLIN, Madam GILLBERG, be-	
CONCERTO GERMAN FLUTE, Mr. ASHE		ing her Second Public Performance in England	
AIR and GRAND CHORUS, " Glory to		GRAND CHORUS, " How excellent Thy	
God"	HANDEL.	Name" (Saul)	HANDEL.

PIT and BOXES, 10s. 6d.   GALLERY, 5s.

☞ The Doors to be opened at SEVEN o'Clock, and the Performance begin at EIGHT precifely.

Subfcriptions are received, and Tickets delivered, at Meffrs. Ranfom, Moreland, Hammerfley, and Co.'s,
Bankers, Pall Mall; Meffrs. Longman and Co.'s Mufic Warehoufes, Cheapfide and Haymarket; Meffrs.
Thompfon's, St. Paul's Church-yard; Mr. Fentum's, No. 78, Strand; Mr. Forfter's, No. 348, ditto;
Mr. Prefton's, ditto; Mr. Buckinger's, ditto; Meffrs. Lewis, Houfton, and Hide's, Holborn; Mr. Birchall's,
New Bond Street; Mr. Miller's, Stationer, Old Bond Street; Meffrs. Bett's, Royal Exchange; at the Se-
cretary's, Mr. H. King, No. 358, near the Pantheon, Oxford Street; and of the Society's Treafurer,
Mr. Smart, at his Mufic Warehoufe, Corner of Argyll Street, Oxford Street.

N. B. A Subfcriber, paying ONE GUINEA, will have TWO TICKETS, each of which will admit One Perfon
to any Part of the Houfe.

Such LADIES and GENTLEMEN as may be defirous of encouraging the Society, by fubfcribing to the Annual
Performance, are refpectfully informed, that Tickets (emblematical of the Inftitution, and which may be re-
tained by Subfcribers) are ready for Delivery at the above-mentioned Places.

The Subfcribers to the OPERA, who may wifh to retain their Boxes for the above Benefit, are refpectfully intreated to fignify
their Intentions to Mr. SHELMANDINE, at the Theatre, on or before Tuefday, April 14th, otherwife they will be difpofed of.

SAMPSON LOW, Printer, No. 7, Berwick Street, Soho, oppofite the Chapel.

Flugblatt für das Wohltätigkeitskonzert im King's Theatre auf dem Haymarket am 20. April
1795. Bei dieser Gelegenheit dirigierte Haydn, der dem Orchester auch „am Forte Piano
präsidierte", unmittelbar nach der Pause – wie das bei seinen Londoner Auftritten üblich war –
eine seiner Symphonien.

einem Blatt vier Seiten zu verstehen sind, also insgesamt über 3.000 Seiten – und fast jedes der darin enthaltenen Werke ein Meisterwerk: eine geradezu überwältigende Leistung für einen Mann über sechzig.

Am 25. August verließ Haydn England, um nicht mehr wiederzukehren. Griesinger berichtet uns:

Er gewann durch einen dreyjährigen Aufenthalt in England gegen vier und zwanzig tausend Gulden, wovon ungefähr neun tausend für die Reise, seinen Unterhalt und die übrigen Kosten aufgingen.

Haydn wiederholte öfters, daß er in Deutschland erst von England aus berühmt geworden sey. Haydn rechnete die Tage, die er in England zubrachte, unter die glücklichsten seines Lebens. Er war daselbst allgemein geschätzt, es eröffnete sich ihm eine neue Welt, und er konnte sich durch reichlichen Verdienst endlich aus der beschränkten Lage reißen, in welcher er grau geworden war; denn im Jahr 1790 hatte er noch kaum zweytausend Gulden eigenes Capital.

Eintragung vom 16. Mai 1795 im Heiratsregister der Kirche St. James, Piccadilly, wonach Haydn bei der Hochzeit von Gaetano Bartolozzi und Therese Jansen als Trauzeuge fungierte. Siehe Text S. 144.

IV
DIE SPÄTEN JAHRE IN WIEN
1796–1809

„. . . ich war auch nie so fromm, als während der Zeit,

da ich an der Schöpfung arbeitete;

täglich fiel ich auf meine Knie nieder, und bat Gott,

daß er mir Kraft zur glücklichen Ausführung

dieses Werkes verleihen möchte . . .“

GRIESINGER, 54

Wachsbüste Haydns von Franz Christian Thaller, um 1799. Von drei Büsten, die Thaller erwiesenermaßen angefertigt hat, ist diese die einzig erhalten gebliebene. Sie ist von großer Lebensechtheit, und bekannt dafür, daß sie mit Kleidern, die Haydn trug und mit der aus Haydns Haar angefertigten Perücke ausgestattet ist. Die Büste wird im Kunsthistorischen Museum in Wien aufbewahrt und kann dort besichtigt werden.

Kaiser Franz II. und die österreichische Hymne 1797

Inmitten des Aufruhrs, den Napoleons territoriale Ambitionen verursachten, komponierte Haydn sein „Gott erhalte" (in der Art des englischen „God Save the King", und als nationale Erwiderung auf die französische „Marseillaise") zum Geburtstag des Kaisers (rechts dessen Porträt von Carl Kaspar, 1747–1809). – Die Hofburg in Wien (unten), Stich nach einer Zeichnung von C. Schütz, 1785. – Der Auftrag, eine neue Hymne zur Hebung des Nationalgefühls zu komponieren, ging in erster Linie auf die Initiative von Franz Joseph Graf Saurau (auf nebenstehender Seite unten sein Porträt von F. H. Füger, 1797) zurück. Die Hymne fand sofortige und fortdauernde positive Aufnahme. Die Endfassung der Gesangstimme ist auf der nebenstehenden Seite abgebildet, zusammen mit einem Wiener Porzellanteller (darunter), auf den der Porzellanmaler Nr. 77 (es handelte sich um Johann Georg Gment) als Dekor die vier Strophen der Hymne gemalt hat.

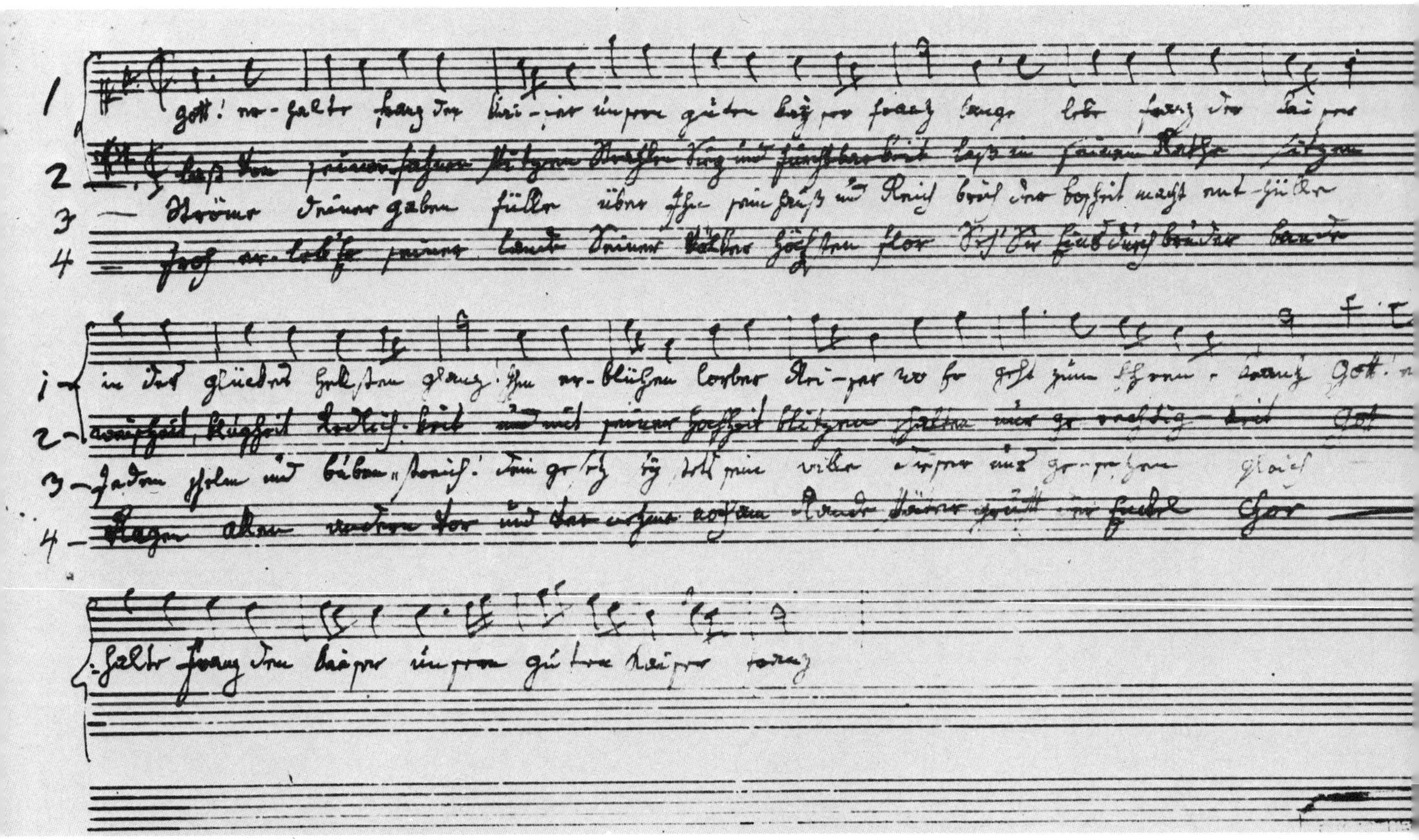

Marie Hermenegild Fürstin Esterházy (eine geborene Prinzessin aus dem Hause Liechtenstein); Porträt von Elisabeth Vigée-Lebrun, 1798. Die Fürstin, mit der Haydn auf bestem Fuße stand, half ihm in seinen späteren Jahren in vieler Hinsicht und verwendete sich, wenn nötig, bei ihrem Gatten, dem Fürsten Nicolaus II., für ihn. Die sechs großen Messen der Jahre 1796–1802 wurden jeweils zur Aufführung an ihrem Namenstag komponiert.

Haydn im Alter von 67 Jahren, wie
J. C. Roesler ihn gemalt hat. Dieses Ölpor-
trät entstand in Wien und ist mit 1799 datiert.
Es hängt jetzt in der Musikabteilung der
Universität in Oxford.

Der junge Beethoven (unten), aufgehender
Stern am Wiener Musikhimmel, um die
Wende des Jahrhunderts. Die etwas ideali-
sierte Darstellung von J. W. Mähler, um
1804/05 entstanden, ist eines von vier Porträts, die der Maler von dem Künstler angefertigt hat.

Therese Saal, führende Sopranistin und gefei-
ertste Schönheit Wiens in den ersten Jahren
des neuen Jahrhunderts. Auf dem Gemälde
F. H. Fügers sieht man die Sängerin die
Noten von Haydns „Schöpfung" in der
Hand haltend, von welchem Werk sie bei
dessen erster öffentlichen Aufführung 1799
den Part der Eva sang.

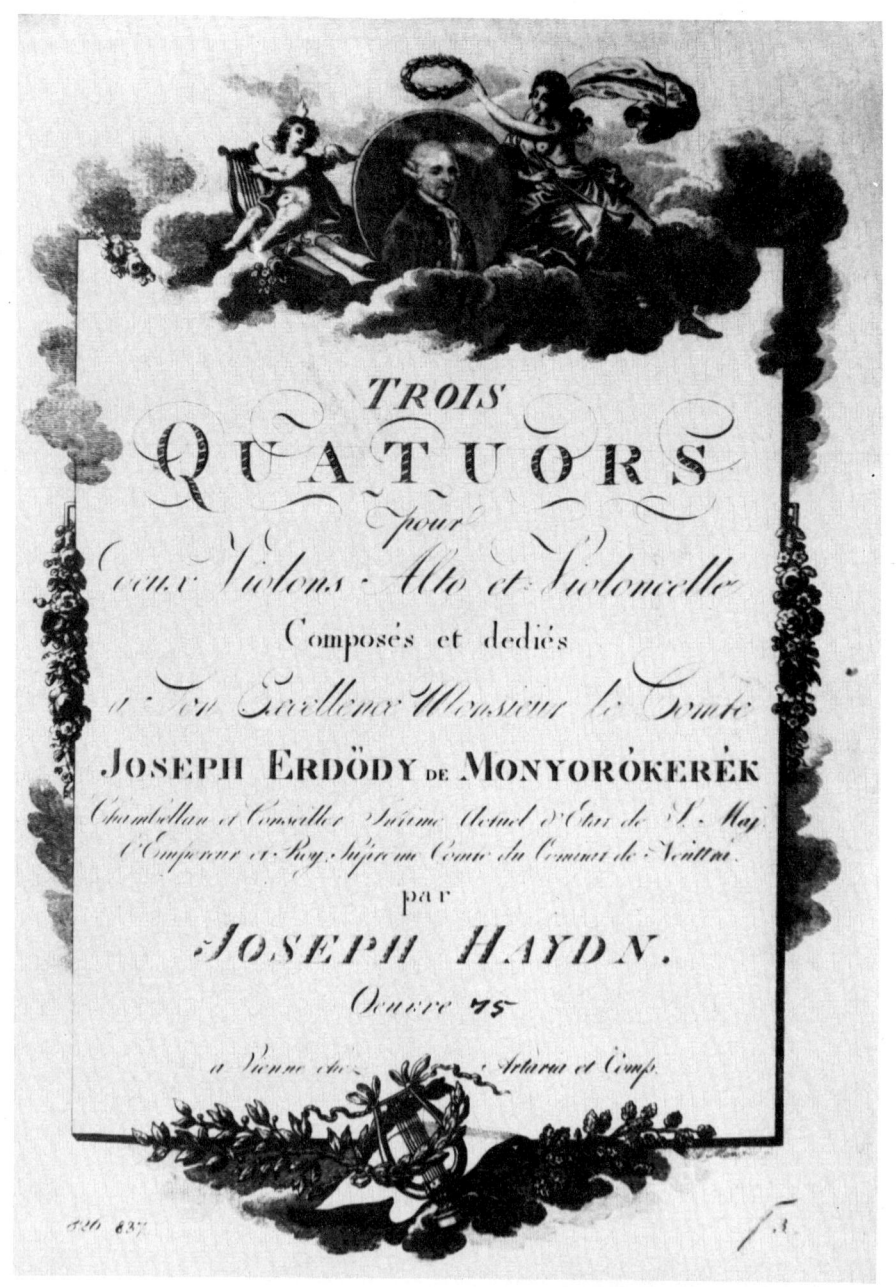

Die Titelseite der Artaria-Ausgabe (1799) von Haydns Streichquartetten Nr. 1–3, Op. 76 – hier mit „Op. 75" bezeichnet. Diese drei Quartette, 1797 vollendet, wurden von Joseph Graf Erdödy (unten) in Auftrag gegeben (und sind auch diesem gewidmet), zu dessen Familie Haydn viele Jahre lang freundschaftliche Beziehungen unterhielt.

Franz Joseph Maximilian Fürst Lobkowitz, ein anderer Gönner Haydns und später größter Förderer Beethovens in Wien. Ihm widmete Haydn seine zwei 1799 komponierten Quartette von Op. 77.

Sehr viel Information aus erster Hand über Haydns späten Jahre und über die Wiener Gesellschaft jener Zeit ist durch G. A. Griesinger (links), Frederik Samuel Silverstolpe (Mitte) und Carl Graf von Zinzendorf auf uns gekommen. Griesinger, Beamter an der Sächsischen Botschaft, fungierte viele Jahre lang bei Haydns Geschäftsbeziehungen zu den Leipziger Verlegern Breitkopf & Härtel als Vermittler, während wir Silverstolpe – der an der Schwedischen Botschaft in Wien tätig war – wertvolle Mitteilungen über den Komponisten verdanken. Zinzendorf schließlich führte ein genaues handschriftliches Tagebuch, in dem er über Ereignisse in der österreichischen Hauptstadt berichtete.

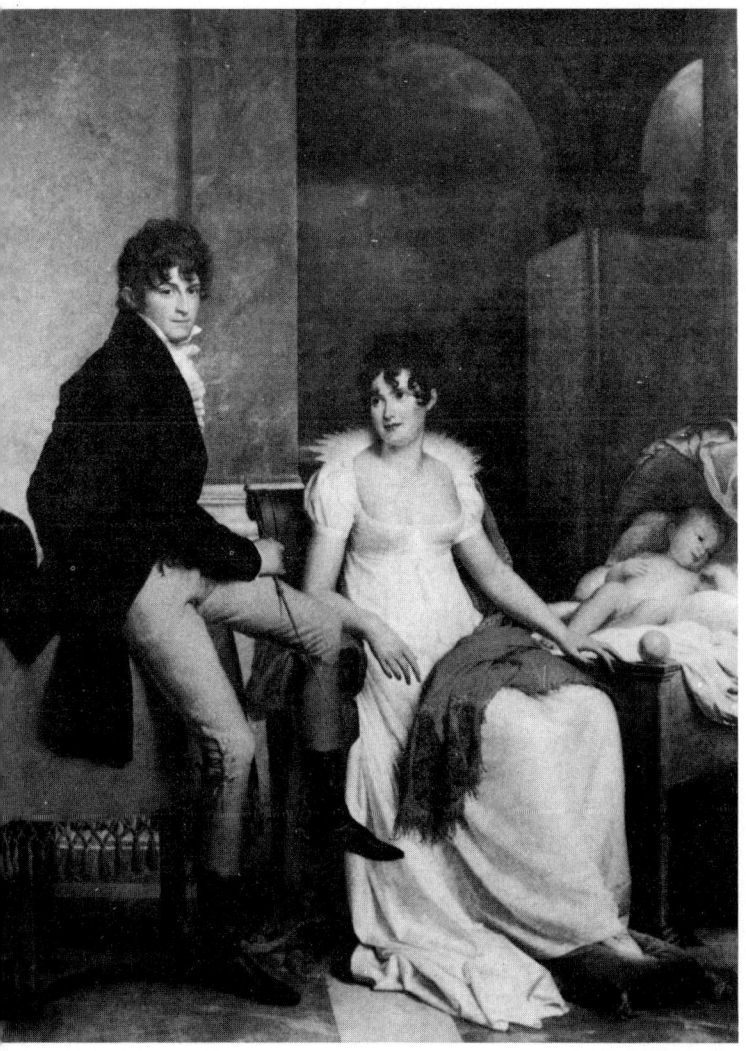

Zu Haydns Gönnern gehörten auch Moritz Graf Fries, der bekannte Bankier, und dessen Frau. François Gérard hat ein Gruppenbild der Familie Fries gemalt (links), und J. Fischer hielt mit dem Zeichenstift eine musikalische Soiree im Hause Fries fest (1800; oben). Haydn war bei solchen Anlässen oft zugegen. Sein letztes (unvollendet gebliebenes) Streichquartett, das Op. 103 aus dem Jahre 1803, widmete er dem Grafen.

„Die Schöpfung"

Die Erstaufführung von Haydns großem Oratorium „Die Schöpfung" fand im Wiener Stadtpalais von Johann Joseph Nepomuk Fürst Schwarzenberg im April 1798 statt. Ein kolorierter Stich (1798) von Carl Schütz zeigt den Mehlmarkt (heute Neuer Markt), wie er damals aussah (oben). Das Schwarzenbergsche Palais ist im Hintergrund zu sehen. Es wurde später abgerissen. Die regelmäßig stattfindenden halbprivaten Konzerte gab der Fürst (links sein Porträt von J. Oelenhainz) für den Adel. Neben anderen waren auch Silverstolpe und Zinzendorf (siehe Abbildungen auf Seite 155) öfter unter den Zuhörern.

156

Drei Arbeitsunterlagen für die Realisierung dessen, was zum *chef d'œuvre* von Haydns letzter Schaffensperiode werden sollte: Rechts das Autograph der ersten Seite des Librettos von Baron Gottfried van Swieten (mit Vorschlägen für den Komponisten am linken Blattrand), das den deutschen Text zeigt, den Swieten vom ursprünglich für Händel bestimmten englischen Original in freier Übersetzung erstellte (Haydns Werk erschien dann mit deutschem und englischem Text). Unten Haydns Entwurf der Orchestereinleitung („Chaos") zum Vergleich neben der (von Johann Elssler) für die Erstaufführung ausgeschriebenen Violin-Primstimme, die der Komponist mit einigen dynamischen Zeichen versehen hat.

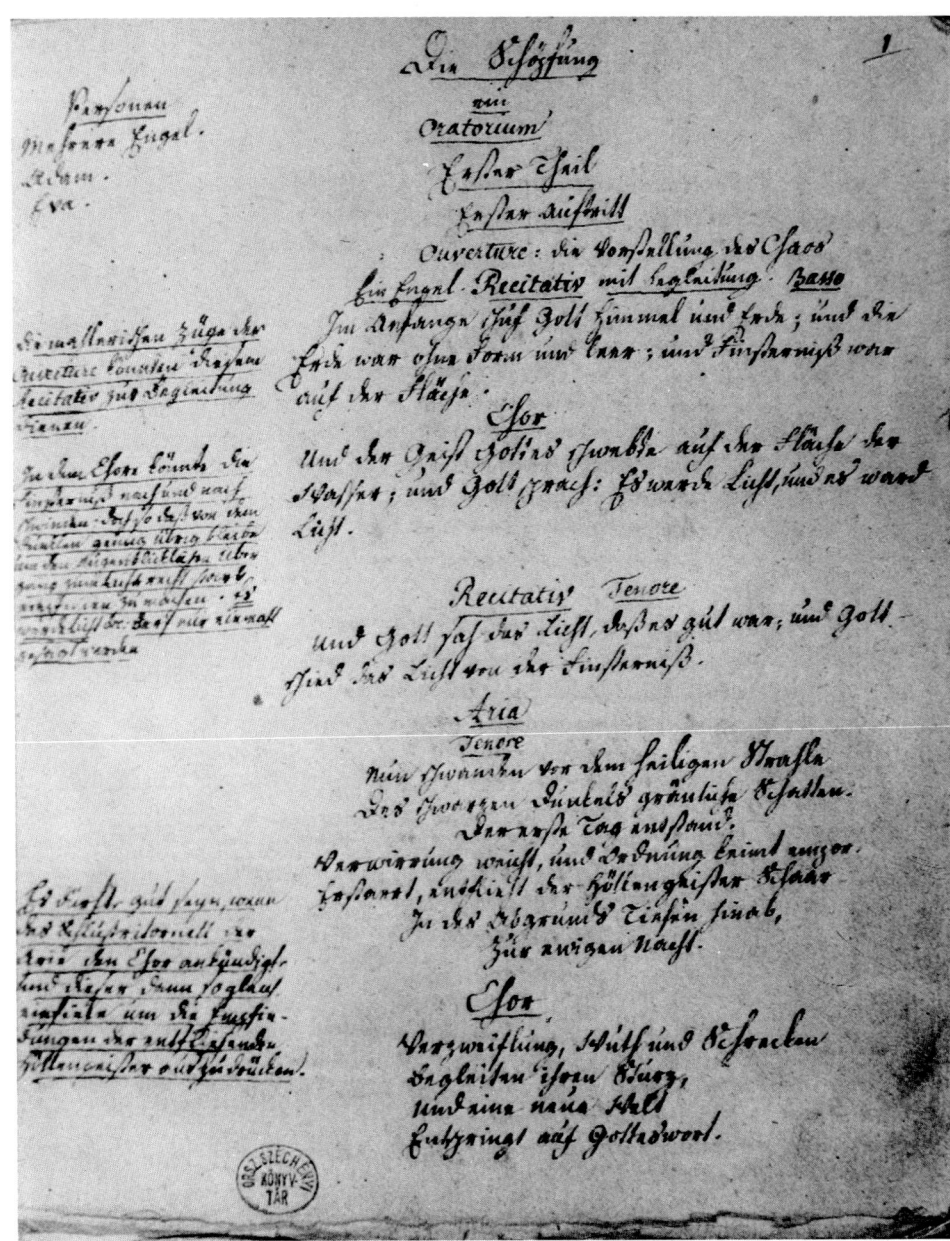

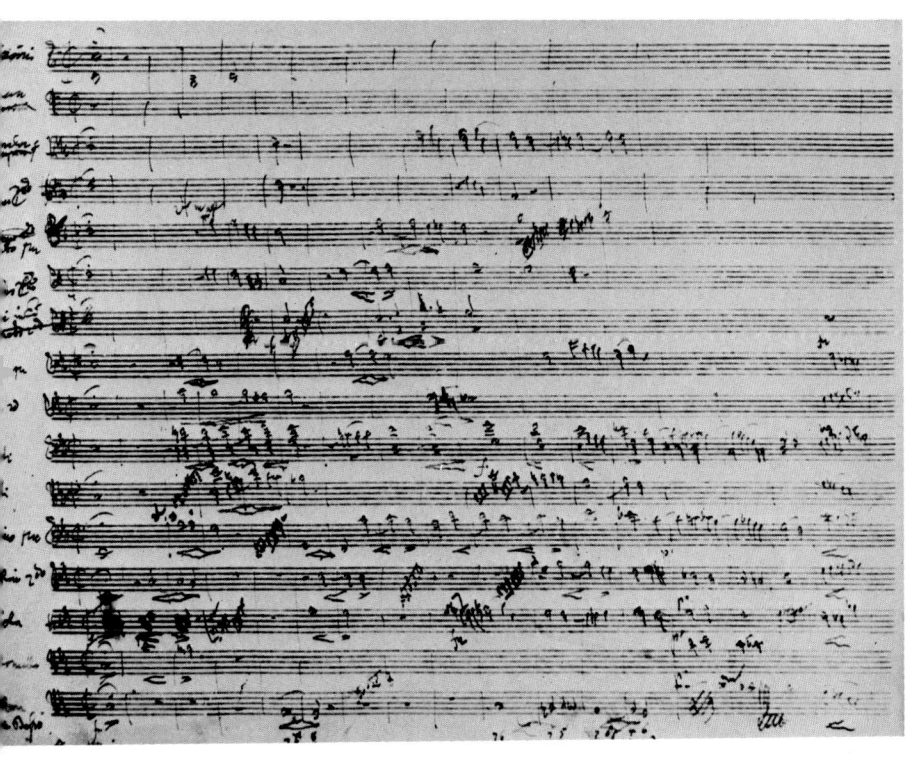

Die Erstausgabe (1800) der „Schöpfung“, mit vollständiger Partitur und deutschem und englischem Text, wurde von Haydn selbst verlegt. Die Liste der Subskribenten aus ganz Europa war eindrucksvoll. Unten die Titelseite dieser Ausgabe, rechts das Porträt des Librettisten Baron Gottfried van Swieten, der die Stellung des Hofbibliothekars innehatte.

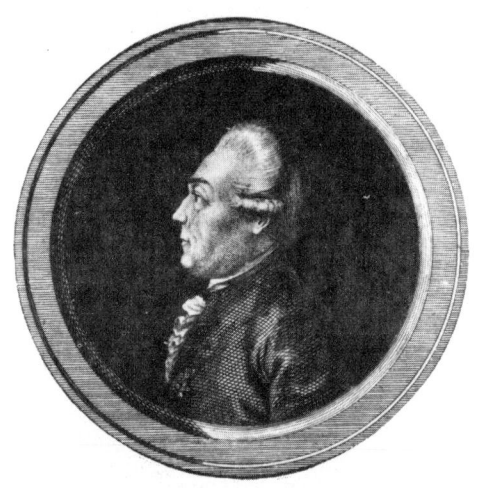

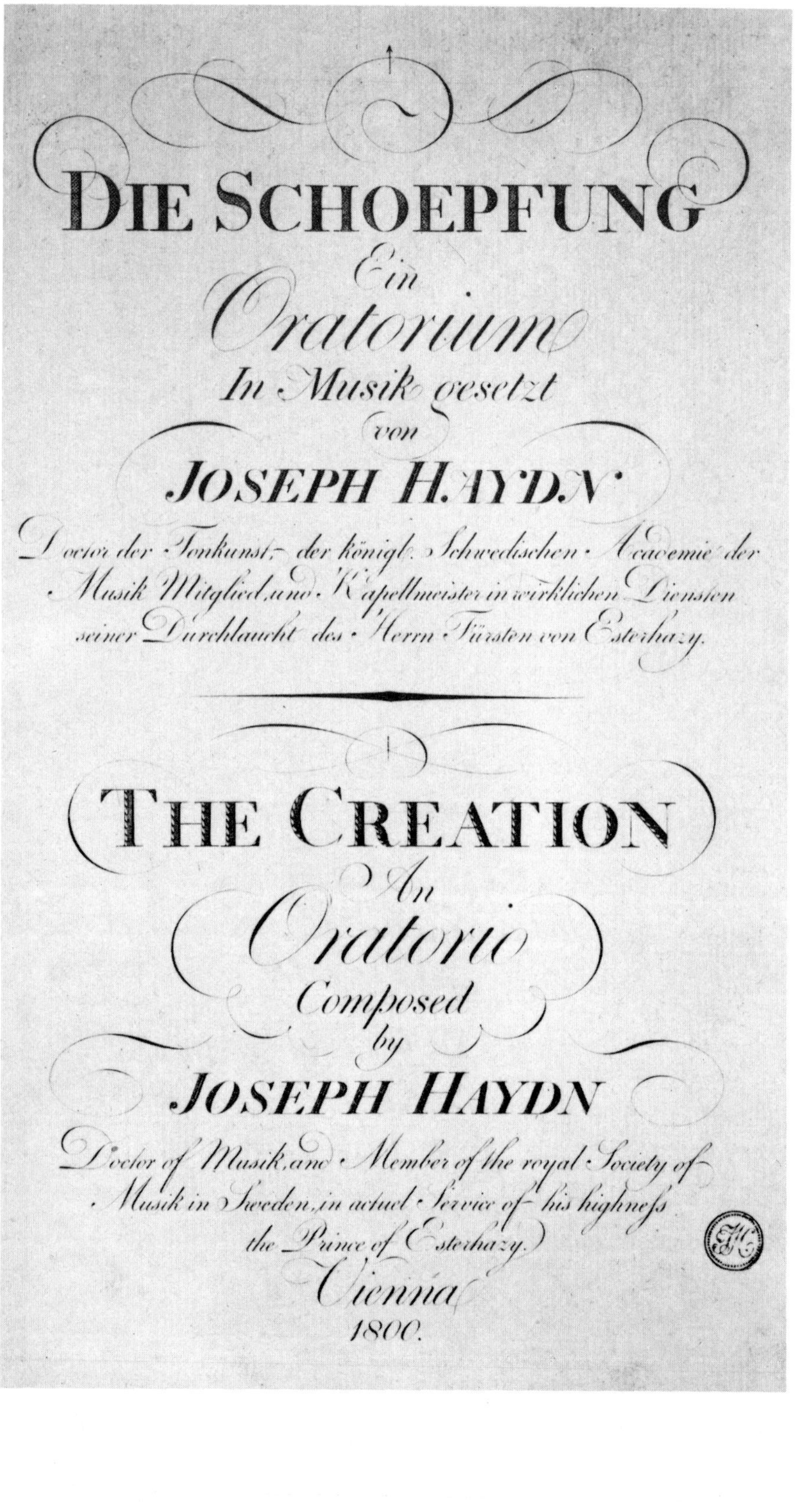

DIE SCHOEPFUNG
Ein
Oratorium
In Musik gesetzt
von
JOSEPH HAYDN
Doctor der Tonkunst, der königl. Schwedischen Academie der Musik Mitglied, und Kapellmeister in wirklichen Diensten seiner Durchlaucht des Herrn Fürsten von Esterhazy.

THE CREATION
An
Oratorio
Composed
by
JOSEPH HAYDN
Doctor of Musik, and Member of the royal Society of Musik in Sweden, in actuel Service of his highneß the Prince of Esterhazy.
Vienna
1800.

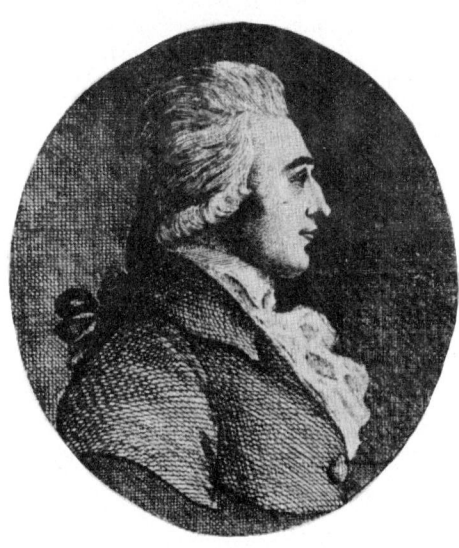

Konzertmeister bei den Erstaufführungen der Oratorien „Die Schöpfung“ (1798) und „Die Jahreszeiten“ (1801) war Paul Wranitzky (oben). Unten der italienische Komponist Antonio Salieri, eine der Galionsfiguren der Wiener Musikszene, der 1808 eine aus Anlaß von Haydns 76. Geburtstag gegebene Aufführung der „Schöpfung“ dirigierte.

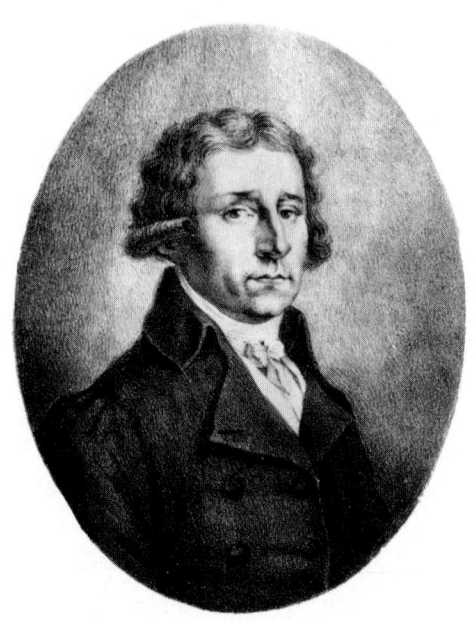

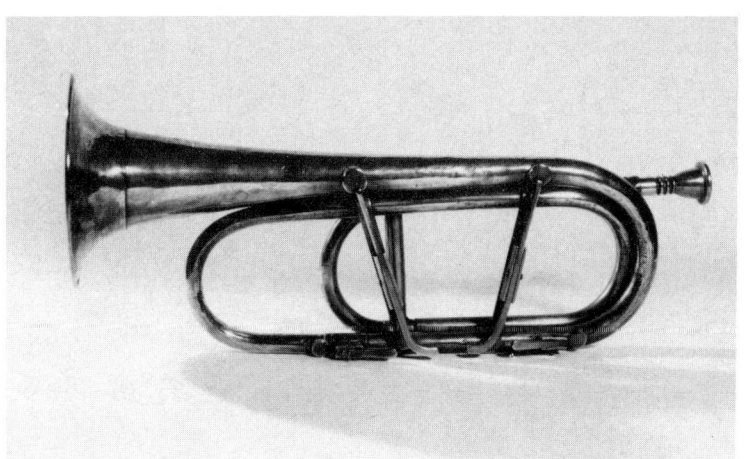

Haydns Trompetenkonzert von 1796 ist in neuerer Zeit zum populärsten Orchesterwerk des Komponisten geworden. Der *tutti*-Schluß des Finales auf der letzten Seite des Autographs (oben); rechts eine Klappentrompete (Clarino) von der Bauart, wie Hoftrompeter Anton Weidinger sie erfand, für den das Konzert geschrieben wurde und der es selbst bei einem Konzert im Burgtheater am 28. März 1800 — es war die erste öffentliche Aufführung — spielte.

Die letzten Messen

Die sechs Messevertonungen der Jahre 1796–1802 sind für Solisten, Chor und Orchester gesetzt. Daß eine Aufführung in voller Besetzung richtige Theateratmosphäre erzeugte, zeigt der Stich von J. E. Mansfeld (links), der als Illustration eines Buches diente, in dem man kirchliche Praktiken kritisierte, die, wie man meinte, geeignet seien, die Gläubigen von ihrer Andachtsübung abzulenken. Von diesen Messen wurde eine, die „Missa in tempore belli" („Paukenmesse"), zuerst in der Piaristenkirche in der Josephstadt (einer der Vorstädte Wiens) am 26. Dezember 1796 aufgeführt. Der Stich von Carl Schütz aus dem Jahre 1780 (unten) zeigt die Kirche, wie sie damals aussah. Vier der anderen Messen wurden in der Eisenstädter Bergkirche (rechts) erstaufgeführt, eine in St. Martin in Eisenstadt, jeweils zur Feier des Namenstages von Marie Hermenegild Fürstin Esterházy. An diesem Punkt seiner Karriere war die einzige formelle Pflicht Haydns in seiner Eigenschaft als Kapellmeister die Komposition einer Messe pro Jahr für diesen speziellen Anlaß.

Eine der populärsten Messen dieser späten Periode ist immer die „Missa in angustiis" – die „Nelson-Messe", wie sie heute genannt wird – gewesen. Haydn schrieb sie 1798 innerhalb von nur 53 Tagen. Der englische Admiral Horatio Lord Nelson (rechts) hatte soeben bei Abukir die französische Flotte vernichtet. Sein Triumph bedeutete im lange sich hinziehenden Kampf gegen Napoleon einen Durchbruch und eine allgemeine Hebung der Kampfmoral, und so wurde der Seeheld, als er auf dem Weg von Neapel nach London im August in Wien einlangte, wie ein Heros gefeiert. Bei dieser Gelegenheit besuchten er und seine Begleiterin Lady Hamilton den Fürsten Esterházy (Nicolaus II.) in Eisenstadt und wohnten einer Aufführung der Messe bei.

Privat unterhielt Haydn enge Beziehungen zu Antonio Polzelli (links), dem jüngsten Sohn seiner einstigen Geliebten, und zu seinem jüngeren Bruder Michael (rechts). Die Brüder Haydn trafen einander nur gelegentlich (Michael lebte in Salzburg), verkehrten aber regelmäßig brieflich miteinander. Joseph Haydn wohnte in seinen letzten Jahren im Wiener Vorort Gumpendorf (unten; siehe auch Abbildung Seite 171), dessen damaliges Aussehen der Stich aus dem Jahre 1798 festhält.

Einen Fächer, den Haydn der Frau des Pförtners im Stadtpalais der Esterházys in der Wallnerstraße etwa um das Jahr 1800 schenkte, zeigt das Bild rechts oben. Diesen Fächer schickte der Komponist, zusammen mit einem Dankesbrief, an Frau Pointner, weil sie ihn während einer Krankheit betreut hatte.

Nebenstehende Seite: Zwei Gebäude Wiens, die in Haydns Leben eine Rolle spielten, waren das alte Burgtheater auf dem Michaelerplatz, dessen Inneres (oben) und Äußeres (unten rechts) zwei zeitgenössische Stiche zeigen (das Trompetenkonzert und „Die Schöpfung" wurden dort uraufgeführt), und das Haus auf dem Kohlmarkt, in dem sich die Räumlichkeiten von Haydns bevorzugtem Wiener Verlag, Artaria & Co., befanden (Bild unten links).

DIE JAHRESZEITEN

nach Thomson,
in Musik gesezt von

JOSEPH HAYDN.

PARTITUR.

Originalausgabe.
Bey Breitkopf & Härtel in Leipzig.

14.

Haydns letztes großes Oratorium, „Die Jahreszeiten", mit dem Libretto (nach einem
Gedicht von James Thomson) von Baron
Gottfried van Swieten, wurde erstmals 1801
öffentlich zur Aufführung gebracht. Haydn
vertraute die Drucklegung Breitkopf & Härtel in Leipzig an. Die Titelseite der Erstausgabe (1802) ist auf der vorhergehenden Seite
abgebildet. Der Redoutensaal (oben), Schauplatz vieler bedeutender gesellschaftlicher
Ereignisse, war bedauerlicherweise schlecht
besucht, als dort im Mai 1801 Haydns Oratorium gegeben wurde. Einer der anwesenden Augenzeugen, dessen Tagebuchauf-
zeichnungen über dieses und andere Begeb-
nisse erhalten sind, war Joseph Carl Rosenbaum (rechts), der notierte: „Es war nicht
sehr voll, und kamen über 700 Personen."

Eine Seite aus dem „Haydn-Verzeichnis" von 1805, das Johann Elssler anlegte. Dieser handschriftliche Katalog umfaßte alle Werke, die Haydn, soweit er sich erinnerte, zwischen etwa 1749 und 1805 komponiert hatte. Die abgebildete Seite zeigt die Anfangstakte der ersten Symphonien, die Haydn in Esterházy-Diensten schrieb, beginnend mit den 1761 für Paul Anton Esterházy komponierten Werken Nr. 6–8, bekannt unter den Namen „Der Morgen", „Der Mittag", „Der Abend", und endet mit Nr. 28 (heutiger Zählung), entstanden 1765.

Einige Porträts aus Haydns späteren Jahren: Ganz oben links eine Lithographie von A. Kunike, nach dem Tod des Komponisten veröffentlicht, die ihn ohne seine gewohnte Perücke zeigt; oben eine lebensgroße Bleibüste, um 1800 entstanden – sie wird jetzt F. C. Thaller zugeschrieben (siehe Abbildung Seite 149) –, einst Haydns Eigentum, dann von diesem dem Grafen Harrach vermacht, dessen Nachkommen das Stück immer noch in ihrem Besitz haben; oben rechts ein Stich von Edmé Quenedey, der in Paris veröffentlicht wurde; und rechts eine verlorengegangene Miniatur von Christian Hornemann, um 1803 entstanden, die den Komponisten in etwas idealisierter Form darstellt.

Zu Haydns 76. Geburtstag dirigierte Antonio Salieri in der Alten Universität am 27. März 1808 eine Aufführung der „Schöpfung". Man brachte den gebrechlichen Haydn in einer Kutsche, die Fürst Nicolaus Esterházy beistellte, zum Ort der Aufführung und trug ihn, nachdem Fürstin Marie Hermenegild und andere Persönlichkeiten, unter ihnen Beethoven, ihn begrüßt hatten, in das Gebäude. Die Fotorekonstruktion auf der nebenstehenden Seite zeigt den Eingang der Alten Universität, davor einen Tragsessel (wie man ihn damals zum Hineintransport Haydns benützt haben mag) und neben dem Eingang

an der Wand das Konzertplakat dieser Aufführung. Die Szene des vollen Saales an jenem Abend selbst, im Hintergrund die Mitwirkenden, in der Mitte vorn Haydn, umgeben von Freunden und Bewunderern, hat der Miniaturenmaler Balthasar Wigand auf dem Deckel einer Schatulle festgehalten (oben). Obwohl die Schatulle selbst verlorengegangen ist — sie wurde dem Museum der Stadt Wien 1945 gestohlen —, ist uns durch eine 1909 angefertigte Kopie der Miniatur dieses Bilddokument von Haydns letztem Erscheinen in der Öffentlichkeit erhalten geblieben.

Haydns letzte Wochen in der Kleinen Steingasse in Gumpendorf (das Wohnhaus auf nebenstehender Seite oben) fanden eine unliebsame Störung durch das französische Bombardement der Stadt. Eine Lithographie nach einer Zeichnung von J. N. Höchle versucht die Situation während einer nächtlichen Beschießung Wiens wiederzugeben (oben). In dieser beängstigenden Lage beruhigte der Komponist seine Hausangestellten mit den Worten: „Kinder, fürchtet euch nicht; wo Haydn ist, kann euch kein Unglück treffen!"

Drei Tage vor dem Tod des Komponisten besuchte diesen ein französischer Kavallerieoffizier, und die beiden Männer sprachen über die „Schöpfung"; bevor der junge Mann ging, sang er Haydn eine Arie aus dem Oratorium vor, was dem alten Mann viel Freude bereitete. Nach der Einnahme von Wien war einer der ersten offiziellen Akte Napoleons, eine Ehrengarde zu Haydns Haus nach Gumpendorf zu beordern.

Während dieser letzten düsteren Tage Haydns betreute und pflegte ihn sein treuer Diener und Kopist Johann Elssler (rechts), der nach seines Meisters Tod am 31. Mai einen langen Brief an G. A. Griesinger schrieb, worin er ihm die traurige Nachricht mitteilte.

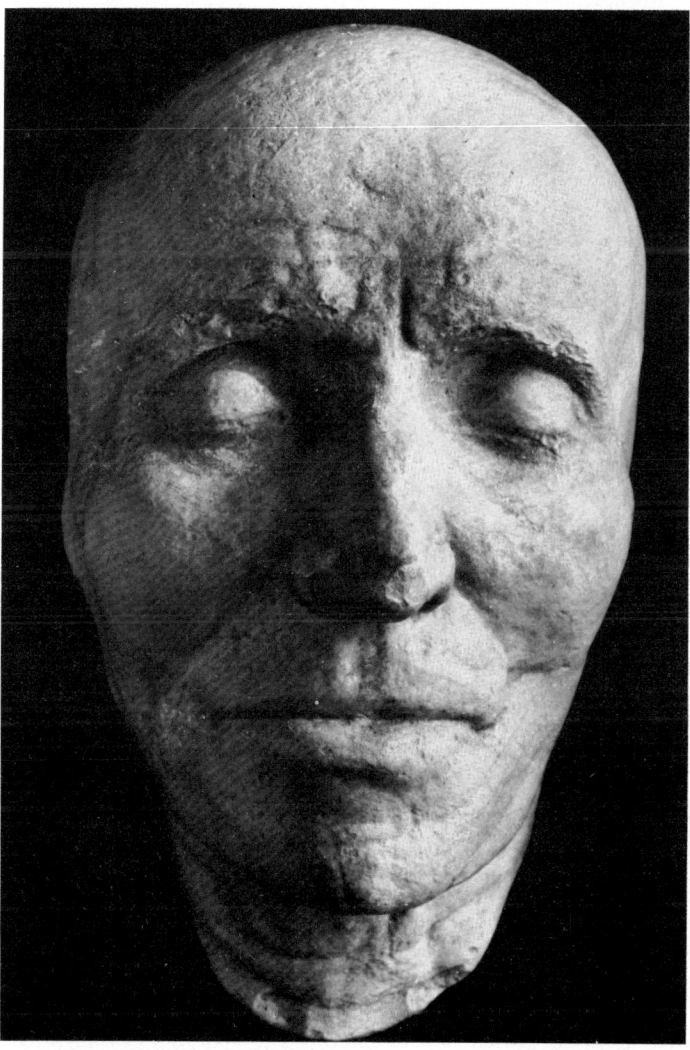

Die Totenmaske aus Gips nahm Johann Elssler ab; sie wird als wertvolles Erinnerungsstück in Haydns Wohnhaus aufbewahrt, das jetzt als Haydn-Museum eingerichtet ist. Obwohl Totenfeier und Erdbestattung in Wiens Vorstädten stattfanden, wurden Haydns sterbliche Überreste später auf Veranlassung des Fürsten Nicolaus II. Esterházy nach Eisenstadt gebracht und in der Bergkirche (siehe Abbildung Seite 172) beigesetzt.

Der Grabstein, entworfen von Haydns Schüler Sigismund von Neukomm, trägt eine lateinische Inschrift, und darüber steht, ihn gleichsam überwölbend, auf der Wand der Mauernische in lateinischer Sprache der Vers 17 des 118. Psalms: „Ich werde nicht sterben, sondern leben und des Herrn Werk verkündigen", als Hinweis auf des Komponisten lebenslange Treue zu seinem Glauben.

Die Bergkirche in Eisenstadt, wo vier der sechs letzten Messen
Haydns zum erstenmal erklangen und ihr Schöpfer seine letzte
Ruhestätte hat.

Am 8. September 1895 stand folgende Ankündigung in der „Preßburger Zeitung":

Der Fürstl. Esterhazysche Kappelmeister, Herr Joseph Haydn, dieser allgemein hochgeschätzte und in der Tat sehr grosse Tonkünstler, dessen vortreffliche Kompositionen überall mit dem größten Beyfall aufgenommen worden, ist nach Briefen aus Hamburg am 20. v. M. aus London daselbst angekommen, und hat Tages darauf seine Reise nach Wien fortgesetzt.

Nach seiner Rückkehr von seinen zweitem triumphalen England-Besuch sollte Wien Wohnort Haydns bleiben bis zu seinem Tod 1809. Haydns neuer Patron, Fürst Nicolaus II., anders als Nicolaus I., der die österreichische Hauptstadt nicht gemocht und ihr die Abgeschiedenheit von Eszterháza vorgezogen hatte, fand Wien anziehend. Eszterháza wurde nun gänzlich aufgegeben, und das beste Mobiliar und die schönsten Bilder brachte man nach Wien oder ins Familienschloß in Eisenstadt, wo Nicolaus II. die Sommer verbrachte und von wo aus der riesige Esterházy-Besitz verwaltet wurde.

Haydn ging im Sommer mit dem Fürstenhof nach Eisenstadt und wohnte dort in der Nähe des Schlosses. Ansonsten hielt er sich in Wien auf und war da Doyen des musikalischen Lebens. In der Zeit von 1796 bis 1802 war Haydns einzige formelle Pflicht als Kapellmeister die Komposition einer Messe pro Jahr, jeweils zur Feier des Namenstages von Nicolaus' Frau, der Fürstin Marie Hermenegild. Ergebnis waren sechs große Messen (die Messe für das Jahr 1800 fiel aus). 1796 umfaßte Haydns „Capelle" die fürstliche „Feldharmonie" (eine Blasmusik aus je zwei Oboen, Klarinetten, Fagotten und Hörnern), einen kleinen Chor, Streicher und einen weiteren Fagottisten, der gewöhnlich die Kesselpauken bediente.

Es wäre schön, berichten zu können, Haydn habe seine späten Jahre unter einem fürstlichen Arbeitgeber abgedient, dessen musikalischer Instinkt ähnlich dem von Nicolaus I. gewesen sei. Doch leider, nicht nur war Nicolaus II. im Grunde unmusikalisch, so gestalteten sich die persönlichen Beziehungen zwischen ihm und seinem Kapellmeister anfänglich nicht ohne Spannungen. Etliche Vorkommnisse beweisen das. Die aufschlußreichste Geschichte in dieser Hinsicht betrifft eine Orchesterprobe um 1795/96, die Haydn leitete. Der Fürst trat ein und äußerte Kritik, woraufhin Haydn – in Gegenwart aller Musiker – erwiderte: „Fürstliche Durchlaucht, dies zu verstehen ist meine Sache." Nicolaus, bleich vor Zorn, schritt davon. Ein anderer Punkt im Verhalten des Fürsten gegenüber dem verehrungswürdigen Komponisten erinnerte wohl an Haydns frühe Jahre im Dienste der Esterházy, als man ihn noch in der dritten Person anredete (z. B.: „Morgen dirigiert er eine Symphonie."). Diese Art der Anrede, passend für einen Lakai, war unter Nicolaus I. längst fallengelassen worden, und Haydn verwahrte sich mit Recht dagegen, daß sie wieder in Gebrauch käme. Es bedurfte nun der gütigen Beihilfe von Prinzessin Marie Hermenegild – mit der Haydn immer auf bestem Fuße

Fürst Nicolaus II. Esterházy, Federzeichnung von Reverend William Bradford, dem Hauskaplan der Britischen Botschaft in Wien.

gestanden hatte und der er, noch während er sich in England aufhielt, drei Klaviertrios gewidmet hatte –, jene Form der Anrede wiederherzustellen, die eines Doktors der Musik der Universität Oxford würdig war, der noch vor kurzem mit dem König und der Königin von England intim geplaudert hatte. Mit der Zeit besserten sich die Beziehungen zwischen dem Fürsten und seinem Kapellmeister, aber Nicolaus war im günstigsten Fall als schwierig und unsympathisch zu bezeichnen.

24 Jetzt, da Eisenstadt wieder Zentrum der Administration der Esterházyschen Güter war, entstanden genaue Pläne für einen Umbau des ziemlich häßlichen Schlosses, und die Entwürfe des Architekten sind eindrucksvoll. Charles de Moreau konnte jedoch nur einen kleinen Teil seiner Pläne verwirklichen (z. B. die schönen Stallungen vor dem Gebäude). Wie eine Engländerin, Martha Wilmot, im Jahre 1828 Eisenstadt sah, sei im folgenden zitiert:

26. [September 1828]

. . . Eisenstadt, des Fürsten Esterházy berühmtes Schloß, umgeben von Ländereien und Wald sowie von jedem erdenklichen Luxus, wenn auch nicht von solchem guten Geschmacks, war unsere nächste Station. Die Stadt selbst ist sehr armselig, schlecht gepflastert und schmutzig. Sogar das Schloß steht auf einem Platz, dessen Pflaster hinreicht, die Federn eines Wagens zerspringen zu lassen, es sah insgesamt desolat aus, und Gras wuchs (zwischen den Steinen und den großen Fliesen) vor dem Tor . . . Soldaten bewachen den Eingang, es gibt eine Menge militärischen Gedrills und Geprotzes, wenn jedoch sein Schloß während der Jagdsaison geöffnet ist, was manchmal geschieht, kann er 80 Besucher mitsamt der Dienerschaft empfangen und unterbringen. Die Schlafzimmer sind im allgemeinen auch vorzüglich, manche sehr hübsch. Die Empfangsräume sind, wenn man die Größe von allem bedenkt, in keiner Hinsicht bemerkenswert, ausgenommen der große Bankettsaal, und dieser ist 180 Fuß lang . . . hier speisen manchmal 300 Gäste, werden von Künstlern aus Wien Theaterstücke gespielt, kurz, er ist vornehm . . .

28/29 Neben dem Schloß, wo Haydn Konzerte gab (die großen Aufführungen fanden im Bankettsaal, jetzt „Haydnsaal", die kleinen in Räumen im ersten Stock

161, 172 statt), muß sich unser musikalisches Interesse, was Eisenstadt betrifft, auf die Bergkirche richten. Dort dirigierte Haydn – mit einer [vielleicht zwei] Ausnahme[n] – die Erstaufführungen seiner letzten sechs Messen. Die Erstauf-

161 führung der „Nelsonmesse" (*Missa in angustiis*; Hob. XXII:11) fand 1798 in

32 der Pfarrkirche (jetzt Dom) St. Martin, am Sonntag, den 23. September statt. Haydn selbst spielte wahrscheinlich die zahlreichen Soli auf der großen Orgel. Diese, 1778 von J. G. Malleck gebaut, der dann auch 1797 die bis heute erhaltene Orgel in der Bergkirche baute, ist jetzt restauriert worden und eines der größten Instrumente im süddeutschen Raum. Die Hochblüte von Haydns Chormusik ist an diesen Messen ebenso zu erkennen wie an seinen späten Oratorien. Haydn hat diese Messen für großes Orchester, vier Gesangssolisten und Chor gesetzt, und das mit großem Können, aber auch mit ebensolcher Kühnheit, dennoch bleiben sie im Grunde fortdauernde Beweise für Haydns Glauben an die Ordnung des Universums und an das allgegenwärtige und gütige Wirken Gottes. Über diese Seite von Haydns Wesen berichtet uns Griesinger:

Haydn war sehr religiös gesinnt, und dem Glauben, in welchem er aufgewachsen war, treu ergeben. Sein Gemüth war von der Ueberzeugung, daß alle menschlichen Schicksale unter der leitenden Hand Gottes stehen, daß Gott der Vergelter des Guten und Bösen sey, daß alle Talente von oben kommen, aufs lebhafteste durchdrungen. Alle seine größeren Partituren beginnen mit den Worten: In nomine Domini, und schließen mit: Laus Deo oder Soli Deo gloria. „Wenn es mit dem Komponiren nicht so recht fort will, hörte ich ihn sagen, so gehe ich im Zimmer auf und ab, den Rosenkranz in der Hand, bete einige Ave, und dann kommen mir die Ideen wieder." In der

Religion fand er auch den kräftigsten Trost tur seine körperliche Gebrechlichkeit; er war in den letzten Jahren mit dem Gedanken an seinen Tod ganz vertraut und bereitete sich dazu jeden Tag. Ohne über Gegenstände des Glaubens zu spekulieren, nahm er an, was und wie es seine katholische Kirche lehrte . . .

Haydn ließ jeden Menschen bey seiner Überzeugung, und erkannte sie alle als Brüder. Überhaupt war seine Andacht nicht von der düstern, immer büßenden Art, sondern heiter, ausgesöhnt vertrauend, und in diesem Charakter ist auch seine Kirchenmusik geschrieben.

Eine natürliche Folge von Haydns Religiosität war seine Bescheidenheit; denn sein Talent war nicht sein eigenes Werk, sondern ein gütiges Geschenk des Himmels, dessen er sich dankbar bezeigen zu müssen glaubte.

Haydns Schüler Sigismund Neukomm weiß hier die folgende Bemerkung hinzuzufügen:

Die neueren Messen H's. gegen deren eleganteren, weniger Kirchlichen Styl die Kritik sich rücksichtslos ausgesprochen hat, wurden in Haydens letzter, glorreicher Kunst-Periode Komponiert u zwar alljährlich zur Geburts oder vielmehr Namensfeier seiner hochverehrten Gönnerin der Fürstin Esterh. für welche eine Messe in liebl. eleganten Styl natürlich mehr Werth hatte, als ein gelehrtes oder ernseres Werk gehabt haben würde.

In Wien entfaltete man in gewisser Hinsicht mehr musikalische Aktivitäten als zur Zeit von Haydns Jugend. Aber der Adel konnte sich jetzt nicht mehr die großen Orchester von einst leisten; statt dessen hatte man Bläserkapellen, die Tafelmusik machten. Eine damals sehr populäre Art, für diese „Feldharmonien" Repertoire zu schaffen, war das Transkribieren von Opern. Viele solcher Arrangements, sogar von Mozart-Opern, sind erhalten geblieben (auch im Esterházy-Archiv in Eisenstadt). Es gab zwei Opernorchester in der Stadt, eines für das deutsche, das andere für das italienische Repertoire. Die Sänger waren meist nur an eines der beiden Häuser gebunden, selten an beide. Haydn und später auch Beethoven schöpften für ihre Benefizkonzerte aus diesem Sängerreservoir. Unter den Privatorchestern war neben dem des Fürsten Esterházy das des Fürsten Lobkowitz das wohl berühmteste, und sowohl Haydn als auch später Beethoven traten bei den Konzerten dieses Ensembles regelmäßig in Erscheinung. Die bedeutendsten Konzerte waren noch immer die zu Ostern und Weihnachten an zwei aufeinanderfolgenden Abenden stattfindenden Veranstaltungen der „Tonkünstler-Societät", die nun, nach Jahren der Entfremdung, Haydns „unentgeltliche Aufnahme in die Societät" vorschlug. Bei diesen Konzerten wurden gewöhnlich ein Oratorium und zwischen dessen Teilen Instrumentalkonzerte oder andere Musik dargeboten. Haydn wurde später Hauptwohltäter dieser Vereinigung, führte bei deren halbjährlich stattfindenden Konzerten „Die sieben Worte" (in der Chorfassung), „Die Schöpfung" und „Die Jahreszeiten" auf und ließ der Societät riesige Summen für die Witwen und Waisen von Musikern zukommen. Überhaupt bestand Haydns öffentliche Tätigkeit – neben den Erstaufführungen seiner Oratorien – nun in gemeinnützigem Wirken, ganz nach dem Vorbild Händels, der ähnliches für das Foundling Hospital in London getan hatte.

Als Haydn von London zurückkehrte, gaben er und Beethoven häufig gemeinsam Konzerte, Beethoven trat dabei als Klaviersolist in Erscheinung, Haydn dirigierte seine Londoner Symphonien. Natürlich war Beethoven nicht mehr Haydns Schüler, und die Beziehungen des jungen Mannes zu seinem früheren Lehrer waren sehr veränderlicher Natur. Einerseits widmete er Haydn seine neuesten Klaviersonaten (Op. 2, 1796), andererseits soll er zu Haydn gesagt haben, er habe von ihm nie etwas gelernt – eine wohl kaum objektiv zu nennende Behauptung. Um die ganze Frage dieses relativ frühen Stadiums der

153

154

Beziehungen von Haydn und Beethoven zu klären, wollen wir aus einem interessanten Dokument zitieren, das aus irgendeinem Grund den meisten Biographen der beiden Komponisten entgangen ist. Es ist ein eher journalistisch aufgemachter, doch nichtsdestoweniger treffender Bericht des französischen Flötisten Louis François Drouet (1792–1873), der Beethoven in Wien kennenlernte. Drouet unternahm 1816 eine ausgedehnte Europatournee, die ihn bis Neapel führte, und wahrscheinlich machte er dabei in Wien Halt, wurde mit Beethoven bekannt und zu einem enthusiastischen Bewunderer von dessen Musik. Drouet beschreibt seine Beziehung zu Beethoven in einer Reihe von Gesprächen „mit einer höchst gebildeten, musikalischen Dame, die Gattin eines Engländers", die 1858 erstmals in einer Hamburger Zeitung mit dem Titel „Zeitung für Gesangvereine und Liedertafeln" veröffentlicht wurden.

„Haydn", sagt Drouet, „war gewiß ein großer Musikus, einer der größten die jemals gelebt haben, und doch hat er sich in Bezug auf Beethoven, den Sie so sehr lieben, geirrt. Als er dessen erste Trios ansah, über welche man ihn nach seiner Meinung fragte, sagte er: ‚Aus diesem jungen Manne wird nie etwas werden.'"
„Ganz und gar nicht", antwortete die Dame, „man schreibt diese Worte Haydn zu, aber er hat sie nicht gesagt, und Sie wissen das wohl, da Sie mir es selbst bei der Herzogin von Belgiojoso erzählt haben ... Als Beethoven, noch sehr jung, (fuhr die Dame fort), seine ersten Arbeiten Haydn zeigte, und diesen um seine Meinung befragte, sagte ihm Haydn: ‚Sie haben sehr viel Talent, Sie werden noch mehr, ja ungeheuer viel Talent erwerben. Ihre Einbildungskraft ist eine unerschöpfliche Quelle von Gedanken, aber ... wollen Sie, daß ich offen mit Ihnen rede?' – ‚Gewiß,' antwortete der junge Beethoven, ‚denn ich bin hier, um Ihre Meinung zu hören.' – ‚Nun gut,' sagte Haydn, ‚Sie werden mehr leisten, als man bis jetzt geleistet hat, Gedanken haben, die man noch nicht gehabt, Sie werden nie (und Sie tun recht daran) einer tyrannischen Regel einen schönen Gedanken opfern, aber Ihren Launen werden Sie die Regeln zum Opfer bringen; denn Sie machen mir den Eindruck eines Mannes, der mehrere Köpfe, mehrere Herzen, mehrere Seelen hat, und ... aber ich fürchte, Sie zu erzürnen.' – ‚Sie werden mich erzürnen,' sagte Beethoven, ‚wenn Sie nicht fortfahren.' – ‚Gut dann,' erwiderte Haydn, ‚weil Sie es wollen, fahre ich fort und sage, daß meiner Meinung nach, immer etwas – um nicht zu sagen: Verschrobenes – doch: Ungewöhnliches in Ihren Werken sein wird: man wird schöne Dinge darin finden, sogar bewunderungswürdige Stellen, aber hier und da etwas Sonderbares, Dunkles, weil Sie selbst ein wenig finster und sonderbar sind, und der Styl des Musikers ist immer der Mensch selbst. Sehen Sie meine Compositionen an. Sie werden darin oft etwas Joviales finden, weil ich es selbst bin; neben einem ernsten Gedanken werden Sie einen heiteren finden, wie in Shakespeares Tragödien ...... Uebrigens war, zu der Zeit, wo Haydn die ersten Werke Beethovens sah, dieser noch sehr jung, der Baum war noch zu dick belaubt, er mußte ausgeputzt werden; in den ersten Compositionen Beethoven's war alles Ueberfluß .....'"
Die Dame: „Sie finden die ersten Compositionen Beethovens sehr gut, weil Sie sie kennen wie sie gedruckt worden sind, aber nicht wie er sie Haydn zeigte."
Drouet: „Diese Bemerkung ist sehr richtig, ich dachte nicht daran, aber ich entsinne mich jetzt ganz genau, daß Beethoven mir sagte, als ich von seinen ersten Arbeiten sprach: ‚sie sind nicht so gedruckt, wie ich sie zuerst geschrieben hatte; als ich meine ersten Manuscripte, einige Jahre nachdem ich sie geschrieben, ansah, habe ich mich gefragt, ob ich nicht toll war, in ein einziges Stück zu bringen, was dazu hinreichte, zwanzig Stücke zu componiren. Ich habe diese Manuscripte verbrannt, damit man sie niemals sehe, und ich würde bei meinem ersten Auftreten als Componist viele Thorheiten begangen haben ohne die guten Rathschläge von Papa Haydn und von Albrechtsberger.'"

158 Die erste offizielle Zusammenarbeit von Haydn und Gottfried van Swieten – „inoffiziell" hatte der Baron wahrscheinlich 1793 die deutsche Textversion von „The Storm" geliefert – betraf Haydns neue Version der „Sieben Worte", die der Komponist 1786 für Cádiz als reines Orchesterwerk geschrieben hatte. Jetzt, zehn Jahre später, fügte Haydn dem Orchester neue Instrumente hinzu (z. B. Klarinetten und Posaunen), brachte weitere Änderungen an und schrieb zusätzlich ein Orchesterzwischenspiel für eine Bläsergruppe, ein außergewöhn-

liches, dem Zuhörer kalte Schauer verursachendes Largo, in welchem zum erstenmal das Kontrafagott in einer Haydn-Partitur auftaucht – zweifellos mahnende Erinnerung an die Verwendung dieses Instruments bei den großen Händel-Festen in London. Was den Vergleich der Orchester- mit der Chorfassung des Werkes betrifft, so wurde dieser gelegentlich einer Aufführung in Bückeburg 1802 angestellt und spiegelt deutlich die Meinung der meisten Zeitgenossen zu diesem Thema wider:

Sonnabend, den 12. Juni 1802
Haydn's sieben Worte in Bückeburg.
Daß Haydn's sieben Worte bei uns am Charfreitage mit den neu untergelegten Chören gegeben wurden, sage ich Ihnen, meine beste Gräfin, um es Ihrem musikalischen Herzen doppelt schwer zu machen, nicht zugegen gewesen zu seyn. Wenn Sie wissen, welche Wirkung diese schöne Musik hervorbrachte als sie nur Instrumentalmusik war, so werden Sie mir glauben, wenn ich Sie versichere, daß sie durch die passend untergelegten Worte viel an bestimmter Verstärkung des Ausdruckes gewann. Freilich bleibt es immer ein Werk, das für das große Publikum nicht eigentlich berechnet ist; sechs Adagios hinter einander zu würdigen, und die Zufriedenheit unseres Auditoriums kam vielleicht aus der eigenen Stimmung, die alle an dem Charfreitage beseelt, und die Idee eines verdienstlichen Werkes mit dem Gefühl der langen Weile verbindet. Die Schattirungen, mit welchen die Chöre vorgetragen wurden, gefielen gewiß den [sic] Kenner doppelt, so seltener sie sind. – Die Anfangsworte, oder eigentlich die sieben Worte, machten die feierlichste Wirkung vor jedem Chor durch die bloßen Menschenstimmen, ohne Begleitung in einer reinen Intonation vorgetragen. Den Ton, der von keinem Instrumente angegeben wurde, am Ende des Chors nach einer großen Pause für die Intonation zu finden, war ziemlich schwer. Unser Konzert wurde aus bloßer reiner Liebe zu der Tonkunst gegeben; keine der gewöhnlichen Veranlassungen war hier Schuld an der Aufführung; sie war nicht einmal zum Vortheil der Armen; die geistliche Musik sollte frei für Jedermann seyn, der sie ruhig hören wollte.

Am 14. Januar 1797 wurden die Leser der „Wiener Zeitung" informiert, daß

Se. K.K. Maj. . . . hat die von dem Fürsten Niklas Esterhazy v. Galantha, ihrem Kämmerer, Generalmajor, und der adeligen Ungrischen Leib-Garde Premier-Lieutenant, seit dem J. 1793 geleisteten sehr beträchtlichen freywilligen Kriegsbeyträge . . . mit dem gnädigsten Wohlgefallen aufgenommen, . . . nunmehr aber auch ihn mit dem Großkreutze des St. Stephans-Ordens zu beehren geruhet . . .

Haydn war natürlich kaum in der Lage, im Krieg gegen Napoleon Hilfe in Form großer finanzieller Zuwendungen zu leisten; doch er war imstande, einen Beitrag zu leisten, der weit dauerhafter war als jede Geldspende. Das war nun die Zeit, in der er sein ernstes, getragenes „Volcks Lied" schrieb, später bekannt als österreichische (danach deutsche) Nationalhymne.
Über den Ursprung des Liedes liefert uns der Kustode der Hofbibliothek, Anton Schmid, eine Version. Er schrieb 1847:

Was aber die Veranlassung des herrlichen Haydn'schen Liedes betrifft, so können wir folgende glaubwürdige Umstände, welche mehrere der vorzüglichsten, in Wien theils schon verstorbenen, theils noch lebenden, jener Zeit gedenkenden Tonsetzer uns angedeutet haben, unsern Lesern vorführen.
Haydn hatte in England den lieblichen brittischen Nationalgesang: ‚God save the king' kennen gelernt, und das brittische Reich um ein Lied beneidet, wodurch es seinem Herrscher in festlichen Zeiten öffentlich seine Verehrung, Liebe und Anhänglichkeit zu zollen Gelegenheit fand.
Als der Vater der Tonkunst wieder nach seiner geliebten Kaiserstadt zurückgekehrt war, theilte er dem echten Freunde, Kenner, Unterstützer und Anreger so manches Guten und Grossen in Kunst und Wissenschaft, Freiherrn van Swieten, Präfecten der k. k. Hofbibliothek, welcher damals zugleich an der Spitze des vom hohen Adel unterhaltenen Concert spiruel stand, und Haydn's ganz besonderer Gönner war, seine Bemerkungen darüber, sammt dem Wunsche mit, Oesterreich möge doch auch einen ähnlichen Nationalgesang besitzen, womit es seinem geliebten Landesvater gleiche Verehrung und Liebe zu zollen im Stande wäre. Auch dürfte derselbe in dem

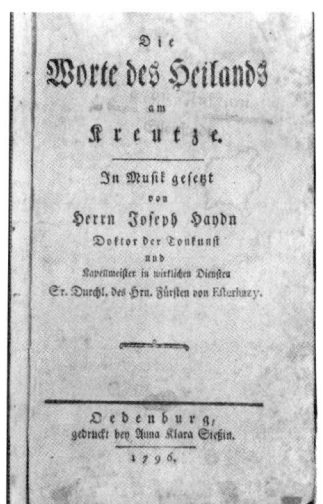

„Die sieben Worte" (Chorfassung). Titelseite des deutschen Textbuches, das in Ödenburg für die am 27. Oktober 1797 im Eisenstädter Schloß stattfindende Aufführung von Haydns Oratorium gedruckt wurde. Der Drucker konnte auf eine lange Zusammenarbeit mit der Operntruppe von Eszterháza zurückblicken. Die meisten Opernlibretti der unter Haydns Leitung dort aufgeführten Werke hatte er herausgebracht.

150

151

damaligen Kampfe mit dem überrheinischen Dränger als ein edles Mittel dienen, die Herzen der Oesterreicher zu einem noch höheren Grade der Anhänglichkeit für den Fürsten und das Vaterland zu entflammen, und die Schaar der freiwilligen Kämpfer, welche durch ein allgemeines Aufgebot versammelt wurden, sowohl vermehren, als zum Streite begeistern.

Der Freiherr van Swieten nahm dieserwegen mit Sr. Excellenz dem damaligen k. k. niederösterr. Regierungspräsidenten, Herrn Franz Grafen von Saurau, dem hohen Gründer des erwähnten Aufgebotes, schleunige Rücksprache; und so trat denn ein Gesang ins Leben, welcher sowohl, als Haydn's größere Kunstschöpfungen, sich die Krone der Unsterblichkeit erworben hat.

Thatsächlich ist es, daß dieser hochsinnige Herr Graf den günstigen Zeitpunct zur Einführung eines Volksgesanges benützte, und so den schönen Gedanken in das Leben rief, welcher noch lange nach uns Kenner und Laien des In- und Auslandes entzücken wird.

Er ertheilte sogleich dem Dichter Lorenz Haschka den Auftrag, die Dichtung zu entwerfen, und ersuchte dann unsern Haydn, dieselbe in Musik zu setzen.

Im Jänner des Jahres 1797 war die Doppelaufgabe gelöst, und das erste öffentliche Absingen des Liedes für das Geburtsfest des Monarchen angeordnet.

Am 30. Januar 1797 schrieb Saurau an die Prager Obrigkeiten wie folgt:

„Hochgebohrner Graf!
Es wird Euer Excellenz bekannt sein, welche Wirkung das bekannte englische Volkslied: God save the King, auf das Volk hervorgebracht, und wie sehr dasselbe seit so langer Zeit den Nationalgeist zur gemeinschaftlichen Vertheidigung gegen auswärtige Feinde in thätiger Spannung erhalten habe.

Das hier beiliegende Lied, verfaßt von Haschka, und in Musik gesetzt von dem berühmten Hayden, wird am 12. Hornung, als dem Geburtstage des Kaisers in allen Theatern Wiens von dem Volke abgesungen werden, und ich gebe mir die Ehre Euer Excellenz ein Exemplar davon im Vertrauen anzuschließen, damit das Lied, wenn Sie es für gut befinden, an dem nämlichen Tage auch in Prag könne gesungen werden, und die Wünsche des ganzen Volkes an dem nämlichen Tage für die Erhaltung seiner Majestät erschallen.

Ich bin mit der vollkommensten Hochachtung

Euer Excellenz
gehorsamster Diener
Saurau"

Das „Magazin der Kunst und Literatur" brachte einen Bericht unter dem Titel „Gott erhalte den Kaiser!":

„Der zwölfte Februar als der Geburtstag unsers erhabenen und allgemein geliebten Kaisers wurde dieses Jahr auf eine Art gefeyert, die bisher in Oesterreich noch unbekannt war. Ein warmer Verehrer Seines Monarchen traf die Anstalt, die dem allgemeinen Wunsche nicht angemessener seyn konnte, aller Orten den treuen Völkern der österreichischen Monarchie Gelegenheit zu verschaffen, die Empfindungen ihres Herzens für das Wohl ihres geliebten Fürsten öffentlich und gemeinschaftlich darthun zu können. Ein Volkslied, in Gestalt desjenigen, das die treuen Britten für die Erhaltung ihres Königes singen, schien hierzu das schicklichste Mittel zu seyn. Haschka verfaßte das Lied, und Haydn setzte es in Musik: eine Wahl, die dem hohen Wähler Ehre macht. Es ward den 12ten Februar dieses Jahrs zum ersten Mahle in allen Schaubühnen abgesungen. Der Enthusiasmus des Publikums, welcher sich auch dießmal, wie bey mehrern ähnlichen Gelegenheiten zeigte, läßt es erwarten, daß wir noch oft das Vergnügen haben werden, die vereinigte Volksstimme zur Erhaltung des Kaisers in unsern Theatern zu vernehmen . . .

Obwohl Haydn nach seiner Rückkehr aus London keine Symphonien mehr komponierte, so brachte er doch in dieser Periode andere Gattungen der Instrumentalmusik in seinem Schaffen zur Blüte. So das Trompetenkonzert (Hob. VII:1) des Jahres 1796, komponiert für die Klappentrompete, die Hoftrompeter Weidinger erfunden hatte, und eine ganze Reihe von Streichquartetten. Beides waren Auftragswerke, das erstere für einen talentierten Musiker, die letzteren für aristokratische Gönner. Es wurde Brauch, bei einem Komponisten beispielsweise einige Streichquartette zu bestellen. Diese Quartette blieben für eine gewisse Zeit (gewöhnlich zwei Jahre) ausschließliches

Eigentum des Auftraggebers; nach Ablauf dieser Frist stand es dem Komponisten frei, sie veröffentlichen zu lassen oder jedweden Nutzen daraus zu ziehen. Fürst Lobkowitz „erwarb" Beethovens „Eroika" unter solchen Bedingungen, und für ihn komponierte Haydn seine letzten vollendeten Streichquartette Op. 77 (1799). Noch vorher hatten Graf Apponyi mit dem Komponisten ein ähnliches Arrangement bezüglich der sechs Quartette Op. 71 und 74 (1793) und Graf Erdödy bezüglich der berühmten Quartette Op. 76 (1797?) getroffen. Am 14. Juni 1797 schreibt der schwedische Diplomat Frederik Samuel Silverstolpe nach Stockholm:

211
154
155

... Vor einigen Tagen war ich wieder bei Haydn, der jetzt gleich neben mir wohnt, seit er eine ganze Viertelmeile von seinem gewöhnlichen Winter- und Frühlingsquartier in einer der Vorstädte fortgezogen ist. Bei dieser Gelegenheit spielte er mir auf dem Clavier vor, Violinquartette, die ein Graf Erdödi für 100 Ducaten bei ihm bestellt hat und die erst nach einer gewissen Anzahl von Jahren gedruckt werden dürfen. Diese sind mehr als meisterhaft und voll neuer Gedanken. Während er spielte, liess er mich neben ihm sitzen und beobachten, wie er die Stimmen in der Partitur eingeteilt hat ...

Die neuen Quartette von Op. 76 wurden im September gelegentlich des Besuchs des Erzherzogs Joseph, Palatins von Ungarn, in Eisenstadt aufgeführt. Im Tagebuch von Joseph Carl Rosenbaum wird diese Festivität beschrieben:

165

AM 27TEN MITTWOCHS kam der Palatin Mittags um 12 Uhr nach Eisenstadt. Schon seine Annäherung verkündigte der Donner der Kanonen, welches bis zur Ankunft, und Empfang im Schlosse dauerte. Auf der Stiege empfingen, und machten die fürstlichen Beamten Spalier, im Vorzimmer die Livreen, und im kleinen Salle die Haußofficiers. Auf dem Platze die fürstl. Grenadiers, dann die Bürgers der Stadt, mit ihrer Geistlichkeit und dem Rathe, dann die fürstl. Bürgers vom Berg und die Judengemeinde. Der Empfang war sehr feyerlich, und gab einen glänzenden Beweis von der Grösse des Fürsten Esterházy. Mittags war Tafel im grossen Sall, es war auf 2 Tafeln für 800 Personen gedeckt. Als Gesundheiten getrunken wurde, erhalten auf dem Balkon des Salls Trompeten und Pauken, und von den Hofgarten wurden Kanonen abgefeuert ...
AM 28TEN DONNERSTAG früh um 10 Uhr fuhr der Palatin in Gesellschaft des Fürsten, mehrerer Cavaliers ... auf die Jagd ... Mittags war grosse Tafel im kleinen Salle. Nach Mittags zogen die Stadt- und fürstlichen Bürger dann die Judengemeinde alle mit ihren Vorgesetzten und die Musick auf dem Platze auf, bewillkommeten den Palatin mit Fahnen Schwingen, und Musick ... Der Stadtpfarrer, Stadtrichter, und Raths Herren gingen dann in kleinen Salle, in welchen der Palatin kam, und ihnen für die besondere Aufmerksamkeit dankte. Neue Quartetten von Haydn, nach dem Lied, *Gott erhalte Franz den Kaiser,* wurden gemacht, auch ließ sich ein Knabe mit 7 Jahren Böhm ist sein Name, auf der Violin hören, und spielte mit ungetheilten Beifall. Bey der Abreise des Palatin, wurden Kanonen abgefeuert, und auf dem Balkon des Schlosses erschollen Trompeten und Pauken.

In dieser letzten Periode nahm Haydn sich, obwohl er in der Wiener Vorstadt Gumpendorf, Kleine Steingasse Nr. 73, sein eigenes Haus hatte, während der Wintermonate ein Absteigequartier in der Innenstadt, so daß er spätnachts nicht den weiten Weg in den Vorort machen mußte. Später, nachdem er dieses Absteigequartier aufgegeben hatte, lebte er gänzlich in Gumpendorf. Auf einer undatierten Handschrift (sie liegt jetzt im Mozarteum in Salzburg), geschrieben nach dem Tode Haydns, hat Haydns treuer Diener Johann Elssler die Lebensgewohnheiten seines alternden Meisters beschrieben:

162, 170
171

Tages Ordnung des Selg: Herrn v. Haÿdn.
In der Sommerzeit war bestimmt um halb sieben Uhr aufzustehen.
Die erste beschäftigung war das Rasieren, welches er bis in sein 73.tes Jahr selbst verrichtete. Nach dem Rasiren kleidete er sich gänzlich an: Wenn ein Scolar während dem ankleiden beÿ ihm war so mußte derselbe seine aufgegebene Lektion auf dem Clavier dem Hr: v Haÿdn vorspielen. Die

Fehler wurden sogleich korrigirt, der Schüler deßwegen belehrt, und dann ein neues Exempel aufgegeben. Dazu wurden eine und eine halbe Stunde verwendet. Punkto 8 Uhr mußte das Frühstück auf dem Tische stehen und gleich nach dem Frühstücke setzte sich Haÿdn zum Clavier und fantasirte, entwarf nebenbeÿ gleich die Skitze von der Composition, dazu war Täglich die Zeit von 8 bis Halb zwölf Uhr morgens bestimmt. Um halb zwölf Uhr wurden Visiten angenommen oder gemacht; oder es erfolgte ein spazirgang bis halb zweÿ Uhr. Von 2 bis 3 Uhr war die bestimmte Stunde zum Mittags speisen. Nach Tisch nahm Haÿdn immer eine kleine häusliche Beschäftigung vor, oder er ging in seine kleine Bibliothek und nahm ein Buch zum Lesen. Um 4 Uhr ging Haÿdn wieder an die musikalische Beschäftigung. Er nahm dann die des Morgens entworfene Skizze und setzte sie in Partitur, wozu er 3 bis 4 Stunden verwendete. Um 8 Uhr Abends ging Haÿdn gewöhnlich aus, kam aber um 9 Uhr wieder zu Hause, und setzte sich entweder zum Parturschreiben, oder er nahm wieder ein Buch und las bis 10 Uhr. Die zeit um 10 Uhr Abends war zum Nachtessen bestimmt, welches in Brod und Wein bestand. Haÿdn hatte sich ein Gesetz daraus gemacht, Abends nichts anderes als Wein und Brod zu geniesen, welches er nur dann und wann übertrat, wenn er irgendwo zum Nachtessen eingeladen war. Beÿ Tische liebte Haÿdn ein scherzhaftes Gespräch und überhaupt eine muntere Unterhaltung. Um halb zwölf Uhr ging Haÿdn zu Bette; in seinem Alter auch noch später. – Die Winterzeit machte im Ganzen keinen Unterschied in der Tages Ordnung, als daß Haÿdn Morgens eine halbe Stunde später aufstand, alles Übrige blieb wie im Sommer. Im hohen Alter, vorzüglich die letzten 5 – 6 Jahre seines Lebens, zerstörten körperliche Schwäche und Krankheiten die Oben beschriebene Ordnung. Der thätige Mann konnte sich endlich nicht mehr beschäftigen. Auch hatte sich Haÿdn in dieser Epoche an eine halbstündige [Ruhe] Nachmittags aufgewöhnt.

Silverstolpe berichtete über einen Besuch bei Haydn 1797:

Während des Gespräches, das darauf folgte, entdeckte ich bei Haydn sozusagen zwei Physiognomien. Die eine war durchdringend und ernst, wenn er über das Erhabene sprach, und es war nur der Ausdruck *erhaben* nötig, um sein Gefühl in eine sichtbare Bewegung zu setzen. Im nächsten Augenblick wurde diese Stimmung des Erhabenen geschwind wie der Blitz von seiner alltäglichen Laune verjagt, und er verfiel in das Joviale mit einer Begehrlichkeit, die sich in seinem Blick malte und in Spaßhaftigkeit überging. Diese war seine beständige Physiognomie; die andere mußte angeregt werden. – Als ich von ihm ging, sagte er: ‚Wissen Sie wohl, daß dieses Haus eine eigene Merkwürdigkeit hat: hier, und just in diesem Raum, haben wir Mozart verloren; welche Lücke hat er uns nicht hinterlassen!‘ – Ich fühlte, daß ich mich an einer heiligen Stätte befand.

Kurz vor Haydns Abreise aus England hatte sein Freund und Manager J. P. Salomon dem Meister ein handgeschriebenes Libretto mit dem Titel „Die Schöpfung" in die Hand gedrückt. Der Text war für Händel bestimmt gewesen, doch dieser hatte ihn nicht vertont. Haydn hatten seine Händelschen Erfahrungen in England tief gerührt, und so kam ihm der Gedanke, daß man der alten barocken Gattung des Oratoriums neues Leben einhauchen könnte, besonders was die neuen Methoden der Orchestrierung anlangte, in denen er einer der Wegbereiter und Führer war. Als Haydn nach Wien zurückkehrte, arbeiteten er und Gottfried van Swieten zusammen zuerst am „Sturm", dann an der geänderten Fassung der „Sieben Worte"; und nun studierte van Swieten das Libretto der „Schöpfung" und fand, es würde für Haydn eine inspirierende Textvorlage abgeben. Der Baron bearbeitete den Text und übersetzte ihn ins Deutsche, aber in der Weise, daß Haydn ebensogut auch nach dem englischen Original komponieren konnte. (Daher auch dann die zweisprachige Ausgabe, die Haydn 1800 auf Subskription veröffentlichen ließ.) Als Originalautor des Textes nimmt man heute Thomas Linley senior (1733–1795) an; er war Richard Brinsley Sheridans Schwiegervater und zur Zeit von Haydns London-Besuchen zusammen mit Samuel Arnold Veranstalter der Drury-Lane-Oratorien-Konzerte.

In einem Brief, den Johann Georg Albrechtsberger an seinen und Haydns ehemaligen Schüler Ludwig van Beethoven schrieb, finden wir die erste schriftliche Bezugnahme auf Haynds neues Oratorium:

Wien, den 15. Dez. 1796.

Mein lieber Beethoven!
Zu Ihrem morgigen Namensfeste wünsche ich Ihnen das Allerbeste. Gott gebe Ihnen Gesundheit und Zufriedenheit und bescheide Ihnen viel Glück. Sollten Sie lieber Beethoven eine Stunde übrig haben, so ladet Sie Ihr alter Lehrer ein, diese bey ihm zuzubringen. Eine große Freude wäre es für mich, wenn Sie das Trio mitbrächten, wir könnten es gleich probieren und ich mache mich, da ich jetzt mehr Zeit habe, gleich über die Partituren.
Gestern war Haydn bei mir, er trägt sich mit der Idee eines großen Oratoriums, das er die Schöpfung benennen will und hofft bald damit fertig zu seyn. Er improvisierte mir Einiges davon und ich glaube, das es sehr gut wird.
Also vergessen Sie nicht mich morgen aufzusuchen und Seyen Sie indeß herzlich gegrüßt.
Ihr Johann Georg Albrechtsberger.

Silverstolpe berichtete über einen Besuch, den er dem Komponisten 1797 machte, wie folgt:

„Bei Eintritt des Sommers übersiedelte Haydn nach seinem eigenen Hause in die Vorstadt Gumpendorff, *Kleine Stein-Gasse,* Nr. 73. Es liegt am äußersten Rand der Stadt, nicht weit von der Linie Mariahülf, welche man, um nach Schönbrunn zu kommen, passiert. Beim Eintritt in den Saal hörte man einen Papagei *Papa Haydn!* rufen. In einem von den Zimmern rechts sah man oft den großen Mann mit der unbedeutenden Gestalt von seiner Arbeit aufstehen, aber auch bei ihr sitzenbleiben, bis der Besucher ganz nahe war. *Dort* war es, wo er mir die Aria aus D-Dur aus der Schöpfung zeigte, die die Bewegungen des Meeres und das Aufsteigen der Felsen daraus schildern soll. ‚Sehen Sie‘, sagte er in einem scherzhaften Ton, ‚sehen Sie, wie die Noten wie die Wellen herauf- und herablaufen; sehen Sie auch da die Berge, die aus der Meerestiefe emporsteigen? Man muß sich bisweilen vergnügen, nachdem man lange ernsthaft gewesen ist.‘ – Als wir aber danach zum hellen Bach kamen, der mit einsamem Geriesel im Tale hervorschleicht, ach! da wurde ich ganz hingerissen, wie selbst auf der ruhigen Oberfläche fließend. Ich vermochte es nicht, einige liebkosende Händedrücke auf meinen ehrwürdigen Alten zurückzuhalten, der am Klavier mit einer Einfachheit, die gerade ins Herz ging, sang.“

Es muß um den Juni 1797 gewesen sein, daß Haydn „Die Schöpfung“ zur Hälfte fertig hatte. Von Griesinger erfahren wir:

Sein patriarchalisch frommer Sinn drückt sich besonders in der Schöpfung aus, und daher mußte ihm diese Komposition besser, als hundert andern Meistern gelingen. „Erst als ich zur Hälfte in meiner Komposition vorgerückt war, merkte ich, daß sie gerathen wäre; ich war auch nie so fromm, als während der Zeit, da ich an der Schöpfung arbeitete; täglich fiel ich auf meine Knie nieder, und bat Gott, daß er mir die Kraft zur glücklichen Ausführung dieses Werkes verleihen möchte.“

Später, als es zu den Proben für die Erstaufführung im Stadtpalais des Fürsten Schwarzenberg auf dem Mehlmarkt kam, weiß uns Silverstolpe zu berichten: 156

„Dieses Werk wurde zum ersten Mal 1798 am 30. April gegeben. Ich befand mich damals unter den Zuhörern, nachdem ich einige Tage vorher der ersten Probe beigewohnt hatte. Bei dieser wurde Haydn nachher von einem Geschenk überrascht. Fürst Schwarzenberg, in dessen Saal das Werk vorbereitet und später auch aufgeführt wurde, war von den vielen Schönheiten des Werkes lebhaft entzückt und überreichte dem Künstler eine Rolle mit einhundert Dukaten, über jene 500 hinaus, welche zur Abrede gehörten. – Niemand, auch nicht Baron van Swieten, hatte die Seite der Partitur, wo die Geburt des Lichtes geschildert war, gesehen. Das war die einzige Stelle der Arbeit, die Haydn verborgen gehalten hatte. Ich glaube noch sein Gesicht zu sehen, als dieser Zug vom Orchester ausging. Haydn hatte dabei eine Miene wie jemand, der sich auf die Lippen zu beißen denkt, entweder um seine Verlegenheit zu hemmen oder auch um ein Geheimnis zu verbergen. Und in demselben Augenblick, als zum ersten Mal dieses Licht hervorbrach, würde man gesagt haben, daß Strahlen geschleudert wurden aus des Künstlers brennenden Augen. Die Entzückung der elektrisierten Wiener war so allgemein, daß das Orchester einige Minuten lang nicht fortsetzen konnte.“

Haydn hatte nun, mit dieser ersten, halb-privaten Aufführung der „Schöpfung", fast den Höhepunkt seiner Karriere erreicht. Wir sagen „fast", weil den eigentlichen Höhepunkt in Haydns Karriere die erste öffentliche Aufführung 1799 darstellt. In ihrer Ausgabe vom 20. Februar 1799 brachte die „Allgemeine Musikalische Zeitung" die folgenden Zeilen ihres Wiener Korrespondenten:

163

. . . wir bekommen dies Meisterwerk hier öffentlich und auf eine feyerliche Weise zu hören. Den 19. März wird es im hiesigen Hoftheater aufgeführt. Das Orchester wird aus 180 Personen bestehen. Der Adel bezahlt alle Kosten der Aufführung, so dass dem Komponisten die ganze Einnahme bleibt. Und dass diese ansehnlich ausfallen muss, können Sie schon daraus abnehmen, dass jetzt, da ich schreibe, schon keine Loge mehr zu haben ist. Wir fangen denn doch nach gerade an unsern Vater Haydn kennen und schätzen zu lernen; und gut genug, dass der Himmel ihm ein spätes Alter verleihet, damit er noch Genuss von seinen Verdiensten hat, und nicht etwa nur nach seinem Tode einen prächtigen – Stein.

Johan Fredrik Berwald, schwedisches Wunderkind (geb. 1787), der zu dieser Zeit Europa bereiste, berichtet uns über diese Aufführung in seinen Memoiren:

158

. . . Schon um 4 Uhr nachmittags kam unser Lohndiener und bat uns, nach dem Theater zu eilen, weil es bereits von einer großen Menge Leute belagert war, obwohl das Concert erst um 7 Uhr anfangen sollte. Als wir eintraten, sahen wir, daß das eigentliche Theater in einer amphitheatralischen Form gebaut war. Unten am Fortepiano saß der Kapellmeister Weigl, von den Solosängern, dem Chor, einem Violoncello und einem Kontrabaß umgeben. Eine Stufe höher stand Haydn selbst mit dem Anführstab. Noch eine Stufe höher standen auf der einen Seite: die Primo Violinen, von Paul Wranitzky angeführt, und auf der anderen: die 2do Violinen, von dessen Bruder Anton angeführt. Im Zentrum: Bratschen und Bässe. An den Flügeln ebenso Bässe; auf den höheren Stufen die Bläser, und zuletzt in der Höhe: Trompeten, Pauken und Posaunen. So war die Aufstellung des Orchesters, die, den Chor eingerechnet, zirka 400 Personen umfaßte. Das Ganze ging vortrefflich. Zwischen den Abteilungen stürmische Applause; während jeder Abteilung war es dagegen still wie im Grabe. Als es zu Ende war, wurde: ,Vater Haydn vor! Vater Haydn vor!' gerufen. Schließlich kam der Greis hervor, und mit einem stürmischen Applaudissement, von den Rufen: ,es lebe Vater Haydn! es lebe die Tonkunst!' begleitet, wurde die Feier beendigt. Die Kaiserlichen Personen waren alle anwesend und stimmten mit in die Bravorufe ein.

Haydn hatte die Herzen seiner Landsleute in einem Ausmaß erobert, wie das vor ihm noch kein Komponist fertiggebracht hatte. Es scheint fast so zu sein, als ob „Die Schöpfung" den Menschen Hoffnung auf eine friedliche Zukunft – die 1799 bestenfalls als ungewiß angesehen wurde – gemacht und Trost in einer so von düsteren Wolken verhangenen Gegenwart gespendet hätte. Daß das Werk wirkliche Erquickung sowie Trost und Freude brachte – Tausenden von Wienern ebenso wie bald darauf den anderen Europäern –, das wird aus jedem Dokument klar, das erhalten geblieben ist. Niemals in der Geschichte der Musik hatte ein Komponist, auch nicht Händel mit seinem „Messias" (der beispielsweise in Frankreich, Spanien, Italien oder Rußland kaum bekannt war), die Stimmung seiner Zeit mit durchschlagenderem Erfolg einzuschätzen gewußt.

163

Bevor Haydn 1790 nach England ging, war sein hauptsächlicher Verlag Artaria in Wien gewesen. Und Artaria, wenngleich „schläfrig" (Haydn), wurde immer noch die Herausgabe so wichtiger Werke wie der Quartette Op. 76 anvertraut. Aber ein neuer Verlag erschien nun auf Haydns Horizont und wurde nach und nach beherrschend: Breitkopf & Härtel in Leipzig. Haydn kam in engen Kontakt mit dieser Firma durch einen Mittelsmann, den späteren Biographen

155

des Komponisten, Georg August Griesinger, der 1799 als Hauslehrer des

Sohnes des sächsischen Gesandten nach Wien geschickt wurde und in der Folge Legationssekretär an der Botschaft wurde. Vieles von dem, was wir über Haydns damalige Aktivitäten wissen, ist durch diese Dreifach-Beziehung auf uns gekommen. In einem Brief Haydns an die Leipziger Firma (ihr damaliger Leiter war Christoph Gottlob Breitkopf; später, ab 7. April 1800, als Breitkopf starb, war es Gottfried Christoph Härtel) lesen wir:

Wienn. den 12^{tn} Juny 1799.

Liebster Freund!
Ich schäme mich in der that, einen Mann, welcher mich schon so oft auf die verehrungswürdigste arth ohne es verdient zu haben mit seinen zuschriften beehrte, mit meiner späten andworth beleydiget zu wissen, es ist nich saumlosigkeit [saumseligkeit?], sondern die menge der geschäfte schuld daran, welche, wie älter ich werde, desto mehr sich täglich vermehren, nur bedaure ich, daß ich vermög meines hochanwachsenden Alters, und bei (leyder) abnehmenden geistes kräften den wenigsten theil derselben befriedigen kan: die welt macht mir zwar täglich viele Complim. [Complimente] über das feuer meiner letzteren arbeithen, aber niemand will mir glauben; mit welcher mühe und anstrengung ich dasselbe hervorsuchen muß, indem mich manchen Tag die schwache gedächtnüß und Nachlassung der Nerven dermassen zu boden drückt daß ich in die traurigste Laage verfalle, und hiedurch viele Täge nachero ausser stand bin nur eine einzige Idee zu finden, bis ich endlich durch die vorsicht aufgemuntert mich wider an das Clavier setzen, und dan zu kratzen anfangen kan: genug hirvon.
gestern erhielte ich durch Herrn Griesinger das 2te, 3te, und 4te heft unseres unsterblichen Mozarts nebst denen Musicalischen zeitungen. Nur bitte, mich zu berichten, wie viel? und wem ich in Wienn dafür zu bezahlen habe. Die herausgabe beyder Werke machen Ihnen vorzügliche Ehre, NUR WÜNSCHE ICH UND HOFE AUCH, DASS DIE HERRN RECENSENTEN MEINE SCHÖPFUNG NICHT GAR ZU STARCK BEYM SCHOPF NEHMEN MÖCHTEN . . .*
Übrigens wird es mir sehr angenehm seyn Ihnen in jeder angelegenheit dienen zu könen. Unterdessen bin ich in aller hochachtung

Liebster Freund
Ihr dienstfertigst ergebenster diener
Joseph Haydn mppria

Haydns ganzes Eheleben hindurch blieb seine Frau, Maria Anna, ein Schemenwesen. In der Tat ist eines der wenigen konkreten Dokumente, das wir von ihr haben, ihr Testament, welches sie am 9. September 1799 abfaßte, als ihr Gatte noch in Eisenstadt war. Das Schriftstück ist nicht uninteressant, vor allem weil sie Haydn darin zu ihrem Haupterben machte. Es liegt uns fern, hier Überlegungen über die Übel dieser Ehe anzustellen, aber Maria Anna dürfte nicht ganz jenes Ungeheuer gewesen sein, als das man sie in der Haydn-Literatur hingestellt hat. Daß sie ungebildet war, kann man aus der unmöglichen Orthographie und Satzbildung ihres letzten Willens klar ersehen, und dennoch ist es ein sehr für sie einnehmendes Dokument. Sie starb im März 1800 in Baden an Arthritis. Gewohnt hatte sie bei Anton Stoll, dem Chorregens der Badener Pfarrkirche, für den Mozart das *„Ave verum corpus"* (K. 618) komponiert hatte und mit dem Haydn auf vertrautem Fuße stand.
Kaum war Haydns Frau zur letzten Ruhe bestattet worden, als sich auch schon seine Vergangenheit in Person seiner früheren Geliebten Luigia Polzelli meldete. (Katharina Csech, seine Preßburger Freundin, lebte noch, aber wir wissen nichts über sie, außer daß der Komponist ihr in seinem ersten Testament die beträchtliche Summe von 1.000 Gulden vermachte.)
Die Polzelli hatte irgendwann Haydn das Versprechen abgenommen, sie zu heiraten, sobald sie beide frei wären. Nun, da Haydns Frau tot war, brachte Luigia es tatsächlich zuwege, dem gutmütigen Haydn das folgende schriftliche Heiratsversprechen zu entlocken:

---

* Die in Großbuchstaben gesetzte Passage ist im Autograph von Haydn unterstrichen.

Ankündigung des Benefizkonzerts im Wiener Burgtheater am 28. März 1800, gegeben für Anton Weidinger, Hoftrompeter und Erfinder der Klappentrompete. Das Programm wurde mit einer Haydn-Symphonie eröffnet; ihr folgte die erste öffentliche Aufführung von Haydns Trompetenkonzert, mit Weidinger – für den das Werk 1796 geschrieben worden war – als Solisten.

Ich hier Unterfertigter verspreche der Frau Loisa Polzelli (im Falle ich mich jemals wieder verheiraten sollte), dass ich keine andere zur Ehefrau nehme als jene obgenannte Loisa Polzelli: und sollte ich Witwer bleiben, verspreche ich der obgenannten Polzelli nach meinem Tode eine lebenslange jährliche Rente von 300 Gulden in Wiener Währung und so unterschreibe ich mich

Joseph Haydn mppria
Kapelmeister S. H. des Fürsten
Esterhazy

Wien, am 23. Mai 1800

[Siegel Haydns]

Haydn war nunmehr nicht im mindesten interessiert, die olivbraune italienische Soubrette, die er in dem Jahrzehnt 1780–90 in Eszterháza geliebt hatte, zu ehelichen. Er war ganz damit zufrieden, allein zu leben, und nach ein paar weiteren Briefen an die Polzelli mit entsprechendem Geldinhalt schwindet die Dame still aus seinem Leben. Denn im Besitz seines Heiratsversprechens, war sie dennoch frei, zu heiraten, wen immer sie wollte, was sie sich zu tun beeilte, worauf sie mit ihrem neuen Gatten, einem Sänger namens Luigi Franchi, nach Italien abreiste. Haydn (der immer schon erwartet hatte, sie werde sich wiederverheiraten; aus London schrieb er ihr, sie solle ihm doch den Namen dessen nennen, der „so glücklich" sei, sie zu besitzen) war wahrscheinlich nicht traurig darüber, sie zum letzten Mal gesehen zu haben. In seinem Testament jedenfalls vergaß er nicht auf sie, reduzierte aber die Summe, die er ihr versprochen hatte.

Das letzte Oratorium, bei dem Haydn und Gottfried van Swieten zusammen arbeiteten, waren „Die Jahreszeiten", nach James Thomsons populärem, einflußreichem Gedicht. Wenn die Beziehungen zwischen Haydn und van Swieten, soweit es ihre unterschiedliche soziale Stellung erlaubte, bisher sehr herzlich gewesen waren, so entzweite das neue Werk sie bald. Haydn fand das Libretto über weite Strecken trivial und belanglos, nichtsdestoweniger ließ er die Erfahrung eines ganzen Musikerlebens in die Kompositionsarbeit einfließen; auch ließ die van Swietensche Bearbeitung es nicht an Worten fehlen, die den greisen Komponisten zu größter Anstrengung herausforderten, doch ein gewisser Pessimismus begann sich in Haydns lebensbejahende Philosophie einzuschleichen. Beispielsweise sah er den „Winter" als Abbild seiner sich neigenden Lebenskurve an, und wir könnten jenes unglaubliche Orchestervorspiel (das jetzt in seiner ursprünglichen, ungekürzten Fassung verfügbar ist) als seinen Abschied an die Musik ansehen. Ein Vorbericht in der „Allgemeinen Musikalischen Zeitung" vom 10. April 1799 (zitiert aus einem Brief vom 24. März 1799) liest sich so:

164

Nun bearbeitet Haydn ein neues großes Werk, welches der würdige Herr Geheimrath Freyherr van Swieten nach Thomsons Jahreszeiten metrisch bearbeitet, und wovon er bereits die erste Abtheilung, den Frühling, fertig hat. Die Neugierde aller Musikfreunde ist schon aufs äußerste gespannt . . .

Haydn bezieht sich in einem Brief an Ernst Ludwig Gerber, den berühmten deutschen Lexikographen, auf das im Entstehen begriffene Oratorium:

. . . Da dieser Gegenstand nicht so erhaben wie jener der SCHÖPFUNG seyn kann; so wird sich auch bey einer Vergleichung zwischen beyden ein merklicher Unterschied finden. Ungeachtet dessen werde ich mit Hülfe der Vorsicht alle Kräfte anstemmen, und nach Vollendung dessen mich wegen Schwäche meiner Nerven zu Ruhe begeben . . .

Tatsächlich erfolgte im Winter 1800–01 ein Wandel in Haydns Lebensgewohnheiten. Am 19. November schrieb Griesinger wieder nach Leipzig:

185

... Haydn wird diesen Winter nicht wie sonst in die Stadt ziehen, sondern in seinem Hause in einer der äußersten Vorstädte wohnen. Er lebt hier ungestörter, jeder Besuch zu ihm ist aber eine kleine Reise. ‚Wenn ich auch alle Tage 1 fl für Fiakers ausgebe, sagte er mir, so kommt es mich doch nicht so hoch als ein Logis in der Stadt.‘ Beurtheilen Sie den häuslichen Mann nach dieser Rede ...

Im Frühling des Jahres 1801 schreibt Silverstolpe nach Stockholm:

Haydns *Jahreszeiten* sind allerdings fertig; aber eine Krankheit, an der Haydn gelitten hat, hat die Sache so lange verzögert, dass ich glaube die Aufführung wird auf das nächste Jahr festgesetzt. Schade, denn wer kann garantieren, dass der Meister sein Werk dann wird aufführen können. Er ist alt. Seine Werke können nicht umhin zu verlieren, wenn sie später in fremde Hände kommen.

Schließlich wurde die Aufführung nicht verschoben. Die vielleicht bedeutendste zeitgenössische Kritik ist die, die Griesinger für die „Allgemeine Musikalische Zeitung" schrieb:

Wien, den 2ten May, 1801.

Die *Jahreszeiten* nach Thomson – vom Baron Swieten bearbeitet, und von J. Haydn in Musik gesezt, sind am 24sten, 27sten April und am 1sten May in dem Fürstl. Schwarzenbergischen Saale aufgeführt worden. Stumme Andacht, Staunen und lauter Enthusiasmus wechselten bey den Zuhörern ab; denn das mächtige Eindringen kolossalischer Erscheinungen, die unermessliche Fülle glücklicher Ideen überraschte und überwältigte die kühnste Einbildung.
Der Gegenstand des Gedichtes ladet schon für sich selbst Jeden zur Theilnahme ein. Wer sehnt sich nicht nach der Rückkehr des Frühlings? wen drückte nie die Hitze des Sommers? wer freutė sich nie der Gaben des Herbstes? wem war der starre Frost des Winters nicht lästig? Bey der Reichhaltigkeit eines solchen Stoffes lassen sich an die Poesie grosse Forderungen machen. Wenn sie aber auch alle erfüllt sind, so gehört doch zur Berechnung des musikalischen Effekts, zur Wahl des Metrums und zur zweckmässigen Anordnung der einzelnen Theile ein eigenes Talent, welches nur bey einem Dichter, der selbst in die Geheimnisse der Musik eingeweiht ist, vorausgesetzt werden kann. Da die Leser das Gedicht durch die musik. Zeit. kennen lernen, so sind sie um so eher im Stande zu beurtheilen, was Haydn leisten musste. Dass er aber auch alles vollkommen geleistet hat, darüber ist im hiesigen Publikum nur Eine Stimme. Jedes Wort wird unter den Händen dieses musikalischen Prometheus voll Leben und Empfindung. Bald entzückt die Melodie des Gesanges, bald erschüttert gleich einem Waldstrome, der alle Dämme durchbricht, das gewaltige Eingreifen aller Instrumente; jezt ergözt der einfache, kunstlose Ausdruck, jezt bewundert man die verschwenderische Ueppigkeit in raschen und hellen Akkorden. Vom Anfange bis an's Ende wird das Gemüth vom Rührendsten zum Furchtbarsten, vom Naivesten zum Künstlichsten, vom Schönsten zum Erhabensten unwillkührlich fortgerissen.

Ein weiterer interessanter Bericht, datiert mit 25. April 1801 und mit wertvollen Zitaten Haydns, erschien in der „Zeitung für die elegante Welt":

Ein solches Meisterstück beurtheilen zu wollen, nach dem man es blos Ein Mal gehört, wäre mehr als Kühnheit; daher nur einige allgemeine Bemerkungen. Schon während der Ausarbeitung äußerte Herr Haydn, daß er lieber einen andern Stoff, z. B. das jüngste Gericht u. dgl. zu bearbeiten wünschte, als die vier Jahreszeiten, weil ihm unwillkührlich einige Ideen aus seiner Schöpfung jetzt bei seinem Frühling einfielen; auch merkte man in dem neuen Werke, daß einige Arien und Chöre eine, jedoch nur kleine Verwandschaft mit einigen aus der Schöpfung hätten. Wer wollte so etwas dem großen Meister zur Last legen? Die vier Jahreszeiten haben dafür eine Menge Stellen, die auch das kälteste Herz unwiderstehlich zur sanftesten Rührung stimmen; viele große, erhabene, die gleich einem Strome alles mit sich fortreißen, und die höchste Begeisterung einflößen; aber die Nachahmung des Hahn-Geschrei's beim Morgen, das Knallen der Flinte bei der Jagd scheint mir ein falscher Begriff von der Mahlerei der Musik, ja vielleicht Herabwürdigung dieser Götterkunst zu seyn.

In Dies' Biographie lesen wir:

Es wird den Lesern nicht unangenehm seyn, Haydn's eigenes Urtheil in wenigen Worten zu vernehmen. Der Kaiser Franz fragte ihn bey Gelegenheit einer Aufführung der Jahreszeiten, welchem seiner Producte er selbst den Vorzug gäbe, der Schöpfung, oder den Jahreszeiten? „Der Schöpfung, entgegnete Haydn." Und warum? „In der Schöpfung reden Engel und erzählen von Gott; aber in den Jahreszeiten spricht nur der Simon."

Einem Freund gegenüber, Giuseppe Carpani, äußerte Haydn sich ähnlich. Carpani schreibt:

Die beste Kritik äußerte Haydn selbst. Ich war dabei, als das Oratorium im Hause des Fürsten Schwarzenberg zum erstenmal gegeben wurde. Der Applaus war allgemein, herzlich und ohne Ende. Ich aber, erstaunt darüber, daß zwei so verschiedene Teile des Werkes aus einem Gehirn kommen könnten [*una testa sola*], beeilte mich am Ende, meinen Haydn zu finden und ihm meine lebhaftesten und aufrichtigsten Glückwünsche zu sagen. Haydn, kaum daß ich den Mund aufmachte, schnitt mir das Wort ab und sprach die folgenden denkwürdigen Worte: „Es freut mich sehr, daß meine Musik dem Publikum zusagt; doch von ihnen nehme ich keine Komplimente entgegen. Ich bin sicher, daß Sie selbst erkennen, daß es [„Die Jahreszeiten"] keine zweite Schöpfung ist. Ich fühle es, und Sie sollten es auch fühlen. Aber der Grund dafür ist der: in dem einen sind die Personen Engel, in dem anderen sind sie Bauern." Man könnte Bände mit Vergleichen der beiden Werke füllen, aber es hätte nicht besser ausgedrückt werden können als mit den wenigen Worten des Komponisten selbst.

Haydn entschloß sich, „Die Jahreszeiten" zum erstenmal öffentlich im Großen Redoutensaal am 29. Mai 1801 aufzuführen. Nach der triumphalen ersten öffentlichen Aufführung der „Schöpfung" 1799 muß sich Haydn für diese öffentliche Premiere seines neuesten Meisterwerks eine ähnliche Aufnahme von seiten des Publikums erwartet haben. Doch er irrte. Rosenbaums Tagebuch berichtet uns die ganze Geschichte: „Ich ging ... in Redouten Saal: *Die Jahreszeiten* zum Vortheil des Haydn. Es war nicht sehr voll, und kamen über 700 Personen" – der Saal kaum zur Hälfte gefüllt! Das wankelmütige Wiener Publikum wandte sich von seinem Liebling ab, und Rosenbaum sollte Gelegenheit haben, von einer ähnlichen Situation berichten zu können, als dreiundzwanzig Jahre später Beethovens Neunte Symphonie zum zweitenmal aufgeführt wurde – vor nahezu leerem Haus.

Haydn war nun ein alter Mann und nach einem halben Jahrhundert unermüd-licher Arbeit für seine Kunst unendlich müde. Allmählich zog er sich aus dem öffentlichen Leben zurück, doch einige Jahre hindurch dirigierte er weiterhin Wohltätigkeitsaufführungen seiner drei letzten Oratorien. Und natürlich erfüllte er als Kapellmeister in fürstlichem Dienst seine Pflichten, administrative und andere, was bedeutete, daß noch zwei letzte Blüten der Chormusik seiner Feder entsprossen: die „Schöpfungsmesse" von 1801 und die „Harmoniemesse" von 1802, beide in der Eisenstädter Bergkirche erstaufgeführt, am 13. September 1801 beziehungsweise am 8. September 1802. Bei der letzteren Aufführung an Fürstin Marie Hermenegilds Namenstag war Fürst Starhemberg zugegen und notierte in seinem Tagebuch:

Mittwoch, den 8. September ... Prächtige Messe, neue, exzellente Musik des berühmten Haydn und von diesem dirigiert ... Nichts, was besser oder schöner gespielt werden könnte; nach der Messe zurück zum Schloß ... Nachher ein riesiges, großartiges Mahl ... mit Tafelmusik. Der Fürst spricht einen Toast auf die Gesundheit der Fürstin, Fanfarenstöße und Kanonenschüsse ertönen, es folgen etliche mehr [Toasts], darunter einer für mich, einer für Haydn, der mit uns speiste, den ich ausbrachte.
Nach dem Mahl kleideten wir uns für den Ball um, der wirklich superb war, wie ein Ball bei Hofe ...

165

Hier zeigt sich uns ein Bild, gänzlich verschieden von dem einige Jahre zuvor. Haydn speist nun, wie wir sehen, am selben Tisch wie die Herrschaften, während die Musiker Tafelmusik machen. Und ein hoher Diplomat bringt einen Toast auf Haydn aus. In seiner Laufbahn als Kapellmeister im Dienste der Esterházys hatte sich eine völlige Wandlung seiner Stellung vollzogen – vom Diener in Livree, der buchstäblich den Saum des Fürstenmantels zu küssen hatte, zum hervorragenden Künstler, einem Objekt der Liebe und Verehrung, den man einlud, mit dem Fürsten, der Fürstin und deren Gästen zu speisen. Haydn hatte diesen Wandel, bei aller Bescheidenheit, mitgemacht; und es muß dem Sohn des Rohrauer Stellmachers und einer Herrschaftsköchin insgeheim eine Genugtuung gewesen sein.

Ein musikalischer Verein im norddeutschen Raum hatte Haydn nach einer Aufführung der „Schöpfung" einen Dankesbrief geschickt. Das veranlaßte den Komponisten zu einer rührenden Erwiderung:

Meine Herren,
Es war für mich eine wahrhaft angenehme Ueberraschung aus einer Gegend ein so schmeichelhaftes Schreiben zu erhalten, wohin ich nie wähnen konnte, daß die Werke meines geringen Talentes dringen würden. Wenn ich nun aber sehe, daß mein Name bei Ihnen nicht nur bekannt, sondern meine Werke auch mit Beifalle und Vergnügen ausgeführet werden, so gehen dadurch die heissesten Wünsche meines Herzens in Erfüllung; von einer jeden Nation zu welcher meine Arbeiten gelangen würden, als nicht ganz unwürdiger Priester dieser heiligen Kunst beurtheilt zu werden. Sie scheinen mich über diesen Punkt von Seite Ihres Vaterlandes zu beruhigen, noch mehr, Sie geben mir die süßeste Ueberzeugung, die der ausgiebigste Trost in den Stunden meines bereits sinkenden Alters ist, daß ich öfters die beneidenswerthe Quelle bin, aus welcher Sie, und so manche für herzliche Empfindung empfängliche Familie in häuslicher Stille – ihr Vergnügen – ihre Zufriedenheit schöpfet. Wie beseligend ist nicht dieser Gedanke für mich! – Oft, wenn ich mit Hindernissen aller Art rang, die sich meinen Arbeiten entgegen stämmten, wenn oft die Kräfte meines Geistes und Körpers sanken, und mir es schwer ward, in der angetretenen Laufbahn auszuharren, – da flüsterte mir ein geheimes Gefühl zu: „Es giebt hienieden so Wenige der frohen und zufriedenen Menschen, überall verfolgt sie Kummer und Sorge, vielleicht wird deine Arbeit bisweilen eine Quelle, aus welcher der Sorgenvolle oder der von Geschäften lastende Mann auf einige Augenblicke seine Ruhe und seine Erhollung schöpfet." Dieß war dann ein mächtiger Beweggrund vorwärts zu streben, und dieß ist Ursache, daß ich auch noch itzt mit Seelenvoller Heiterkeit auf die Arbeiten zurückblicke, die ich durch eine so lange Reihe von Jahren mit ununterbrochener Anstrengung und Mühe auf diese Kunst verwendet habe. Uebrigens dank' ich Ihnen aus vollem Herzen für Ihre gütigen Gesinnungen, und bitte mir es zu vergeben, wenn meine Antwort etwas spät erfolgt: Gebrechlichkeit die unzertrennliche Gefährtinn eines 70jährigen Greises und unaufschiebbare Arbeiten raubten mir bisher dieses Vergnügen. Vielleicht gönnt mir die Natur noch diese Freude, für Sie noch ein kleines Denkmal zu verfertigen, aus welchem Sie die Empfindungen eines bereits allmählich hinsterbenden Greises erkennen mögen, der auch nach seinem Tode in einem so schönen Zirkel noch gerne fortzuleben wünschte, von welchem Sie ein so herrliches Gemälde entwarfen. Ich habe die Ehre mit vollkommenster Hochachtung zu seyn

Ganz gehorsamster diener
Joseph Haydn mppria

Wien den 22tn 7bri [Sept.] 1802.

162 Haydns Beziehung zu seinem Bruder Johann Michael war immer die denkbar glücklichste gewesen, obwohl die beiden fast immer räumlich voneinander getrennt lebten. Nun, da Joseph sich zurückzuziehen gedachte, bot Fürst Esterházy die Stelle des Kapellmeisters Michael an, der nach einigem Schwanken schließlich beschloß, in Salzburg zu bleiben. Die folgenden zwei Briefe sind alles, was von einer sicherlich faszinierenden Korrespondenz erhalten geblieben ist (beides sind lediglich Entwürfe):

[Briefkonzept Haydns an seinen Bruder J. Michael Haydn, Salzburg (Fragment)]
Vienna. 22. January 1803.
Ich danke herzlich für alle wünsche, So du mir neuerdings in deinem Schreiben beweisest. stünde
es in deiner Macht, so würde auch der wunsch meine vorige gesundheit (welche ich schon So lang
vermisse) zu erhalten erfüllet werden. seit 5 Monath bin ich durch eine anhaltende schwäche der
Nerven zu allen unternehmungen ganz unfähig, wie [durchgestrichen: schwer] schmerzlich mich
diese plötzliche veränderung zu boden drückt, kanst du dir leicht vorstellen, indessen verzweifle
ich noch nicht ganz, sondern hoffe zu gott, daß ich bey besserer witterung meine vorige
gesundheit [gestrichen: wen nicht ganz] wenigstens die die [sic] helfte wieder erhalten werde . . .

[Brief Michael Haydn an Joseph Haydn]
Es naht sich abermal Dein Namenstag heran, zu welchem ich Dir ohne weitre Umstände all das
jenige von Herzen verwünsche, was Dir lieb und werth ist; aber auch mir wünsche ich, daß Du
Dich ferners in brüderlicher Liebe meiner eriñern mögest. – Lange schon hab ich Dir von unserer
musick Organisation/: die erst mit der Helfte des Jänner [durchgestrichen: vorsichging-]* [sic]:/
schreiben wollen, weñ ich mich nicht geschämt hätte. Ich bin erstaunt darüber, als ich mein
Dekret erhielt. Man hat mich iñer mit Hofnung und guten Aussichten hingehalten, und so die
Zeit verstreichen lassen. Lieber will ich selbst die lautere Wahrheit davon sagen, bevor Dir
jemand anderer die Sache vielleicht verstüñelt vorerzehlt. Meine ganze Besoldungs Erhöhung
beträgt durchs ganze Jahr nicht mehr als 150 Gulden. Hätte ich dieses voraus gesehen, so würde
ich das großmüthige Anerbieten Deines Fürsten mit beyden Händen ergriffen haben. Warum hab
ichs aber nicht gleich im ersten Augenblick gethan! Doch Tempi passati! Ich muß mich nun mit
dem allgemeinen Trost begnügen: Es hat nicht anders seyn wollen. Mich verdrießt es länger
[durchgestrichen: davon] [sic] v. dieser odiosen Materie zu schreiben. Nun doch dieß Einzige: ich
verharre mit inniger Hochachtung Dein a.B.J.g.(?)
* und zwar nicht zum Beßten geredet wurde:/
NB. Die ganze Organisation ist anfänglich zu hitzig angegriffen worden: bis sie zu uns kam, ist
sie ins Steken gerathen. Die Ersteren haben das Fette und wir eine Wassersuppe bekoñen.

Haydns letzter Auftritt als Dirigent erfolgte zum Kirchweihfest von St. Stephan
am 26. Dezember 1803. Dabei wurde die Chorfassung der „Sieben Worte" um
11 Uhr morgens im Redoutensaal, Ort so vieler Triumphe Haydns, Mozarts
und Beethovens, aufgeführt. Die Einnahmen waren für die Armen des Wiener
Vororts St. Marx bestimmt, auf dessen Friedhof in einem unbezeichneten Grab
Mozart liegt. Rosenbaum berichtet uns: „Es war sehr voll. Der Kaiser gab 1.000
Gulden." Es war die letzte Gelegenheit für die Wiener, den nun gebrechlichen
alten Mann, der eine Wende in der Musikgeschichte herbeigeführt hatte, an der
Arbeit zu sehen.
Haydn zog sich nun für immer aus dem öffentlichen Leben zurück, betreut
vom getreuen Johann Elssler und anderen ergebenen Dienern und immer
wieder aufgesucht von zahllosen Bewunderern, jungen wie alten. Haydn hatte
junge Leute stets gemocht und ermutigte sie in jeder Weise. Der junge Carl
Maria von Weber besuchte Haydn in dieser Zeit auch mehrmals und schrieb
folgendes:

Ich war schon einigemal bei Haydn. Die Schwäche des Alters ausgenommen, ist er immer munter
und aufgeräumt, spricht sehr gerne von seinen Begebenheiten und unterhält sich besonders mit
jungen Künstlern gern. Das wahre Gepräge des großen Mannes, dies alles ist Vogler auch; nur mit
dem Unterschied, daß sein Literaturwitz viel schärfer als der natürliche Haydn's ist. Es ist
rührend, die erwachsenen Männer kommen zu sehen, wie sie ihn Papa nennen und ihm die Hand
küssen.

Da sich Haydn nun auch als Kapellmeister des Fürsten Esterházy zur Ruhe
gesetzt hatte, mußte ein Nachfolger gefunden werden, und nachdem Michael
das Angebot ausgeschlagen hatte, wurde der schwierige, wenn auch begabte
Johann Nepomuk Hummel engagiert. Er lieferte nun seinerseits als komposito-   99
rischen Beitrag mehrere prächtige Messen für die Fürstin Marie, die dieser

wegen ihres Haydnschen Stils und ihrer Orchestrierung wohl gefallen haben mögen.

Was Haydn betrifft, so machte er sich an seine letzte große Arbeit – kein neues Musikwerk, sondern die Anlegung eines thematischen Katalogs jener Werke, die er, soweit es ihm erinnerlich, von seinem 18. bis zu seinem 73. Jahr komponiert hatte: des sogenannten „Elssler-Katalogs" (oder auch „Haydn-Verzeichnis" [HV]) vom Jahre 1805. Elssler fertigte die Liste unter Haydns Aufsicht an, und zwei Kopien wurden gemacht, eine für Breitkopf & Härtel; die andere verblieb unter den persönlichen Habseligkeiten Haydns und wanderte schließlich ins Esterházy-Archiv (sie ist als Faksimile von dem großen Haydn-Forscher unseres Jahrhunderts, Jens Peter Larsen, herausgegeben worden). Dokumentarischen Beweis für dieses in Angriff genommene Projekt liefert uns Griesinger, der am 22. August 1804 an Breitkopf & Härtel schrieb:

... Haydn hat seiner Gesundheit halber aller Arbeit entsagt, und ein Quartett, wovon schon 2 Stüke beendigt sind, ist das Schooßkind, welches er jezt noch pflegt und dem er wie wohl mit Mühe manchmal eine Viertelstunde widmet. Dagegen beschäftigt er sich jezt mit dem vollständigen Catalog seiner Werke, den er Ihnen wenn er geendigt ist schiken wird ...

Am 15. April 1805 fand in Haydns Haus in Gumpendorf ein bemerkenswertes Ereignis statt: der Maler A. C. Dies stattete dem Komponisten, an dessen Lebensbeschreibung er sich bald darauf machen sollte, den ersten Besuch ab. Über diesen Besuch berichtet uns Dies:

Grassi führte mich bey Hayd'n auf. Mir schien, als mißfiele ich ihm nicht, denn er kam, obgleich seit langer Zeit krank, und an den Beinen geschwollen, mir entgegen, gab mir beyde Hände, empfing mich mit einer über seine Physiognomie verbreiteten Heiterkeit, und mit so geistigem Blicke, daß ich überrascht wurde. Dieser muntere Blick, die bräunliche ins röthliche spielende Gesichtsfarbe; der äußerst reinliche Anzug, – Haydn war völlig angekleidet – die eingepuderte Perücke, und, der Geschwulst ungeachtet, die angezogenen Stiefeln und Handschuhe, entfernten jeden Gedanken an Krankheit, und gaben dem drey und siebzig jährigen Greise das gesunde Ansehen eines Fünfzigers, welches noch von seiner gar nicht schwerfälligen mittleren Statur unterstützt wurde. „Sie scheinen – sagte er – über meinen völligen Anzug verwundert zu seyn, da ich doch krank und schwach bin, nicht ausgehen kann, und nichts als Zimmerluft einathme. Meine Aeltern haben mich schon in der zartesten Jugend mit Strenge an Reinlichkeit und Ordnung gewöhn't; diese beyden Dinge sind mir zur zweyten Natur geworden." Er verdanke auch seinen Aeltern, daß sie ihn zur Gottesfurcht; und weil sie arm waren, nothwendig zur Sparsamkeit und zum Fleiße angehalten hatten. Lauter Dinge, die bey unsern jungen Genieen höchst selten angetroffen werden.
Ich hatte Furcht, Haydn's schwacher Gesundheitszustand, möchte ihm nicht erlauben, längere Zeit zu reden. Ich bath ihn, sich zu schonen, und mein Freund und ich verließen ihn, weil ohnedieß die Stunde seiner Nachmittagsruhe nahe war. Man erzählte mir, daß Hayd'n sich zu dieser Ruhe ganz entkleide, das Nachtgewand und einen Schlafrock anziehe, und dann zu Bette gehe. Er beobachtet mit strenger Pünctlichkeit so wohl im Winter als im Sommer die Zeit von halb fünf bis fünf Uhr, und schläft also nicht mehr, als eine halbe Stunde. Nach gehaltener Ruhe kleidet er sich völlig wieder an, steigt mit schwerer Mühe eine Treppe herab, und begibt sich in das Zimmer der Haushälterin, die einige Kinder aus der Nachbarschaft kommen läßt, an deren muntern Spielen Haydn Vergnügen findet, und bey deren Scherzen er seinen traurigen Zustand vergißt ... Er selbst sieht es ein, daß sein Geist schwach ist. Er kann nicht denken, nicht empfinden, nicht schreiben, nicht Musik hören!

Dies' Beschreibung Haydns, mit den Augen eines Künstlers gesehen, ist die akurateste, die wir haben. Der Haydn des Jahres 1805 war nur mehr ein Schatten seiner selbst. Am 5. Mai, als Dies Haydn zum drittenmal besuchte, ließ sich Haydn entschuldigen. Die Haushälterin sagte, er sei immer so bedrückt, wenn das Wetter kalt, windig oder regnerisch sei. Unsere „offiziellen" Haydn-Biographien, ob nun von Griesinger, Dies oder dem hoffnungslos ungenauen Carpani, liefern uns Bilder von einem alten, niedergeschlagenen Mann; trauriger Rest eines einst großen Geistes, dessen Witz und scharfer Verstand nur noch gelegentlich aus ihrem dauernden Schlummer geweckt werden konnten.

1808, zum Fest des heiligen Joseph, Haydns Namenstag, überbrachte Antonio Polzelli im Namen der Mitglieder der fürstlich Esterházyschen Kapelle seinem früheren Kapellmeister Glückwünsche. Aus Haydns Antwort geht nicht klar hervor, ob Polzelli zusammen mit einigen Mitgliedern des Orchesters kam, um Haydn zu besuchen, oder ob sie ihm geschrieben hatten.

Wien den 20ten März 1808.

Mein lieber Sohn!

Deine wahrhaft kindlichen Äußerungen so wie jene sämmtlicher Glieder der Hochfürstlich Esterházyschen Kapelle zu meinem Namensfeste haben mir die heißesten Thränen ausgepreßt. Ich danke Dir und Allen mit gerührtem Herzen, und ersuche Dich sämmtlichen Gliedern in meinem Namen zu melden, daß ich sie alle als meine lieben Kinder ansehe, die ich bitte, mit ihrem alten, schwachen Vater Geduld und Nachsicht zu haben; sage ihnen daß ich ganz mit väterlicher Liebe an ihnen hänge, und daß ich nichts so sehr wünsche, als nur so viele Kräfte zu besitzen, um noch einmahl an der Seite dieser würdigen Männer, die mir die Erfüllung meiner Pflichten so angenehm machten, den Genuß einer Harmonie fühlen zu können; melde ihnen, daß das Andenken an Sie nie in meinem Herzen versiegen wird, und daß es mein gröster Stolz sei, mich durch die Gnade meines ERLAUCHTEN FÜRSTEN an die Spitze nicht nur großer Künstler, sondern auch edler dankbarer Menschen gestellt zu sehen.

Joseph Haydn mppria

Das musikalische Wien gedachte Haydns sechsundsiebzigsten Geburtstag mit einer Galaaufführung der „Schöpfung" zu begehen. Die „Liebhaber-Konzerte" unter der Sponsorschaft des Fürsten Trauttmansdorff veranstalteten die Aufführung des Oratoriums in ihrem angestammten Saal, der Aula der Alten Universität – das Gebäude existiert noch –, mit Antonio Salieri als Dirigenten, Konradin Kreutzer am Klavier (er wurde später zu einem sehr bekannten Opernkomponisten) und Theresa Fischer, Carl Weinmüller und Julius Radiechi als Solisten. Das Oratorium wurde in Carpanis italienischer Übersetzung gesungen. Aufführungstag war der 27. März. Griesinger berichtet:

168, 169, 158

Ich bezeigte ihm meine Verwunderung, daß er sich bey seiner Schwäche habe entschließen können, am 27sten März 1808 der oben erwähnten Scene im Universitätssaale beyzuwohnen. Er antwortete: „Die Rücksicht auf meine Gesundheit konnte mich nicht abhalten; es ist nicht das Erstemal, daß Haydn Ehre wiederfährt, und ich wollte zeigen, daß ich dieses noch zu tragen fähig bin."

Ein Brief (verlorengegangen) Haydns vom 17. August 1800 an seinen Verlag Artaria & Co. In diesem Brief führt der Komponist in zittrig gewordener Handschrift aus, er hoffe, sich mit den beiliegenden Musikstücken einen bescheidenen Lohn verdient zu haben. Welche Werke hier Haydn meinte, weiß man nicht, aber es kann sich sehr wohl um Handschriften gehandelt haben. (Artaria war später, wie man weiß, im Besitz zahlreicher handschriftlicher Partituren, die der Verlag nie herausgegeben hatte.)

Am festgesetzten Tag wurde Haydn unter dem Klang von Trompetenfanfaren und unter tumultuösem Applaus in den Saal getragen und nächst der Fürstin Esterházy gesetzt. Die gesamte Wiener Oberschicht war anwesend, um dem „Vater der Symphonie und des Streichquartetts" (für den man ihn hielt) zum letztenmal öffentliche Ehre zu erweisen. Salieri und Haydn, umgeben von der jubelnden Menge, umarmten einander zärtlich. Beethoven, dem die Tränen über die Wangen rollten, beugte sich nieder und küßte die Hand seines einstigen Lehrers. Als die Stelle „Und es ward Licht" gekommen war, „hob Haydn (wie uns Augenzeuge Carpani berichtet) die zitternden Arme gegen den Himmel, als wollte er zum Vater der Weltharmonien beten". Am Ende des ersten Teils schien es ratsam, Haydn nach Hause zu bringen. Carpani schildert diese Szene:

Zwei robuste Kerle packten den Armsessel, in dem er saß, und inmitten der Grüße, Zurufe und des Applauses des ganzen Saales näherte sich der Meister des Wohlklangs den Stufen. Jedoch bei den Ausgangstüren angelangt, gebot er Halt. Die beiden Träger gehorchten und drehten ihn dem Publikum zu. Er dankte ihnen mit entsprechenden Gesten, und dann, indem er zum Himmel blickte und mit Tränen in den Augen, segnete er seine Kinder.

Wir sind nun beim letzten erhaltenen Brief Haydns angelangt; passenderweise ist er an seinen nun sehr viel sanfter, fast sympathisch gewordenen Fürsten Nicolaus II. Esterházy gerichtet. Nur die Unterschrift ist von Haydns Hand.

Durchlauchtiger Fürst
Gnädigster Fürst und Herr,
Ew. Fürstlichen Durchlaucht lege ich für die gnädigste Bewilligung meines Gesuchs um die Huldreichste Uebernahme meiner jährlichen Ausgaben für den Arzt und für die Apothek meinen unterthänigsten Dank zu Füssen. Durch diese neue Wohlthat haben mich Ew. Fürstliche Durchlaucht von einer drückenden Sorge befreyt und mich in den Stand gesetzt, dem Ende meiner irdischen Laufbahn heiter und ruhig entgegen zu sehen.
Möchte der Himmel meine eifrigsten Wünsche für Ew. Fürstlichen Durchlaucht ununterbrochenes Wohl und den immersteigenden Flor Höchstdero erlauchten Familie erhören!
Ich verharre in schuldigster Ehrfurcht
Ew. Fürstlichen Durchlaucht

unterthänigster Diener,
Joseph Haydn mppria

Wien d. 22sten Dec. / 1808.

Haydn starb am 31. Mai 1809. Seine letzten Tage werden von dem treuen Johann Elssler in einem Brief an Griesinger beschrieben:

Wien den 30ten Juni 1809

Wohl edel geborner
Hochgeehrtester Herr v. Grießinger!
Schon lange war mein Wunsch Hochdieselben von dem Tod unsers geliebten Wohlthäter und Vaters nachricht zu geben, gleich nach dem Hinscheiden ginge ich zum H. Portier, und erkundigte mich, ob ich nicht einen Brief an Hochdieselben abschicken könnte. H. Portier sagte mir aber, es sey noch keine gelegenheit, weil man noch nicht weis welche Strassen offen seyn. Nun bitte ich Hochdieselben um Verzeihung und gütige nachsicht wenn ich so spätt mit Dero gewünschten Erfühlung komme, weil ich weis das Hoch dieselben immer bestrebt zu wissen wie sich unser Lieber guter Haydn Papa befindet. Allein die Verwirrung war in diesem Augenblick zu groß.
Mit thränen im Augen berichte ich Hoch dieselben das Hinscheiden unsers geliebten Vaters. Den Tag als Hoch dieselben Abschied von unsern guten Papa genohmen und gesagt haben mir werden uns lange nicht sehen, oder vieleicht auch bald wieder sehen, gleich als Euer Gnaden aus den

Zimmer warren, sagt unser guter Papa, mir werden uns ja lange nicht sehen, und fing an zu weinen und sagte, mein lieber Johann ich sehe den Herrn v. Grießinger nicht mehr die Kriegsgeschichte drückt mich ganz zu Boden. Mir hatten mit aller mühe zu sprächen/: ich und die Nannerl:/ den gedanken unsern guten Papa aus dem Kopf zu bringen und zu beruhigen, allein unser guter Papa war zu schwach, und konnte sich im ganzen nicht mehr fassen, und erwartete immer wie die Geschichte weiter gehen wird.

Als die Kays. französische Armee den 10ten May früh Morgens um ¾ auf Sieben Uhr bey der Maria Hülfer Lienie anrückte, da lag unser guter Papa noch im Bethe, Ich und die Nannerl warren eben beschäftigt den Papa aus dem Bethe zu bringen, –

170

Denn der lerm und Verwirrung auf der Gasse war zu groß diesem nehmlichen Augenblick und mir hatten keinen Menschen an unser Seite der unsern guten Papa Trost zusprächen konnte, als mir aber noch beschäftigt warren den Papa aus dem Beth zu bringen, geschahen 4 Kartetschen-schüsse bey der Lienie, einer nach dem andern, das mir wirklich noch eine Kugel welche uns in Hof gefallen ist zum andenken aufbewart haben, von diesen Schüssen ist die Thür im Schlafzim̃er in Vollem aufgesprungen und alle Fenster Schittelten sich, über dieses erschrack unser guter Papa und Schrie in vollem laute /:Kinder fürchtet euch nicht den̄ wo Haydn ist kann nichts geschehen und zitterte am ganzen Leibe heftig. Den ganzen Tag aber hindurch wurde im̃er von der Festung aus geschossen, unser guter Papa hat sich aber mit aller müh etwas gefast, aber die Nerven warren zu stark betroffen, So! das der ganze Körper Sank, aber Eßen und Trünken schmeckte doch im̃er fort, aber in Herum gehen konnte ich unsern guten Papa nicht mehr allein fort bringen, und die stärkenden Mittel Halfen nicht mehr. Das Kayser Lied worde aber doch Täglich 3 mal fleissig gespilt, den 26ten Mai um halb ein Uhr Mittags worde das Lied aber zum letzten mall gespielt und das 3 mall hintereinander, mit ausdruck und geschmack So! das unser guter Papa selbst darüber erstaunte und sagte, so habe ich das Lied schon lange nicht gespielt und war sehr fröhlich darüber, und auch sonsten sich gut befunden, bis abends um 5 Uhr da fing unser guter Papa an zu Klagen daß ihm nicht wohl sey, blieb aber doch noch eine Halbe Stunde auf, um halb Sechs aber! Verlangte unser guter Papa Vollends in's Beth zu gehen da hat ihm ein kleiner Frost angegrieffen, und Kopffschmerzen. Es wurde gleich alles mögliche angewendet, und unser guter Papa erholte sich auch den nemlichen abend noch so gut und die Nacht hindurch recht Braf so wohl im auffstehen als denn übrigen Umständen nach, das nichts von einem sterblichen Augenblick zu spirren war, Samstag als den 27ten May verlangte unser guter Papa früh morgens um halb neun Uhr wie gewöhnlich aufzustehen und anzukleiden, aber die Kräften des Körpers liessen es nicht mehr zu, und so kamm unser guter Papa auch nicht mehr aus dem Bethe. Die Beteubung nahm immer mehr und mehr zu, aber so ruhig und willig in allen, das mir uns alle darüber verwunderten, unser guter Papa klagte keine Schmerzen, und wenn mir fragten wie es ihm gehe, so bekom̃en mir im̃er zur antwort, Kinder seid getröstet es gehet mir gut.

Den 29ten May verlangten wir ein Consillium halten zu lassen mit den willen des H. v. Hohenholz. Da wurde der Medikus Doctor Böhm dazu bestimmt den unser guter Papa dazu verlangte, welcher auch ein sehr geschickter man̄ ist, so worde den 30ten früh Morgens das Consillium gehalten, aber bey allen möglichen angestrengten Mitteln war alles vergebens, und unser guter Papa wurde im̃er schwächer und ruhiger, 4 Stunde vor den Hinscheiden hat unser guter Papa noch gesprochen, dann haben mir aber keinen laut mehr gehört, Empfindung und gekennt hat unser guter Papa noch 10 Minutten vor seinem Ende, da drückte unser guter Papa die Nannerl noch bey der Hand, und den 31ten May früh morgens fünf Minutten vor ein Viertel auf ein Uhr entschlief unser guter Papa Seelig und sanft, beym Hinscheiden war niemand als mir Dinstleuthe und ein Nachbarsmann welcher auch als Zeuge In Testament unterschrieben ist. Unser guter Papa ist in den Gottes Acker vor der Hundsturmer Lienie zu erde bestadtet worden, in ein eigenes grab.

Den 31ten Märtz 1732 ist unser guter Papa geboren, und 1809 den 31ten May war für uns alle der Traurige sterbtag auf Ewig. So war unser guter Papa in seinen Alter 77 Jahr und 61 Täge vollends. Unterdessen ist alles in der besten Ordnung, und bleibt alles liegen bis auf aufgang der ganzen Geschichte, die Nannerl, und die Mum̃ des Seeligen Papa wie auch die Dinstmagd sind noch im Hause, ich bin bey meinem Weib und Kindern zu Hause und bringe mich indessen so gut wie möglich bey den Zeitumständen fort. Gott helfe uns nur bald aus der Traurigen lage, ich wünsche mir sehnlichst Euer Gnaden nur bald zu sehen, Gott erhalte Euer Gnaden in besten wohlsein, mir küssen alle die Hände.

Der dankschuldigster
Johann Elßler m. p.
Copist und Diener des
Seeligen Herrn v. Haydn

N B. Ich habe mir meinen guten Papa in Gips abgegossen.

Haydns Visitenkarte, die die Eingangsphrase des Textes seines mehrstimmigen Gesanges „Hin ist alle meine Kraft, alt und schwach bin ich" trägt. Der betagte Komponist ließ die Karte drucken, nachdem sein letztes, unvollendet gebliebenes Instrumentalwerk – das Streichquartett in d-Moll, „Op. 103", aus dem Jahre 1803 – bei Breitkopf & Härtel erschienen war. Um zum Ausdruck zu bringen, daß der schöpferische Genius Haydn verlassen habe, hatte der Verlag dieselbe Phrase ans Ende der gedruckten Stimmen setzen lassen.

HAYDN-HANDSCHRIFTEN IM BILD

Die erste Seite von Haydns früher Klaviersonate Nr. 13 in G-Dur (Hoboken-Verzeichnis XVI:6), komponiert um 1755 (?). Das Werk, betitelt „Partita per il Clavicembalo Solo", trägt die von Haydn oft gebrauchten Widmungsworte „In Nomine Domini" und seine Signatur „Giuseppe Haydn".

Der Beginn des Divertimentos in F-Dur (Hob. II:15) für zwei
Oboen, zwei Fagotte und zwei Hörner. Die Datierung 1760
(oben rechts) war ursprünglich nur („760") geschrieben, die
Ziffer 1 wurde später hinzugefügt. Am Fuß der Seite „daß" in
Haydns Handschrift. Hat er hier einen neuen Federkiel auspro-
biert?

Nebenstehende Seite: Die erste Seite der Symphonie Nr. 40,
datiert mit 1763. In jener Periode gebrauchte Haydn die
Schreibung „Synfonia"; später — ab 1765 — übernahm er die
Schreibung „Sinfonia". Dieses Werk wurde in der alten chrono-
logischen Liste von Breitkopf & Härtel (1907 von Eusebius
Mandyczewski angelegt) falsch gereiht, weil das Autograph
damals noch nicht wieder aufgetaucht war. In Haydns eigenem
„Verzeichnis" (siehe Abbildung Seite 166) trägt die Symphonie
die Nummer 15, zusammen mit anderen Werken des Jahres
1763 („Verzeichnis" Nr. 13 = Nr. 72 [heutiger Zählung],
„Verzeichnis" Nr. 14 = Nr. 13 [heutiger Zählung]).

Beginn einer Arie der Buonafede im ersten Akt von „Il mondo della luna" (1777), von der es mehrere handschriftliche Versionen gibt. Die plötzliche Ersetzung mehrerer Sänger in Haydns Operntruppe auf Schloß Eszterháza durch andere kurz vor der Premiere zwang den Komponisten, viele Stellen der Arie umzuändern.

Die erste eingeschobene Arie, die Haydn für seine Geliebte, die Sopranistin Luigia Polzelli, schrieb. „Quando la rosa" (Hob. XXIV:3) entstand 1779 und war für die Inszenierung von Anfossis „La Metilde ritrovata" bestimmt. Luigia Polzelli war zusammen mit ihrem Gatten, einem Geiger, vom Fürsten Nicolaus im März 1779 engagiert worden. Die beiden entsprachen jedoch nicht den Erwartungen, und der Fürst entließ sie am Christtag des Jahres 1780. Auf Haydns Intervention wurden sie wieder eingestellt und blieben im Dienste des Fürsten bis zu dessen Tod 1790.

Eine Seite aus dem I. Akt von „La fedeltà premiata" (1780), mit einem Ausschnitt aus Celias Arie „Deh soccorri", in welcher die ursprüngliche Fassung des „Largo" mit gedämpftem Hornsolo begann (oberste Zeile); nachdem der Hornist, für den die Stelle gedacht war, den Dienst auf Eszterhàza quittiert hatte, schrieb Haydn das Solo für Fagott.

Der Beginn des Kyrie der „Missa Cellensis" in C-Dur („Maria-zellermesse"; Hob. XXII:8), 1782. Die Angabe der Instrumentierung – man beachte, daß das Blatt am linken Rand in der Buchbinderei beschnitten worden ist – lautet: „Clarini" (Trompeten); „Tÿmpano"; „2 oboe"; „Violino 1mo"; „[Violino] 2do"; „Soprano"; „Alto"; „Tenore"; „Basso"; [Leerzeile]; „Organo". Die Messe war für das große Benediktinerpriorat in Mariazell in der Steiermark bestimmt, und ein Freund des Komponisten, Anton Lieber von Kreutzner, ein pensionierter Militarist, hatte sie in Auftrag gegeben. Schon 1766 hatte Haydn eine große Messe – die „Missa Cellensis in honorem Beatissimae Virginis Mariae" („Cellensis" bezieht sich auf „Celle", zu deutsch „Zell") – für Mariazell geschrieben, wo er als mittelloser Student Gast der Mönche gewesen war.

Der Beginn des zweiten Satzes der Symphonie Nr. 91 in Es-Dur (1788), mit der Besetzung: „2 Corni in b fa"; „Oboe 1"; „[oboe] 2^d[o]"; „Flauto"; „Fagotti" „Violi[no] 1°"; [Violino] 2do"; „Viola"; „Violoncello"; und „Contra Bassi". Dieses Werk, zusammen mit den Symphonien Nr. 90 und 92, wurde dem Comte d'Orgny (siehe Abbildung Seite 59) in Paris gewidmet.

Nebenstehende Seite: Das „Libera me", Hob. XXIIb:1. Der Tenorpart, in den der Sänger die von ihm zu singenden Passagen („Libera me, Domine", „Tremens factus" etc.) des Gregorianischen Gesanges angezeichnet hat. Haydn selbst hat alle Hauptstimmen dieses Werkes selbst ausgeschrieben; das Autograph wurde erst im März 1966 im Dom St. Martin in Eisenstadt aufgefunden. Vorher hatte niemand von der Existenz dieser Komposition gewußt. Es steht nicht mit Sicherheit fest, für welchen Anlaß das „Libera" komponiert worden ist — möglicherweise 1783 nach dem Tod der Fürstinwitwe Maria Anna (Gattin des Fürsten Paul Anton) oder 1790 nach dem Tod der Fürstin Maria Elisabeth, Gattin des Fürsten Nicolaus (im März), oder nach dem Tod des Fürsten selbst (im September).

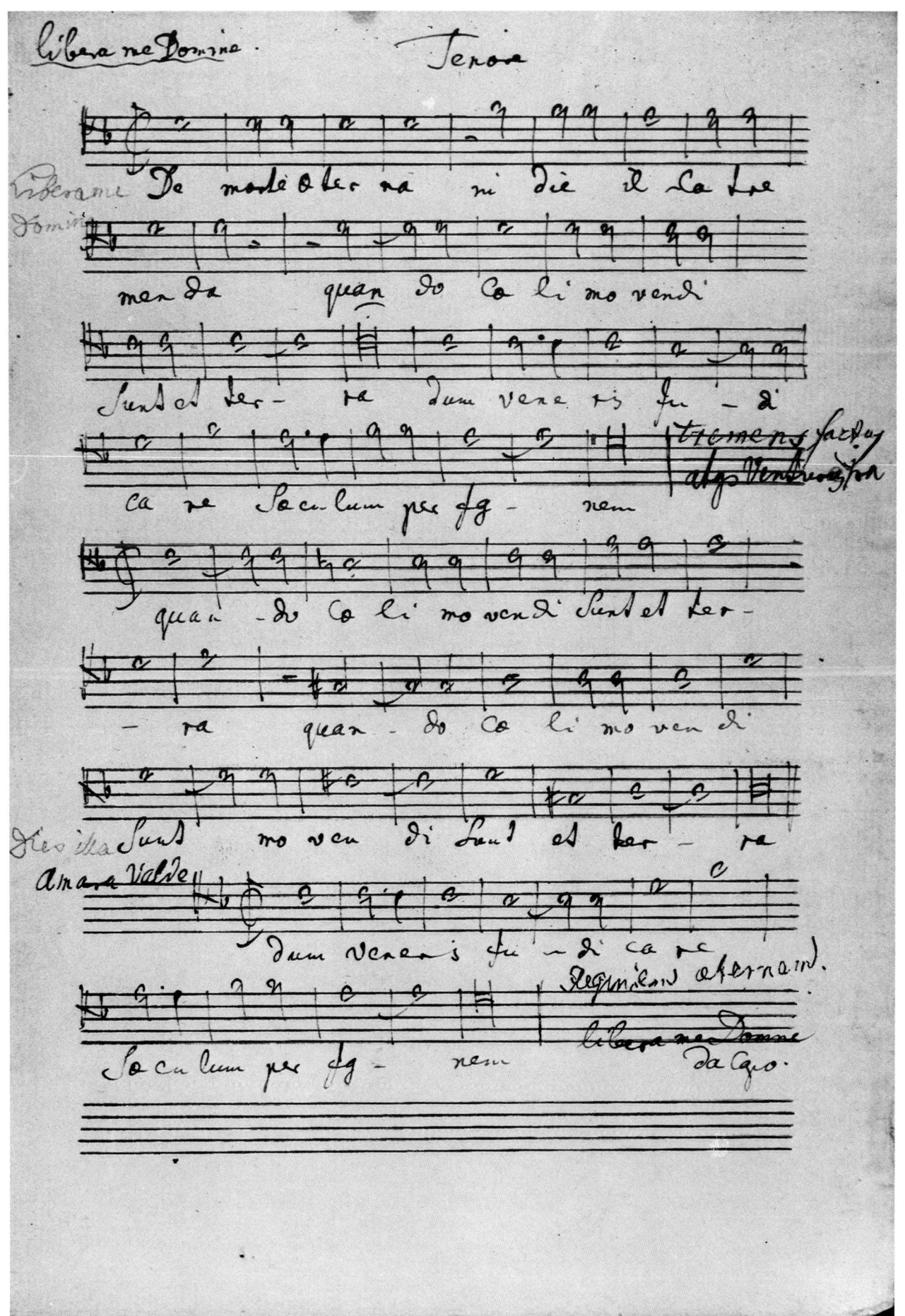

Der „Canon Cancrizanz" (Spiegelkanon) bzw. „Thy Voice, O Harmony", 1791. Der Canon auf der Seite unten in zwei Versionen, die eine mit der Bezeichnung „Canone a tre. Auf Vierfache arth Cancrizanz". Haydn verwendete den Canon später für das Erste Gebot (siehe Abbildung Seite 207), und eine Bleistiftnotiz (von unbekannter Hand, rechts unten) weist darauf hin, daß dies die Auflösung ist für „Du sollst an Einen Got glauben"; die volle Version dieser Lösung steht oben. Man beachte, daß der Canon sowohl Sopran-(Diskant-)Schlüssel als auch Violin-(G-)Schlüssel verwendet.

Nebenstehende Seite oben: Entwurf des Marsches für den Prince of Wales, um 1792. Dieser Marsch für Blasorchester ist geschrieben für Trompete, zwei Hörner, zwei Klarinetten, zwei Fagotte und Serpent. Der Schlagzeugpart wurde von den Musikern stets – nach alter Militärmusiktradition – improvisiert.

Nebenstehende Seite unten: Spiegelkanon „Du sollst an einen Gott glauben" (Erstes Gebot, Hob. XXVIIa:1), in kreisförmiger Anordnung und auf vierfache Art – von links nach rechts, von rechts nach links, mit schwarzer Tinte und mit roter Tinte – geschrieben.

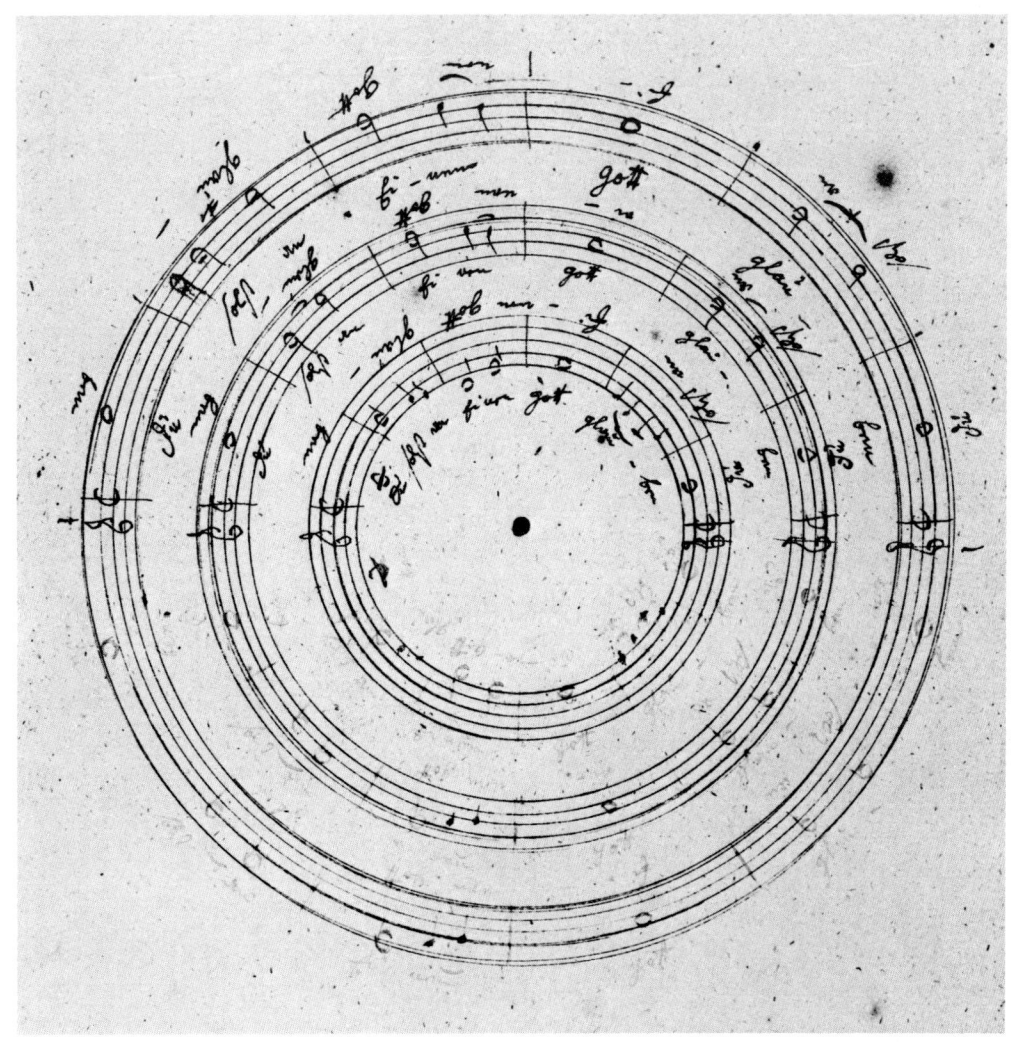

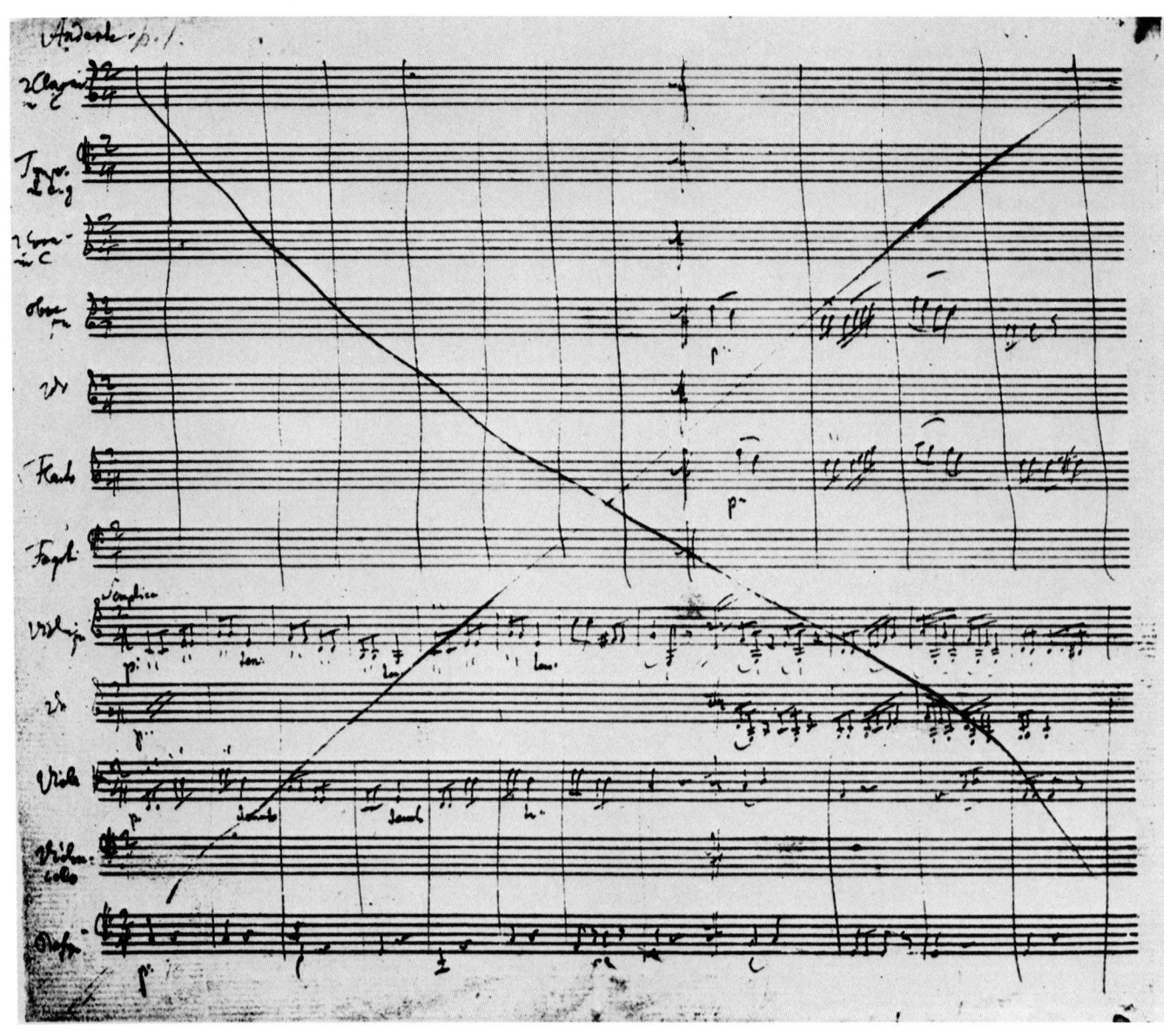

Symphonie Nr. 94 in G-Dur („mit dem Paukenschlag"; 1791).
Die erste Seite der verworfenen Version des zweiten Satzes
(Andante), ohne Paukenschlag.
Nebenstehende Seite: Symphonie Nr. 99 (1793); eine Seite mit
Entwürfen für dieses Werk (oben). Die erste Symphonie, bei
der Haydn Klarinetten verwendete. Man beachte in Zeile 6 die
Abkürzungen „Clar:" und „Clarin" und in Zeile 9 den Einsatz
der Pauken. – Das Stück für Spieluhr (Flötenuhrstück; Hob.
XIX:32) (darunter) wurde in eine Uhr „eingebaut", die Pater
Niemecz 1793 baute; es fand auch Verwendung im Finale der
Symphonie Nr. 99. Spieluhren waren zu Haydns Zeiten in
Europa äußerst beliebt, und Haydn hat eine Reihe von Stücken
für diesen Zweck geschrieben. Häufig waren es Bearbeitungen
von Themen aus seinen Quartetten oder Symphonien. Die Uhr
des Paters Niemecz enthält auch eine andere Bearbeitung,
nämlich das Menuett der Symphonie Nr. 101 („Die Uhr").

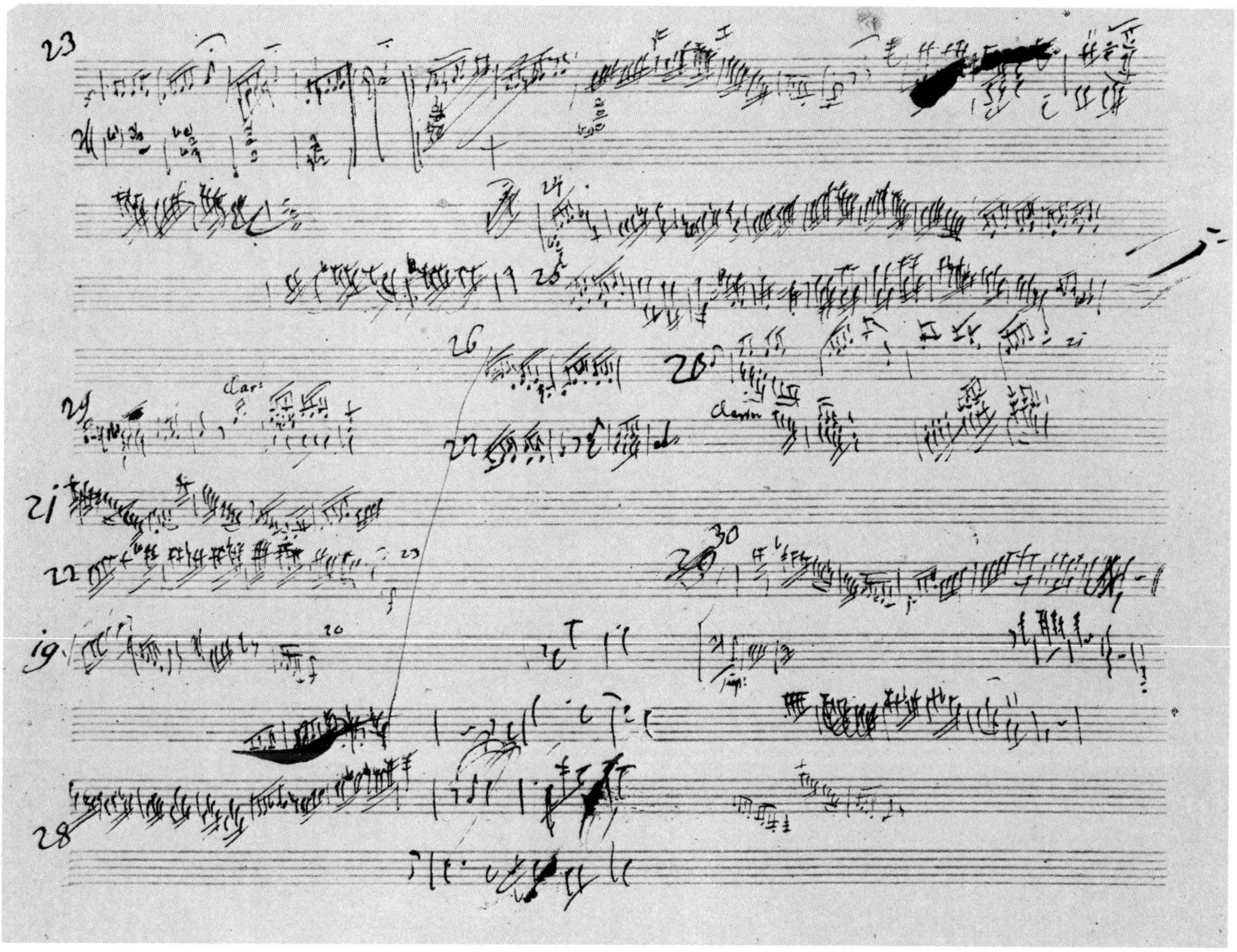

Beginn der „Missa in tempore belli" (Paukenmesse; 1796). Die erste Aufführung dieser Messe scheint in Wien am 26. Dezember 1796 in der Piaristenkirche (siehe Abbildung Seite 160) stattgefunden zu haben.

Erste Partiturseite (die Titelseite ist leer) des Streichquartetts
Op. 77, Nr. 1 (1799). Die zwei Quartette von Op. 77 wurden
dem Prinzen Lobkowitz (siehe Abbildung Seite 154) gewidmet.

Haydns Entwurfskizze des Menuettbeginns seines unvollende-
ten Streichquartetts „Op. 103" (1803; in fremder Handschrift
später hinzugefügt die Bezeichnung „Scherzo" und der Hinweis, daß es sich nur um einen Entwurf handelt. Man beachte,
daß in der untersten der drei Partiturzeilen ein ganzer Takt
Pause erst später hinzugefügt wurde. Dieses Menuett ist der
letzte Instrumentalsatz, den Haydn, soweit bekannt, komponiert hat. Er sollte der dritte Satz von insgesamt vieren sein;
doch die beiden Ecksätze wurden nie fertig. Das Autograph des
vollendeten langsamen Satzes (jetzt in Privatbesitz) trägt das
Datum „1803".

HAYDNS LEBEN	HAYDNS KOMPOSITIONEN

1732 Franz Joseph Haydn am 31. März (oder 1. April) in Rohrau geboren und dort am 1. April getauft.

1737 Da er musikalisches Talent zeigt, wird Joseph nach Hainburg geschickt, um dort bei seinem Cousin, dem dortigen Schuldirektor und Chorregens der Pfarrkirche, Johann Mathias Franck, in die Schule zu gehen. In Hainburg erhält er die erste Musikerziehung.
Am 14. September Taufe von Johann Michael Haydn in Rohrau (er wird ebenfalls ein bekannter Komponist, lebt lange Jahre in Salzburg).

1738 Zur Feier des *Jubilaeum Universale* (Sieg „über Türken und Heiden") organisiert Franck musikalische Aufführungen in Hainburg, an denen H. teilnimmt (bei einer Zeremonie hat er die Kesselpauken bedient).

1739 Georg Reutter jun., Kapellmeister im Dom zu St. Stephan in Wien, besucht Hainburg; er hört H. singen und engagiert ihn als Chorknaben.

1740 H. verläßt Hainburg und tritt in Wien in den Chor von St. Stephan ein. Kaiser Karl VI. stirbt; seine Tochter Maria Theresia tritt in Österreich die Nachfolge als Herrscherin an.

1741 Am 28. Juli Mitwirkung der „Capelle" beim Trauergottesdienst für Antonio Vivaldi.

1743 Am 23. Dezember wird Johann Evangelist Haydn in Rohrau getauft. Der dritte, wenngleich weniger musikalische, der drei Brüder wurde später unbezahlter Tenor im Dienste der Esterházy. Er stirbt am 16. Mai 1805 in Eisenstadt.

1745 Kaiserin Maria Theresia erwischt in Schönbrunn H. dabei, wie er ein Baugerüst erklettert, und läßt ihn züchtigen.
Michael H. kommt in Wien an und tritt in den Domchor ein.

1748 Weil H. Stimmbruch hat, ersetzt Bruder Michael ihn als Solist in Klosterneuburg bei den Namensfeiern des hl. Leopold. Die anwesende Kaiserin belohnt Michael mit 24 Dukaten.

1749 Im November wird H. aus der „Capelle" entlassen, weil er einem anderen Chorknaben den Zopf abgeschnitten hat.

1750 H. unternimmt eine Wallfahrt nach Mariazell.

1751–54(?) H. gezwungen, in Wien für sich zu sorgen; er wohnt in einer Dachkammer im „Michaelerhaus" (Michaelerplatz Nr. 1220). Im selben Haus wohnen der Dichter Pietro Metastasio (er lehrt H. die italienische Sprache) und der Opernkomponist Nicola Porpora, dessen Diener und Assistent H. wird.

---

um **1747/48**(?) Ein „*Salve Regina*" (verlorengegangen), mehrstimmig.
um **1748/49**(?) „*Missa brevis alla cappella*" in G, „Rorate coeli desuper" (Hob. XXII:3), wahrscheinlich komponiert für die Gnadenbildkapelle des Stephandoms.
1749 „*Missa brevis*" in F (XXII:1) für zwei Sopransoli (heute nimmt man an, für die beiden Brüder H.). Die Stimmen (in Eisenstadt aufbewahrt) wurden später vom Komponisten eigenhändig mit „1749" datiert.
um **1750–53**(?) „*Motetto de Venerabili Sacramento*" (Nr. 1–4), komponiert für das Fronleichnamsfest.
Viele Streichtrios, Sonaten für Cembalo und Cembalo-Trios, Orgelkonzerte und Divertimenti für verschiedene Besetzungen, dazu Kirchenmusik und Tänze (darunter die „Seitenstettener Menuette", IX:1).
1752/53(?) Die Oper „Der krumme Teufel" (Libretto von Felix Kurz-Ber-

---

H. wird Leiter des Orchesters der Johanniter und Organist des Grafen Haugwitz; er studiert die Musik und die theoretischen Werke von C. Ph. E. Bach („Versuch über die wahre Art das Clavier zu spielen", Teil 1, 1753 [Teil 2 erschien 1762]), von Mattheson und von Fux (dessen „*Gradus ad Parnassum*" H. sein ganzes Leben hindurch zu Unterrichtszwecken benutzte).

1754 Am 23. Februar stirbt H.s Mutter in Rohrau.

1756 12. Mai: Haydns erste Liebe, Therese Keller, tritt in den Orden der hl. Mutter Klara in Wien ein; H. komponiert speziell für diese Zeremonie Werke. (1760 heiratet H. Thereses Schwester.)

1756/57(?) Während er auf der Seilerstätte in Wien wohnt, wird H. ausgeraubt. Freunde müssen aushelfen. Carl Joseph Edler von Fürnberg lädt H. auf sein Gut Weinzierl nahe Wieselburg in Niederösterreich. H. schreibt dort seine ersten Streichquartette u. zusammen mit dem Dorfpfarrer, dem Gutsverwalter und einem der Brüder Albrechtsberger (Johann Georg oder Anton Johann).

1757/58(?) H. wird Kapellmeister bei Maximilian Franz Grafen von Morzin (1693–1763), dessen Sommerresidenz ein Schloß in Unter-Lukaveč in Böhmen (jetzt Dolni Lukavice, ČSSR) ist.

1759 Laut H. (und seinem Biographen Griesinger) wurde in diesem Jahr die Symphonie Nr. 1 für Graf Morzins Orchester geschrieben.

1760 Michael H. in Großwardein, wo er eine Reihe von Symphonien und anderen Werken, darunter das Violinkonzert in B (20. Dezember), komponiert.
9. November: H.s Heiratskontrakt mit Maria Anna Aloysia Apollonia Keller; die Hochzeit findet am 26. November in St. Stephan in Wien statt.

1761 Graf Morzin entläßt seine Musiker aus Geldmangel.
19. März: mögliches Datum, an welchem H. mit der Neuformierung der „Capelle" des Fürsten Esterházy begann.
Verträge für mehrere neue Musiker am 1. April unterzeichnet, andere (der H.s inbegriffen) am 1. Mai in Wien. H.s Anfangsgehalt als Vice-Kapellmeister im Haushalt des Fürsten Paul Anton Esterházy (unter Gregor Werner als 1. Kapellmeister) beträgt 400 Gulden jährlich.
6. Oktober: Ein polnischer Adeliger, Graf Oginsky, spielt bei einem Konzert im Palais Esterházy in der Wallnerstraße in Wien Klarinette.

1762 Nach dem Tod des Fürsten Paul Anton Esterházy (18. März) erhöht dessen Nachfolger Nicolaus I. am 25. Juni H.s Jahresgehalt um 200 Gulden.

---

nardon). Eine Vorstellung – vielleicht die erste, vielleicht auch eine Wiederaufführung – findet am 29. Mai 1753 im Kärntnerthortheater statt.

1756 Orgelkonzert in C (XVIII:1) und „*Salve Regina*" in E (XXIII b:1); möglicherweise auch das Doppelkonzert für Orgel, Violine und Streicher in F (XVIII:6).

1756/57(?)**–1760** Die frühen Streichquartette, 9 davon erhalten geblieben (Op. 1, Nr. 1–4 u. 6 und Op. 2, Nr. 1, 2, 4 u. 6 – Hob. III:1–4,6,7,8,10,12). Ebenso Streichtrios und zwei Divertimenti für Streicher und Hörner (II:21,22).

1758 „Der neue krumme Teufel" (verlorengegangen), eine Wiederaufnahme – mit geändertem Titel – der H.-Oper aus dem Jahre 1752–53(?), ebenso im Kärntnerthortheater aufgeführt.
1757(?) oder **1758–61** Symphonien Nr. 1–5, 10, 15, 18, 27, 32, 33, 37 und „A" (? außerdem Nr. 16, 17, 19, 20, 25 und „B").
Auch Streichtrios, Divertimenti für Bläser, Concertinos und Divertimenti für Cembalo und Streicher.

1761 Symphonien Nr. 6–8 („Der Morgen", „Der Mittag", „Der Abend"), komponiert – mit vielen Soli für seine besten Musiker – zur „Einweihung" der neuen „Capelle". Divertimento für Klarinetten und Hörner (II:14) und Divertimento für Klarinetten, Hörner und Streicher (II:17; 1761?), wahrscheinlich im Zusammenhang mit dem Besuch des Grafen Oginsky (die Capelle hatte keine Klarinetten).

1762 Symphonie Nr. 7. Hornkonzert in D (VIId:3), wahrscheinlich für Joseph Leutgeb komponiert (der später ein Freund Mozarts war).

HAYDNS LEBEN	HAYDNS KOMPOSITIONEN
Göttweig und Kremsmünster beginnen Manuskriptkopien von H.-Kompositionen zu sammeln. **1763** Während der dreitägigen Festlichkeiten in Eisenstadt anläßlich der Heirat des Grafen Anton Esterházy und der Gräfin Marie Therese Erdödy wird am 11. Januar H.s Oper „*Acide*" aufgeführt. H. verfügt erstmals über vier Hornisten. Instrumentiert seine Symphonien Nr. 13 u. 72 entsprechend. Der Leipziger Verleger Breitkopf beginnt Ms.-Kopien Haydnscher Werke zu vertreiben. Michael H. wird Conzertmeister beim Fürsterzbischof Sigismund von Schrattenbach in Salzburg. **1764** H. trifft am 21. April in Rohrau seinen Bruder, um mit diesem den Nachlaß des Vaters zu regeln. Im Sommer dirigiert H. Opernaufführungen in Preßburg. „*Acide*" wahrscheinlich wiederaufgeführt. Joseph Elssler wird als Kopist an den Fürstenhof der Esterházy geholt. In Paris werden H.s Quartette und Symphonien (offenbar ohne dessen Wissen) von drei Verlegern gedruckt. **1765** Capellmeister Werner beschwert sich beim Fürsten Nicolaus über H. und die Unordnung, sowohl was die Capelle als auch die Musik betrifft. H. erhält einen Verweis. In diesem Jahr begann H. wahrscheinlich mit der Anlegung des „Entwurf-Katalogs" (einem äußerst wichtigen thematischen Katalog seiner Kompositionen). Quartette von H. in Amsterdam verlegt und erreichen im Juni England. Am 18. August stirbt Kaiser Franz Stephan in Innsbruck, Joseph II. wird Mitregent Maria Theresias in Österreich. Er heiratet im selben Jahr die Prinzessin Maria Josepha von Bayern. Am 12. Dezember wird dem Grafen Anton Esterházy und seiner Frau Marie Therese ein Sohn geboren. Die Capelle wirkt bei einem Dankgottesdienst in Eisenstadt mit. Das Kind wird später als Nicolaus II. regierender Fürst werden (1794). **1766** Nach dem Tod von Gregor Werner (5. März) wird H. Erster Kapellmeister. Am 2. Mai erwirbt er in Eisenstadt, Klostergasse 82, ein Haus. Nach der Erstaufführung von „*La canterina*" in Eisenstadt am 27. Juli werden H. und die Gesangssolisten vom Fürsten Nicolaus belohnt. Das „Wienerische Diarium" nennt in einem Artikel über H. unter andere österreichische Komponisten H. den „Liebling unserer Nation". Beendigung der ersten Bauphase von Eszterháza. **1767** Am 16. Februar wird „La canterina" in Preßburg vor dem Herzog Albert von Sachsen-Teschen und dessen Gattin, Erzherzogin Marie Christine, aufgeführt. Im Herbst besucht Fürst Nicolaus Paris und Versailles. Unter seinen Begleitern ist Luigi Tomasini, Konzertmeister der Capelle. H.s neue Symphonie wird am 1. Dezember fertig, offenbar gedacht zur Aufführung (zusammen mit der Kantate) am 6. Dezember, dem Namenstag des Fürsten, zur Feier seiner gesunden Heimkehr. **1768** Im März dirigiert H. sein Stabat Mater für Hasse bei den Johannitern in Wien. Am 15. Mai wird die Kantate „*Applausus*" in der Abtei der Zisterzienser in Zwettl zu Ehren des Abtes,	**1763** „*Acide*" (XXVIII:1). Symphonien Nr. 12, 13, 40 und 72. Konzert für Kontrabaß (Violone; VIIc:1); Kantate „*Vivan gl'illustri sposi*" (beide verlorengegangen). „*La Marchesa Nespola*" (XXX:1), aufgeführt April–August. Kantate „*Destatevi, o miei fidi*" (XXIXa:2), aufgeführt am 6. Dezember, dem Namenstag des Fürsten. **1764** Kantate „*Da qual gioja*" (XXIVa:3), aufgeführt zur Rückkehr des Fürsten Nicolaus von der Krönung Josephs II. zum Römischen König in Frankfurt (27. März). Symphonien Nr. 21–24. Divertimento für Cembalo und Streicher (XIV:4). Kantate „*Qual dubbio*" (XXIVa:4), aufgeführt am 6. Dezember, dem Namenstag des Fürsten. **1765** Symphonien Nr. 28–31 (Nr. 31 ist für 4 Hörner gesetzt, was möglich wurde durch die Ersetzung von zwei der früheren Hornisten (einer starb, der andere ging weg). Capriccio „Acht Sauschneider" für ein Tasteninstrument (XVII:1). Viele Baryton-Trios für Fürst Nicolaus (die ersten entstanden noch vor 1765, danach regelmäßig weitere). **1766** „*Missa Cellensis in honorem B.V.M.*" (XXII:5), komponiert für den Prior von Mariazell. Intermezzo „*La canterina*" (XXVIII:2). Baryton-Trio (XI:24). Klaviersonate Nr. 29 (XVI:45). **1767** „*Stabat Mater*" (XX:bis). Baryton-Trios (XI:42,43). Klavier-Sonate Nr. 30 (XVI:19). Horn-Trio in Es (IV:5). Symphonie Nr. 35. Kantate „*Al tuo arrivo felice*" (XXIVa:3; verlorengegangen). **1768** Kantate „*Applausus*" (XXIVa:6). Baryton-Trio (XI:57). Symphonie Nr. 49 („*La Passione*").
der den 50. Jahrestag der Ablegung der Gelübde feiert, aufgeführt. Am 2. August wird Eisenstadt von einem Feuer heimgesucht. H.s Haus wird zerstört. Der Fürst läßt es auf seine Kosten wiederaufbauen. Herzog Albert von Sachsen-Teschen und Erzherzogin Marie Christine statten Eszterháza einen offiziellen Besuch ab. Zu den aus diesem Anlaß veranstalteten großen Bällen und Feuerwerken werden aus Eisenstadt und Ödenburg zusätzliche Musiker herbeigeholt. (Ein zweiter Besuch, mit ähnlichen Unterhaltungen, fand im August 1769 statt.) **1769** Reisende Truppen werden ab nun regelmäßig engagiert, um im Sommer deutsche Stücke aufzuführen. H. komponiert hierfür Bühnenmusik. H.s Streichquartette Op. 9 (III:19–24) werden von J. J. Hummel in Berlin und Amsterdam herausgegeben. **1770** Am 21. März führt die Esterházysche Capelle in Baron von Sumeraus Palais im Wiener Vorort Mariahilf „*Lo speziale*" auf. Am 25. Juli spielt die Capelle unter H. in Kittsee vor Kaiserin Maria Theresia, Joseph II. und anderen Mitgliedern der kaiserlichen Familie. „*Le pescatrici*" wird in Eszterháza erstaufgeführt zur Feier der Hochzeit von Fürst Nicolaus' Nichte, der Gräfin Lamberg, und dem Grafen Pocci. Während dreier Tage werden reichlich andere Vergnügungen geboten. Der Maler Ludwig Guttenbrunn wird nach Eszterháza engagiert. Er wird Frau Haydns Geliebter. **1770–71** H. eine Zeitlang ernstlich erkrankt. **1771** In der Kirche Maria Treu (Piaristenkirche) in Wien dirigiert Haydn am 29. März sein Stabat Mater. **1772** Die Truppe des Carl Wahr wird nach Eszterháza verpflichtet. Sie bringt (durch fünf Saisons) unter anderen auch Shakespeare-Stücke in deutsch zur Aufführung. Die Anordnung des Fürsten, daß nur die Angehörigen von H. und vier der führenden Mitglieder der Capelle in Eszterháza wohnen dürfen, schafft bei den anderen Musikern Unzufriedenheit, und am Ende der Saison (November) dient die „Abschiedssymphonie" dem Zweck, Nicolaus diese Tatsache vor Augen zu führen. Der Fürst versteht diesen Wink. Am 6. Dezember (? in Eisenstadt) wird H.s neue Messe zur Feier von Nicolaus' Namenstag aufgeführt. Graf Ladislaus Erdödy ermöglicht Ignaz Pleyel, Haydns Schüler zu werden. P. ist H.s Schüler bis 1777. **1773** Erstaufführung von „*L'infedeltà delusa*" am 26. Juli zur Feier des Namenstages der Fürstinwitwe Maria Anna. Die Oper wird beim formellen Besuch der Kaiserin Maria Theresia am 1. September wiederaufgeführt; tags darauf folgt die Aufführung der Marionettenoper „Philemon und Baucis". H. wird der Kaiserin vorgestellt. **1774** Die Carl-Wahr-Truppe führt in Eszterháza „Der Zerstreute" (die deutsche Version von Regnards „*Le Distrait*") auf.	„*Lo speziale*", ein „*dramma giocoso*" (XVIII:3), aufgeführt am 28. September bei der Einweihung des neuen Theaters in Eszterháza. **1769** Baryton-Trio (XI:79). Symphonien Nr. 41(?) und 48 („Maria Therese"); Datierung auf der Ms.-Kopie von der Hand Joseph Elsslers. Beginn der Arbeit an der Oper „*Le pescatrici*" (XXVIII:4). **1770**(?) Klaviersonate Nr. 23 (XVI:20; verlorengegangen). **1771** „*Salve Regina*" in g-Moll (XXIIIa:2). Streichquartette Op. 17 (III:25–30). Symphonie Nr. 42. Klaviersonate Nr. 33 in c-Moll (XVI:20), bei welcher das dafür vorgesehene Instrument eher ein fortepiano als ein Cembalo ist. **1772** Symphonien Nr. 46 und 47. Streichquartette Op. 20 (III:31–36). Baryton-Trio (XI:106). Symphonie Nr. 45 („Abschiedssymphonie"). „*Missa Sancti Nicolai*" (XXII:6). **1773** „Hexen-Schabbas" (Marionettenoper; verlorengegangen). „*L'infedeltà delusa*" (XXVIII:5). „*Acide*" (geänderte Fassung). „Philemon und Baucis" (Marionettenoper; XXIXa:1). Symphonie Nr. 50. Klaviersonaten Nr. 36–41 (XVI:21–26), veröffentlicht in Wien im Februar 1774, Nicolaus gewidmet. **1774** Bühnenmusik zu Regnards „*Le Distrait*", später bearbeitet und als Symphonie Nr. 60 („*Il distratto*") im Umlauf. Symphonien Nr. 54–56. Oratorium „*Il ritorno di Tobia*" (XXI:1) zu komponieren begonnen.

HAYDNS LEBEN	HAYDNS KOMPOSITIONEN	HAYDNS LEBEN	HAYDNS KOMPOSITIONEN

1775 „Il ritorno di Tobia" in Wien aufgeführt (2. und 4. April). Erzherzog Ferdinand und seine Frau Maria Beatrice d'Este besuchen Eszterháza, 28.–30. August; „L'incontro improvviso" zu ihren Ehren am 29. August zum erstenmal aufgeführt.
1776 Erste Opernsaison in vollem Maßstab in Eszterháza, mit Werken H.s und anderer Komponisten. Dieses Veranstaltungsschema wird bis 1790 beibehalten.
Im Februar wird Glucks „Orfeo" gegeben, im März H.s „Dido".
Eisenstadt durch ein Feuer schwer verwüstet (17. Juli). H.s Haus niedergebrannt; der Fürst läßt es neuerlich wiederaufbauen (1778 dann beschließt H., das Haus zu verkaufen).
1777 Gastspiel der Esterházy-Capelle in Schönbrunn im Juli; H.s „Hexen-Schabbas" und Odonez' „Alceste" aufgeführt.
Fürst Nicolaus' zweiter Sohn (Nicolaus) heiratet Maria Anna Gräfin von Weissenwolf am 3. August in Eszterháza. Bei der Gelegenheit Aufführung von H.s Oper „Il mondo della luna".
1778 Am 27. Oktober verkauft H. sein Eisenstädter Haus um 2.000 Gulden.

1779 Der Violinist Antonio Polzelli und seine Frau Luigia, eine Sopranistin, werden für die Capelle engagiert. Luigia wird kurz danach H.s Geliebte. H. komponiert für sie die Arie „Quando la rosa". Das Opernjahr bringt zwölf Neuinszenierungen. H.s neue Marionettenoper erstaufgeführt. Am 18. November wird das Theater von Eszterháza und der Großteil des dort aufbewahrten Notenmaterials durch ein Feuer vernichtet. Die Operntruppe übersiedelt ins benachbarte Marionettentheater („L'isola disabitata", 6. Dezember). Am 18. Dezember legt Fürst Nicolaus den Grundstein zum Bau eines neuen Theaters; aus diesem Anlaß wird H.s Symphonie Nr. 70 gespielt.
1780 H.s ausgedehnte Korrespondenz mit dem Verlag Artaria & Co., der sechs Klaviersonaten (Nr. 48–52 und 33) im März herausbringt, setzt ein.
Am 14. Mai wird H. Mitglied der Philharmonischen Gesellschaft von Modena.
Kaiserin Maria Theresia stirbt am 29. November.
1781 Das wiedererbaute Opernhaus in Eszterháza wird mit der Aufführung von H.s „La fedeltà premiata" am 25. Februar eingeweiht.
Das erste veröffentlichte Porträt H.s (der Stich von J. E. Mansfeld); Artaria bringt es im Juni heraus.
H. verhandelt erstmals mit einem englischen Verleger: William Forster. Er liefert am 22. August die Symphonie Nr. 74 an Forster.
Im September erhält H. vom spanischen Hof eine wertvolle Schnupftabaksdose zum Geschenk.
1782 H. verkauft eine Sammlung Ouvertüren an Artaria (herausgegeben unter „Sei Sinfonie opera XXXV").
„Orlando Paladino" am 6. Dezember (Namenstag des Fürsten) in Eszterháza aufgeführt.
1783 Am 27. Mai kündigt Verleger Boßler in Speyer die Herausgabe von H.s Symphonien Nr. 76–78 an. H. verkaufte die Werke zugleich an Forster (London), Torricella (Wien) und Boyer (Paris).

1775 „L'incontro improvviso" (XXVIII:6). „Divertimenti a otto voci" (für Baryton, 2 Hörner und Streicher; X:2,3,5).

1776 „Dido" (Marionettenoper; XXIXa:3). Symphonie Nr. 61. Klaviersonaten Nr. 42–47 (XVI:27–32; einige, z. B. Nr. 44, schon 1774 zu komponieren begonnen). Sechs Menuette für Orchester (IX:5).

1777 Ouvertüre in D (Ia:7; für eine nicht identifizierte Oper). Eingeschobene Arie „D'una sposa meschinella" (XXIVb:2) für Giovanni Paisiellos „La Frascatana". „Il mondo della luna" (XXVIII:7).

1778 Beginn der Arbeit an „La vera costanza". Erstaufführung am 25. April 1779 in Eszterháza.
1779 Arie „Quando la rosa" (XXIVb:3). Marionettenoper „Die bestrafte Rachbegierde" (XXIXb:3; verlorengegangen). „L'isola disabitata" (XXVIII:9). Symphonien Nr. 75 und 70. Zur Publikation vollendet die Klaviersonaten Nr. 48–52 und 33 (XVI:35–39,20).

1780 Die Oper „La fedeltà premiata" größtenteils vollendet.

1781 Streichquartette Op. 33 (III:37–42). Die erste Reihe von Liedern (veröffentlicht in zwei Sammlungen im Dezember 1781 und 1783).

1782 „Missa Cellensis" („Mariazellermesse"; XXII:8). Symphonien Nr. 76–78, komponiert für einen geplanten England-Besuch, der nicht zustande kommt. Die Oper „Orlando Paladino" (XXVIII:11).
1783 Konzert für Cello in D (VIIb:2), komponiert für Anton Kraft, den Ersten Cellisten der Capelle. „Armida" (ein „dramma eroico"; XXVIII:2).

Am 15. September heiratet Fürst Nicolaus' Enkel (später als Nicolaus II. regierender Fürst des Hauses Esterházy) die Fürstin Marie Hermenegild Liechtenstein.
1784 Am 31. Januar kündigt Artaria eine Sammlung von vierzehn Menuetten von H. an („Raccolta de Menuetti Ballabili; IX:7).
„Armida" erstaufgeführt am 26. Februar in Eszterháza. H. schreibt, man habe ihm gesagt, es sei sein bisher bestes Werk. Im Juni hört der Komponist Giuseppe Sarti anläßlich seines Besuches im Schloß eine Wiederaufführung der Oper.
Im März wird das Oratorium „Il ritorno di Tobia" in Wien unter Zusatz von zwei Chören wiederaufgeführt.
Die Konzertveranstalter „Concert de la Loge Olympique" in Paris beauftragen H., sechs Symphonien zu schreiben.
Am 29. Dezember sucht H. formell um die Mitgliedschaft bei den Freimaurern an.
1785 Am 11. Februar wird H. in die Freimaurerloge „Zur wahren Eintracht" in Wien aufgenommen. Vier Tage später hört er Mozarts sechs Streichquartette (K. 387 etc.), die M. ihm anläßlich der Artaria-Publikation mit Brief (vom 1. September) formell gewidmet hat. Die Artaria-Ausgabe trägt die Bezifferung „Op. X".
Im Juni Aufführung von „La fedeltà premiata" in Preßburg.
1786 H. unterzeichnete Vertrag mit Forster, wonach er diesem in den folgenden Jahren eine Reihe von Werken zur Publikation überlassen wird.
In der diesjährigen Opernsaison in Eszterháza 125 Vorstellungen von 17 verschiedenen Werken.

1787 H. besucht im Januar Graz. Im Juli schreibt er an Sir John Gallini wegen eines vorgeschlagenen London-Besuches, der nicht zustande kommt.

1788 In der Opernsaison in Eszterháza insgesamt 108 Vorstellungen.
Am 28. Februar schreibt H. an Forster und versucht die Tatsache zu entschuldigen, daß er diesem nicht die ausschließlichen Rechte an den „Pariser" Symphonien übertragen hat. Ihre Korrespondenz bricht ab. Inzwischen haben Longman and Broderip die Rechte der Artaria-Ausgaben der „Sieben Worte" und der Quartette Op. 50 für die Herausgabe in England erworben.
1789 H. in Korrespondenz mit dem Pariser Verleger Jean-Georges Sieber. Im Juni beginnt H.s Korrespondenz mit Maria Anna von Genzinger, der Frau des Leibarztes von Nicolaus Esterházy.
Am 31. Dezember wohnt H. in Wien einer Probe von Mozarts „Così fan tutte" bei (am 21. Januar begleitet H. Mozart zur ersten Orchesterprobe).
1790 Für den 29. Januar organisiert H. eine Quartett-Party im Hause von Maria Anna von Genzinger.
Am 20. Februar stirbt Kaiser Joseph II. Fünf Tage darauf stirbt Fürst Nicolaus in Eisenstadt.
Im März erhält H. vom Fürsten Krafft-Ernst von Oettingen-Wallerstein, dem er im vorangegangenen November die Orchesterstimmen der Symphonien Nr. 90–92 zugesandt hat, eine Schnupftabaksdose.

1784 Die Chöre „Ah, gran Dio" und „Svanisce in un momento" (letzterer später zur Motette „Insanae et vanae curae" verarbeitet) als Zusätze zu „Il ritorno di Tobia" komponiert. Klavierkonzert in D (XVIII:11), verlegt bei Artaria. Klaviersonaten Nr. 54–56 (XVI:40–42), gewidmet Fürstin Marie Hermenegild Esterházy, von Boßler angekündigt. Flötentrios Op. 38 (IV:6–11) für Forster. Klaviertrios Nr. 17–19 (XV:2,5,6).

1785 Klaviertrios Nr. 20–22 (XV:7–9). Symphonien Nr. 83 („La Poule") und 87 für Paris vollendet. Quartett Op. 42 (III:43) wahrscheinlich für Spanien geschrieben. Eingeschobene Arien für Opern von Anfossi in Eszterháza aufgeführt.

1786 Fünf Konzerte für den König von Neapel begonnen (VIIh:1–5). Eingeschobene Arien für Opern von Traetta und Gazzaniga in Eszterháza aufgeführt. Symphonien Nr. 82, 84, 86 für Paris vollendet. „Die Sieben Worte" (XX:1) für Cádiz in Angriff genommen.
1787 Quartette Op. 50 (III:44–49). Symphonien Nr. 88, 89. „Six Allemandes" für Orchester (IX:9) von Artaria angekündigt. Eingeschobene Arien für Opern von Bianchi und Guglielmi.
1788 Quartette Op. 54 und Op. 55 (III:57–62) vollendet. Symphonien Nr. 90 und 91.

1789 Klaviersonate Nr. 58 (XVI:48) für Breitkopf in Leipzig. Symphonie Nr. 92. Kantate „Arianna a Naxos". Zusätzliche Stücke für die pasticcio-Oper „La Circe" (aufgeführt im Juli in Eszterháza). Stücke für Spieluhr (XIX:16etc.).

1790 Eingeschobene Arien für Opern von Gassmann und Cimarosa werden in Eszterháza aufgeführt. Klaviersonate Nr. 59 (XIV:49). Quartette Op. 64 (III:63–68). Klaviervariationen in C (XVII:5). Eine Reihe von Notturnos für den König von Neapel (II:25–32) vollendet (andere entstehen dann für London). Abschiedslied „Trachten will ich auf Erden" (wahrscheinlich für Frau von Genzinger) am 14. Dezember.

HAYDNS LEBEN	HAYDNS KOMPOSITIONEN

Am 28. September stirbt Fürst Nicolaus in Wien; sein Nachfolger entläßt die Capelle. Haydn nimmt Aufenthalt in Wien. Dort wird er von J. P. Salomon aufgesucht, der für H. eine England-Reise arrangiert. Sie reisen am 15. Dezember ab und erreichen Calais am 31. Dezember.

1791 Am 1. Januar überqueren H. und Salomon den Kanal und setzen von Dover aus die Reise nach London fort. H. nimmt Quartier in der Great Pulteney Street Nr. 18. Das erste der Haydn-Salomon-Konzerte findet am 11. März in den Hanover Square Rooms statt; auf dem Programm die Symphonie Nr. 92 (Erstaufführung). Am 16. Mai findet ein Benefizkonzert für H. statt.
H. besucht das alljährlich stattfindende Händel-Fest (23. Mai bis 1. Juni) in der Westminster Abbey.
Im Juli erhält H. auf Betreiben von Dr. Charles Burney das Ehrendoktorat für Musik der Universität Oxford. Bei einem Konzert am 7. Juli wird die Symphonie Nr. 92 gespielt (und heißt seither „Oxforder").
Von Juni an sind H. und Rebecca Schroeter häufig beisammen, und es entsteht eine innige Freundschaft.
H. am 5. November zum Lunch zu Ehren des Lord Mayor von London geladen. Am 24. November lädt der Prince of Wales H. ein, mit ihm Oatlands, das Landhaus des Herzogs und der Herzogin von York, zu besuchen. Am 23. Dezember kommt H.s früherer Schüler Ignaz Pleyel in London an, um da als Hauptkomponist für die „Professional Concert"-Konzertreihe zu fungieren. Tags darauf essen H. und Pleyel zusammen, und eine Woche später sehen sie sich gemeinsam Guglielmis „La pastorella nobile" im Pantheon an; Theresa Negri, die Schwester von Luigia Polzelli, ebenfalls eine Sängerin, begleitet sie dorthin.

1792 Das erste Konzert der neuen H.-Salomon-Saison findet am 17. Februar statt; die Erstaufführung der Symphonie Nr. 93 wird zu einem Riesenerfolg. Neue Werke werden bei den folgenden Konzerten erstaufgeführt: „The Storm" (24. Februar), Symphonie Nr. 98 (2. März), „Concertante" (9. März), Symphonie Nr. 94 („mit dem Paukenschlag"; mit ungeheurem Erfolg am 23. März) und Symphonie Nr. 97 (3. Mai, zu H.s Benefizkonzert).
Am 14. Juni besucht H. Windsor und Ascot und besichtigt auch William Herschels riesiges Spiegelteleskop in Slough.
Im Juli kehrt H. nach Wien zurück. Er macht Station in Bonn, wo er mit Beethoven vereinbart, dieser solle nach Wien kommen und bei ihm studieren. Beethoven trifft im November in Wien ein. H. macht auch in Frankfurt halt, wo Fürst Anton Esterházy der Krönung Kaiser Leopolds II. (14. Juli) beiwohnt.
Am 25. November dirigiert H. seine Redoutensaal-Tänze beim Maskenball der Gesellschaft bildender Künstler. Artaria bringt danach eine Bearbeitung für Klavier (von H.) heraus. Die Tänze werden ein Jahr darauf im Redoutensaal wiederaufgeführt.

1793 Maria Anna von Genzinger stirbt am 20. Januar in Wien.
In London ist das Scheitern der Pläne für Haydns Wiederkehr Thema zahl-

1791 „L'anima del filosofo" („Orfeo ed Euridice"; eine Opera seria; XXVIII:13), komponiert für das King's Theatre des Sir John Gallini, jedoch nicht aufgeführt. Symphonien Nr. 96 und 95 sowie, für die nächste Saison, 93 und 94. Rundgesang („Maccone") für Gallini (verlorengegangen). Arie „Cara deh torna in pace" für Giacomo Davidde (verlorengegangen). Schottische Lieder für William Napier (XXXI:1–100 und 101–150), wovon die letzte Serie 1795 erscheint.

1792 Madrigal „The Storm" (XXIVa:8). Symphonien Nr. 98, 97 und die „Concertante" (I:105) für Oboe, Fagott, Violine und Violoncello. Marsch für den Prince of Wales (VIII:3). „The Ten Commandments" (XXVIIa:1–10).

Die Redoutensaal-Tänze: Zwölf Menuette (IX:11) und Zwölf Deutsche Tänze (IX:12).

1793 Quartette Op. 71 und Op. 74 (III:69–74), gewidmet dem Grafen Apponyi. Symphonie Nr. 101 in Angriff genommen. Stücke für Spieluhr

---

reicher Kommentare in der Presse. Inzwischen präsentiert H. in Wien am 15. März im Redoutensaal drei seiner „Salomon"-Symphonien mit Erfolg.
Im August erwirbt H. ein Haus in Gumpendorf (Kleine Steingasse Nr. 71). Am 23. 9. schreibt H. in einem Brief an den Kurfürsten von Köln (Beethovens Gönner) über seinen Schüler Beethoven. Am 22./23. Dezember dirigiert H. das alljährlich zu Weihnachten stattfindende Wohltätigkeitskonzert der Tonkünstler-Societät.

1794 Am 10. Januar besucht H. eine Aufführung von „La Principessa d'Amalfi", einer Oper seines Patenkindes Joseph Weigl jr., die H. tags darauf in einem Brief an Weigl enthusiastisch lobt.
Am 19. Januar reist H. nach London ab (über Linz, Passau, Wiesbaden); er nimmt seinen Kopisten Johann Elssler mit. Sie kommen am 4. Februar in London an. Drei Tage nach H.s Abreise stirbt in Wien unerwartet Fürst Anton Esterházy.
Beim ersten Haydn-Salomon-Konzert wird H.s Symphonie Nr. 99 erstaufgeführt und erhält frenetischen Applaus. Andere neue Werke, die aufgeführt werden: Symphonie Nr. 101 (3. März), Symphonie Nr. 100 (31. März).
Während der Sommermonate besucht H. Hampton Court, Portsmouth und die Isle of Wight (Juli), die Bank of England (15. Juli), Bath und Bristol und die Waverley Abbey (August).

1795 Am 12. Januar kündigt Salomon an, daß er seine Konzertreihe einstelle und sich mit den „Opera Concerts" fusioniere, die dann auch H.s Werke in dessen letzter Londoner Saison aufführen: beim ersten Konzert am 2. Februar die Symphonie Nr. 102 (Erstaufführung), am 2. März die Symphonie Nr. 103. Bei H.s letztem Londoner Benefizkonzert, am 4. Mai, werden die „Scena di Berenice" (mit der Banti als Solistin) und die Symphonie Nr. 104 erstaufgeführt. H. erhält aus den Einnahmen 4.000 Gulden.
Am 1. Februar ist H. bei einer musikalischen Soiree im Hause des Herzogs von York. König, Königin und andere Mitglieder der Königsfamilie sind anwesend. In der Folge „präsidiert" er bei einem Konzert, das der Prince of Wales am 10. April im Carlton House gibt, und tritt bei weiteren Abenden des Prince of Wales am 15., 17. und 19. April auf. Am 21. April ist er Gast der Königin im Buckingham House.
Am 3. Februar wird H.s Freund und Mentor in England, der Earl of Abington, wegen Verleumdung verurteilt.
Am 27. Mai macht H.s Hauptverlag in London, Longman & Broderip, bankrott, aber es gelingt der Firma, die Geschäfte weiterzuführen.
Am 15. August verläßt H. London; er will über Hamburg nach Wien zurückkehren. Mitgenommen hat er ein handschriftliches Libretto für ein Oratorium („Die Schöpfung"), das Salomon ihm besorgt hat.
Am 22. November besucht H. einen Maskenball im Redoutensaal, bei welchem Beethoven sein Debüt als Komponist von Orchesterwerken feiert: seine Zwölf Menuette (WoO7) und Zwölf Deutschen Tänze (WoO8) werden aufgeführt. Am 18. Dezember gibt H. ein Konzert im Redoutensaal. Er führt drei seiner „Salomon"-Sympho-

(XIX:29,32etc.). Klaviertrio Nr. 31 (XV:32). „Andante con variazioni" für Klavier (XVII:6).

1794 Symphonie Nr. 101 („Die Uhr") vollendet. Symphonie Nr. 100 („Militärsymphonie") vollendet. Sechs englische Canzonette (XXVIa:25–30), veröffentlicht am 3. Juni. „Dr. Harington's Compliment" (XXVIb:3) und der Kanon „Turk was a faithful dog" (XXVIIb:45), komponiert in Bath. Oratorienfragment „Mare Clausum" (zwei Sätze vollendet; XXIVa:9). „Londoner" Trios für zwei Flöten und Cello (IV:1–4). „Jacob's Dream", später zweiter Satz des Klaviertrios Nr. 41 (XV:31). Symphonie Nr. 102 vollendet. Klaviertrios Nr. 32 bis 34 (XV:18–20), am 25. November von Longman and Broderip angekündigt, gewidmet der Fürstinwitwe Esterházy, geb. Hohenfeld. Klaviersonaten 60–62 (XIV:50–52), komponiert für Therese Jansen. Sechs englische Psalmen (XXIII:Nachtrag), veröffentlicht in Rev. W. D. Tattersalls „Improved Psalmody", 22. Dezember. Ouvertüre zu Salomons „Windsor Castle" (Ia:3).

1795 Die Symphonien Nr. 103 („Paukenwirbelsymphonie") und 104 („Londoner"). Klaviertrios Nr. 35–37 (XV:21–23) für Preston in London. Klaviertrios Nr. 38–40 (XV:24–26) für Longman and Broderip. Klaviertrio Nr. 41 (XV:31), wahrscheinlich für Therese Jansen. Zweite Sammlung englischer Canzonette (XXVIa:31–36). Märsche für das Derbyshire Cavalry Regiment (VII:1,2). „Scena di Berenice" (XXIVa:10). Lied „O Tuneful Voice" (XXVIa:42). etc.
Die Musik, die Haydn für oder in London komponierte (und von der er in seinem 4. Londoner Notizbuch eine Liste anlegte), umfaßt über 3.000 Manuskriptseiten, von denen die „Salomon"-Symphonien mehr als ein Drittel ausmachen.

Chorfassung der „Sieben Worte" (XX:2) in Angriff genommen. Text von Gottfried van Swieten.

Chronologie

HAYDNS LEBEN	*HAYDNS KOMPOSITIONEN*	*HAYDNS LEBEN*	*HAYDNS KOMPOSITIONEN*

nien (Nr. 100 inbegriffen) der zweiten Serie dem Publikum vor, und Beethoven spielt sein Klavierkonzert in B, Op. 19.

1796 Am 8. Januar nehmen H. und Beethoven wieder an einem Konzert im Redoutensaal teil: dem Benefizkonzert für Maria Bolla.
Am 26. und 27. März wird H.s Chorfassung der „Sieben Worte" im Palais Schwarzenberg in Wien aufgeführt. Es ist das erste Konzert der „Gesellschaft der Associierten", die unterstützt wird von Mitgliedern des Adels. Geleitet wird die Gesellschaft von Gottfried van Swieten (siehe auch „Die Schöpfung" und „Die Jahreszeiten").
Am 10. August unterzeichnet H. einen Generalvertrag mit F. A. Hyde als Vertreter des Londoner Verlages Longman, Clementi & Co, wobei in London Rebecca Schroeter als einer der Zeugen mit unterschreibt.
Im September fährt H. nach Eisenstadt und besorgt die Bühnenmusik für „Alfred", das am 9. September, dem Namenstag der Fürstin, durch die Stadler-Truppe aufgeführt wird.
In der Bergkirche wird am 11. September (?) die „Missa Sancti Bernardi de Offida" erstmals aufgeführt.
Am 26. Dezember dirigiert H. vor einer großen Gemeinde von Gläubigen in der Piaristenkirche in Wien die Erstaufführung der „Missa in tempore belli". H. hatte mit der Arbeit daran in Eisenstadt begonnen.

1797 Am Geburtstag von Kaiser Franz II. (12. Februar) wird überall im Lande H.s neue Hymne „Gott erhalte" gesungen. Im Burgtheater erklingt sie in Gegenwart des Kaisers in voller Orchestrierung.
Am 24. März lernt H. bei einem Konzert der „Gesellschaft der Associierten" - es wird Händels „Acis und Galatea" aufgeführt - den schwedischen Diplomaten Frederik Samuel Silverstolpe kennen, dessen spätere Berichte über Wien und über Haydns Aktivitäten von unschätzbarem Wert sind.
Kaiserin Marie Therese besucht am 18. August Eszterháza und fährt von da weiter nach Eisenstadt.
Am 10. September, dem Namenstag von Fürstin Marie Hermenegild, wird ein neues Chorwerk H.s, wahrscheinlich das Offertorium „Non nobis, Domine" (XXIIIa:1), in der Bergkirche zu Eisenstadt aufgeführt; 800 Gäste sind bei den Feierlichkeiten anwesend.
Am 27. September trifft Palatin Erzherzog Joseph in Eisenstadt ein; 1.200 Gäste sind anwesend. Am 29. wird in der Bergkirche H.s „Missa in tempore belli" aufgeführt.
Am 1. Oktober erhöht Fürst Nicolaus II. H.s Jahresgehalt auf insgesamt 2.700 Gulden (inbegriffen die 1.000 Gulden jährlich aufgrund der testamentarischen Verfügung Nicolaus' I.). Beim neuerlichen Besuch auf seiner Rückfahrt (27. Oktober) hört Erzherzog Joseph „Die Sieben Worte" im Schloß in Eisenstadt; dabei wird auch das „Gott erhalte" gesungen.
Am 11. Dezember wird H. in Wien einstimmig auf Lebenszeit von der Tonkünstler-Societät als Mitglied ohne Entgelt aufgenommen und ohne jede Formalität zum Ehrenmitglied ernannt.

1798 „Die Sieben Worte" bei den alljährlich stattfindenden Osterkonzer-

1796 Klaviertrio Nr. 42 (XV:30), am 9. November Joseph Weigl jr. übergeben, damit dieser es Breitkopf & Härtel in Leipzig überbringe. Trompetenkonzert (VIIe:1) begonnen. Mehrstimmige Gesänge (XXVb:1–4 und XXVc:1–9) begonnen. Chor, Arie und Duett (XXX:5) als Bühnenmusik für „Alfred". „Missa Sancti Bernardi de Offida" (XXII:10). „Missa in tempore belli" (XXII:9). Klaviertrios Nr. 43–45 (XX:27–29) dem Verlag Longman and Broderip zur Herausgabe zugesandt. Die Arbeit an der „Schöpfung" (XXI:2) begonnen.

1797 Das „Volckslied" („Gott erhalte"; XXVIa:43). Streichquartette Op. 76 (III:75–80) begonnen. Einige dieser neuen Quartette (darunter auch Nr. 3, das „Kaiserquartett") werden am 27. September in Eisenstadt gespielt.

„Die Schöpfung" (XXI:2) von H. in Eisenstadt vollendet.

1798 „Missa in angustiis" („Nelsonmesse"; XXII:11) vom 10. Juli bis 31.

ten der Tonkünstler-Societät aufgeführt (1. und 2. April).
H. erringt den größten Erfolg seiner Laufbahn mit der Erstaufführung (29. u. 30. April) der „Schöpfung" im Palais Schwarzenberg. Die Aufführung wird am 7. u. 10. Mai wiederholt.
H. verbringt die Sommermonate in Eisenstadt. Dort wird am 12. August in der Bergkirche die „Missa in tempore belli" aufgeführt, und am 23. September erklingt in St. Martin zum erstenmal die „Missa in angustiis". Inzwischen ist Bruder Michael in Wien auf Besuch, und die beiden Männer treffen einander dort im Oktober.
Am 27. Oktober spielt Beethoven im Theater auf der Wieden sein Klavierkonzert Nr. 1 in C (Op. 15). Michael Haydn (und wahrscheinlich auch Joseph H.) unter den Zuhörern.

1799 Am 19. März wird die „Schöpfung" im Burgtheater zum erstenmal aufgeführt. Das Orchester (mit dreifach besetzten Holz- und Blechbläsern sowie drei Pauken) ist 180 Mann stark. Der Erfolg ist ganz außergewöhnlich.
Am 5. April gibt Graf Fries in seinem Wiener Palais ein Konzert, bei welchem H. seine Symphonie Nr. 102 dirigiert und Beethoven den Klavierpart seines Quintetts Op. 16 spielt.
Im April übergibt Silverstolpe an H. das Diplom der Mitgliedschaft der Königlich Schwedischen Musikakademie.
Im Mai trifft Georg August Griesinger in Wien ein, um hier an der sächsischen Botschaft tätig zu sein. Er wird Vermittler bei allen Geschäften H.s mit Breitkopf & Härtel in Leipzig.
Im Juni kündigt H. Subskription für die Gesamtpartitur der „Schöpfung" an, die er selbst herauszugeben beabsichtigt.
H.s neue Messe („Theresienmesse") wird am 8. September in der Eisenstädter Bergkirche erstaufgeführt. Beim anschließenden Bankett trinkt Fürst Nicolaus unter allgemeiner Zustimmung auf das Wohl H.s.
Im Oktober werden am 13. im Schloß die neuen Quartette Op. 77 gespielt und am 16. bei einem Konzert, das der Eisenstädter Bürgermeister Andreas Seitz veranstaltet, einige der „Mehrstimmigen Gesänge" aufgeführt.
Am 30. Oktober tritt der schottische Verleger George Thomson an H. heran, H. möge ihm schottische (und andere britische und irische) Lieder arrangieren. Von Februar 1800 an ist H. im Verlauf der nächsten Jahre damit beschäftigt, mehrere hundert Lieder zu schreiben bzw. zu arrangieren.
Am 9. November kündigt Breitkopf & Härtel H.s „Œvres Complettes" an, welcher Titel eine Fehlbezeichnung darstellt.

1800 Die Partitur der „Schöpfung" erscheint am 28. Februar gedruckt.
Am 19. März ist H. in Baden, wo seine seit langem leidende Frau am nächsten Tag stirbt. Laut letztwilliger Verfügung, dat. mit 9. September 1799, hat sie H. zum Universalerben eingesetzt. Bei einem Konzert im Burgtheater am 28. März ist Anton Weidinger Solist bei der Erstaufführung des Trompetenkonzerts (das H. 1796 für Weidinger geschrieben hatte).
Am 1. Juli offeriert H. Breitkopf & Härtel „Die Jahreszeiten" (noch unvollendet) und die Chorfassung der „Sieben Worte"; beides wird akzeptiert.

August in Eisenstadt komponiert. „Aria dal 'Il Canzoniere' di Francesco Petrarca" (XXIVb:20) beim jährlichen Weihnachtskonzert der Tonkünstler-Societät von „Demoiselle Flamm" aufgeführt.

1799 Teil „Frühling" der „Jahreszeiten" im April vollendet. „Theresienmesse" (XXII:12). Streichquartette in G und F (Op. 77) in Eisenstadt am 13. Oktober aufgeführt.

1800 „Te Deum" für Kaiserin Marie Therese (XXIIIc:2) (?). Kantate „Lines from the ‚Battle of the Nile'", mit Text von Ellis Cornelia Knight.

HAYDNS LEBEN (erste Spalte)

Am 18. August trifft Admiral Lord Nelson, begleitet von Sir William und Lady Hamilton und Ellis Cornelia Knight in Wien ein; Haydn speist mit ihnen. Im September besuchen die drei Eisenstadt (6.–9.). Während ihres Aufenthalts werden in der Bergkirche die „Nelsonmesse" und das „Te Deum" für die Kaiserin (XXIIIc:2) aufgeführt. H. schreibt für Lady Hamilton eine Kantate und widmet ihr das Werk.

Am 11. Dezember besuchen der Kaiser in Begleitung der Kaiserin, der Königin von Neapel, des Großherzogs von Toskana u. a. Eisenstadt.

Bei den alljährlichen Weihnachtskonzerten der Tonkünstler-Societät in Wien wird nun schon das zweite Jahr „Die Schöpfung" aufgeführt (zweimal, am 22. und 23. Dezember).

1801 Am 28. März hört H. im Burgtheater Beethovens Ballettmusik „Die Geschöpfe des Prometheus", und das Werk gefällt ihm.

Am 20. Mai schreibt H. an die Pariser Klavierbauer Érard Frères und dankt ihnen für den Flügel englischer Bauart, den sie ihm im April zum Geschenk gemacht haben.

Erstaufführung des Oratoriums „Die Jahreszeiten" am 24. April im Palais Schwarzenberg. Am 24. Mai Aufführung bei Hof, mit der Kaiserin als Sopransolistin. Die erste öffentliche Aufführung findet im nur halbvollen Redoutensaal am 29. Mai statt.

H. verbringt die Sommermonate in Eisenstadt. Im August besucht ihn Adalbert Gyrowetz. Am 13. September wird seine neue Messe in der Bergkirche aufgeführt. Michael Haydn besucht Eisenstadt, und ihm wird der Posten des Kapellmeisters bei Fürst Nicolaus angeboten. Er lehnt ab.

Im Dezember fertigt der Bildhauer Anton Grassi eine Büste H.s an (später aus Biskuit-Porzellanmasse gemacht). Die Tonkünstler-Societät führt bei ihren Weihnachts-Wohltätigkeitskonzerten zweimal, am 22. und 23. Dezember, „Die Jahreszeiten" auf.

1802 Im Januar beginnt H., nach und nach seine Messen an Breitkopf & Härtel zwecks Publikation zu senden. Der Verlag kündigt die Werke im März an, als erste in der Reihe die *„Missa Sancti Bernardi de Offida"*, als Orchesterpartitur.

Im Juni beginnt H. mit der Arbeit an seiner letzten Messe; sie wird in der Bergkirche am 8. September aufgeführt.

Am 26. Dezember, bei einem Wohltätigkeitskonzert für verarmte alte Menschen des Wiener Vorortes St. Marx, wird im Redoutensaal „Die Schöpfung" aufgeführt. Für dieses und andere Wohltätigkeitskonzerte überreicht die Stadt Wien H. eine Goldmedaille (Mai 1803).

1803 Im März arbeitet H. an seinem letzten Streichquartett. Für die Sommermonate geht er nach Eisenstadt. Dort hört er am 27. August eine Kantate des neuen Vice-Kapellmeisters J. N. Fuchs, aufgeführt zur Feier der Rückkehr des Fürsten Nicolaus von einer Reise nach Paris.

Am 26. Dezember dirigiert H. ein Wohltätigkeitskonzert für die Armen von St. Marx. Es ist sein letztes Auftreten als Dirigent. H. geht in den Ruhestand. J. N. Hummel wird vom Fürsten Nicolaus als Konzertmeister engagiert.

HAYDNS KOMPOSITIONEN (zweite Spalte)

1801 „Die Jahreszeiten" (XXI:3) vollendet. Messe in B („Schöpfungsmesse"; XXII:13) in Eisenstadt komponiert.

1802 Messe in B („Harmoniemesse"; XXII:14). Ungarischer Nationalmarsch für das Eisenstädter Blasorchester. Es ist H.s letzte vollendete Komposition.

1803 Streichquartett Op. 103 (III:83), unvollendet.

HAYDNS LEBEN (dritte Spalte)

1804 Für sein wohltätiges Wirken wird H. am 1. April die Ehrenbürgerschaft der Stadt Wien zuerkannt. Im August bereitet H. das Verzeichnis seiner Werke (das sogenannte Haydn-Verzeichnis) vor, das sein Kopist Johann Elssler schließlich 1805 ausfertigt.

1805 Im April sucht der Landschaftsmaler A. C. Dies H. auf und beginnt den biographischen Bericht über den Komponisten zu schreiben.

Am 10. Mai stirbt H.s jüngerer Bruder Johann in Eisenstadt. Die traurige Nachricht wird H. von Fürstin Marie Hermenegild Esterházy überbracht.

Am 26. Juni schicken die Mitglieder des Pariser Conservatoire de Musique an H. als Zeichen ihrer Ehrerbietung eine Medaille. Luigi Cherubini überreicht die Medaille und den Begleitbrief, als er im Juli in Wien eintrifft.

Am 5. November besucht Dr. Henry Reeve, ein englischer Arzt, H. und findet ihn bei glänzender Laune.

1806 Am 24. Februar schenkt H. das Autograph seiner Symphonie Nr. 103 Cherubini. Am 2. April nimmt Griesinger H.s letztes, unvollendetes Quartett (Op. 103) an sich, um es Breitkopf & Härtel zur Publikation zu übergeben.

Am 10. August stirbt Michael Haydn in Salzburg.

1807 Am 13. April stirbt Kaiserin Marie Therese.

Am 27. April läßt sich H. wegen seiner Schwäche und seines schlechten Gesundheitszustandes ins Servitenkloster bringen. Er hofft, der Zustand seiner geschwollenen Beine werde sich dort bessern. (Im darauffolgenden Jahr wiederholt H. dies.)

1808 Um H.s 76. Geburtstag besonders zu begehen, wird am 27. März in der (Alten) Universität mit Antonio Salieri als Dirigenten die „Schöpfung" aufgeführt. H. wird von der ausgewählten Zuhörerschaft, darunter Beethoven, gefeiert.

Am 22. Mai tritt die Esterházy-Kapelle (bestehend aus 63 Musikern) in Wien auf. Die Mitglieder kommen gruppenweise nach Gumpendorf, um H. zu besuchen. Unter den Besuchern in diesem Jahr sind auch der Schauspieler und Bühnendichter A. W. Iffland (8. September) und der Schriftsteller J. F. Reichardt (im November).

Am 22. Dezember schreibt H. einen Brief an den Fürsten Nicolaus und dankt ihm, daß dieser die Kosten für Medikamente übernommen hat. Es ist der letzte erhaltene Brief H.s.

1809 Am 7. Februar unterzeichnet H. seinen Letzten Willen. In diesem vermacht er seinem getreuen Diener und Kopisten Johann Elssler 6.000 Gulden.

Am 31. Mai stirbt H. in seinem Haus in Gumpendorf. Elssler nimmt die Totenmaske (aus Gips) ab. Am nächsten Tag, nach der Einsegnung in der Pfarrkirche, werden H.s sterbliche Überreste auf dem Hundsthurmer Friedhof bestattet.

„Nicht ein Kapellmeister von ganze Wien erschien . . .", berichtet Rosenbaum. Am 15. Juni wird in der Schottenkirche ein Trauergottesdienst für H. abgehalten, bei welchem Mozarts Requiem aufgeführt wird. Die Franzosen, die Wien besetzt haben, senden eine Ehrengarde. Rosenbaum notiert: „Wiens ganze schöne Welt erschien, die meisten in Trauer."

AUSGEWÄHLTE BIBLIOGRAPHIE

BIOGRAPHISCHES
Ausgaben des frühen 19. Jahrhunderts:
Carpani, G.: „Le Haydine...", Mailand 1812 (2. Ausg. 1823).
Dies, A. C.: „Biographische Nachrichten von Joseph Haydn", Wien 1810 (neu hergg. v. Horst Seeger, Berlin o. J. [1959]).
Framery, N.: „Notice sur Joseph Haydn", Paris 1810.
Griesinger, G. A. von: „Biographische Notizen über Joseph Haydn", Leipzig 1810 (neu hergg. v. F. Grasberger, Wien 1954).

Ausgaben des späten 19. Jahrhunderts u. d. Gegenwart:
Geiringer, K.: „Joseph Haydn", Potsdam 1932, New York 1947, Mainz 1959, Garden City, N.Y. 1963.
Hughes, Rosemary S. M.: „Haydn", London 1950 (und spätere revidierte Ausgaben).
Landon, H. C. Robbins: „Haydn: Chronicle and Works" (5 Bd.), London und Bloomington, Ind., 1976 ff.
Pohl, C. F.: „Joseph Haydn" (Bd. I, Berlin 1875; Band II, Berlin 1882; Bd. III, vervollständigt v. H. Botstiber, Leipzig 1927 – alle drei Bände seither neu gedruckt).

ARTIKEL ÜBER HAYDN IN:
Grove's „Dictionary of Music and Musicians" (6. Ausg., 1980) v. J. P. Larsen und G. Feder.
„Musik in Geschichte und Gegenwart" (Hg. F. Blume), Kassel 1947 f., v. H. C. Robbins Landon und J. P. Larsen.

HAYDNS KORRESPONDENZ UND ANDERE DOKUMENTE
Bartha, Dénes (Hg.): „Joseph Haydn. Gesammelte Briefe und Aufzeichnungen", Budapest/Kassel 1965.
Landon, H. C. Robbins (Hg.): „Collected Correspondence and London Notebooks of Joseph Haydn", London 1959.
Siehe auch wissenschaftl. Artikel in:
„Haydn Yearbook", 1962 f. sowie
„Haydn-Studien", 1965 f.

MONOGRAPHIEN
Barrett-Ayres, R.: „Haydn and the String Quartet", London 1974.
Bartha, Dénes u. Somfai, László: „Haydn als Opernkapellmeister", Budapest 1960.
Brand, C. M.: „Die Messen von J. Haydn", Würzburg 1941.
Brown, A. Peter: „Haydn's Piano Music" (in Vorbereitung).
Feder, G.: „Die Überlieferung und Verbreitung der handschriftlichen Quellen zu Haydns Werken" (1. Serie), in „Haydn-Studien" I/1 (1965); „Haydns frühe Klaviertrios", in „Haydn-Studien" II/4 (1970); „Apokryphe Haydn-Streichquartette", in „Haydn-Studien" III/2 (1974).
Finscher, L.: „Studien zur Geschichte des Streichquartetts", I, Kassel 1974.

Landon, H. C. Robbins: „The Symphonies of Joseph Haydn", London 1955 (und Ergänzungsband, 1961).
Larsen, J. P.: „Die Haydn-Überlieferung", Kopenhagen 1939 (Neudruck 1981).
Wackernagel, Bettina: „Joseph Haydns frühe Klaviersonaten...", Tutzing 1974

KRITISCHE AUSGABEN
DER KOMPOSITIONEN VON HAYDN
Gesamtausgaben:
Seit 1953 haben das Joseph-Haydn-Institut in Köln und der Verlag G. Henle, München/Duisburg, bis zum jetzigen Zeitpunkt etwa die Hälfte des Œuvres Haydns herausgegeben.

Orchesterwerke:
Symphonien: Alle Symphonien sind von der Universal Edition (Haydn-Mozart-Presse) und von Doblinger 1965 f. verlegt worden.
Konzerte: Einzelausgaben bei Bärenreiter, Breitkopf & Härtel, Doblinger, Edition Eulenburg, Edition Peters und Universal Edition.
Opern, eingeschobene Arien, weltliche Vokalmusik: Einzelausgaben (krit. u. f. d. Gebrauch) bei Bärenreiter, Universal Edition (Haydn-Mozart-Presse) und Schott.
Oratorien: „Die Sieben Worte" (Chorfassung), „Die Schöpfung" und „Die Jahreszeiten" (alle in der Mandyczewski-Ausgabe) bei Breitkopf & Härtel.
Messen: Einzelausgaben (krit. u. f. d. Gebrauch) bei Eulenburg (Schott), Faber, Universal Edition, Schirmer, Bärenreiter und University Press, Cardiff.
Kleinere geistliche Werke: Verschiedene Werke verlegt bei Henle, Doblinger und Universal Edition (Haydn-Mozart-Presse).
Kammermusik (kompl. kritische Ausgaben): Die Klaviertrios (Hg. Landon), Streichtrios (Hg. Landon) und Streichquartette (Hg. Barrett-Ayres, Landon) sind bei Doblinger verlegt. – Die Klaviersonaten sind erhältlich bei der Universal Edition (Hg. Landon) und beim Henle Verlag (Hg. G. Feder). Kleinere Werke für Klavier sind ebenfalls bei der Universal Edition (Hg. F. Eibner) und bei Henle (Hg. S. Gerlach) erschienen.

SCHALLPLATTEN
Symphonien: Sämtliche (Antal Dorati) bei Decca (USA, London).
Opern: Ausgewählte (Antal Dorati) bei Philips.
Oratorien: (Antal Dorati) bei Decca.
Messen: alle Werke erhältlich, mit verschiedenen Solisten, bei Argo, Oiseau-Lyre und Decca.
Kammermusik: Alle Klaviertrios bei Philips (Beaux-Arts-Trio) und bei Telefunken (Haydn-Trio); alle Streichquartette bei Argo (Aeolian-Quartett); alle Klaviersonaten bei Argo (John McCabe).

Die fürstliche Familie Esterházy vor und während Haydns Lebenszeit (die Namen der jeweiligen Fürsten in Großbuchstabe

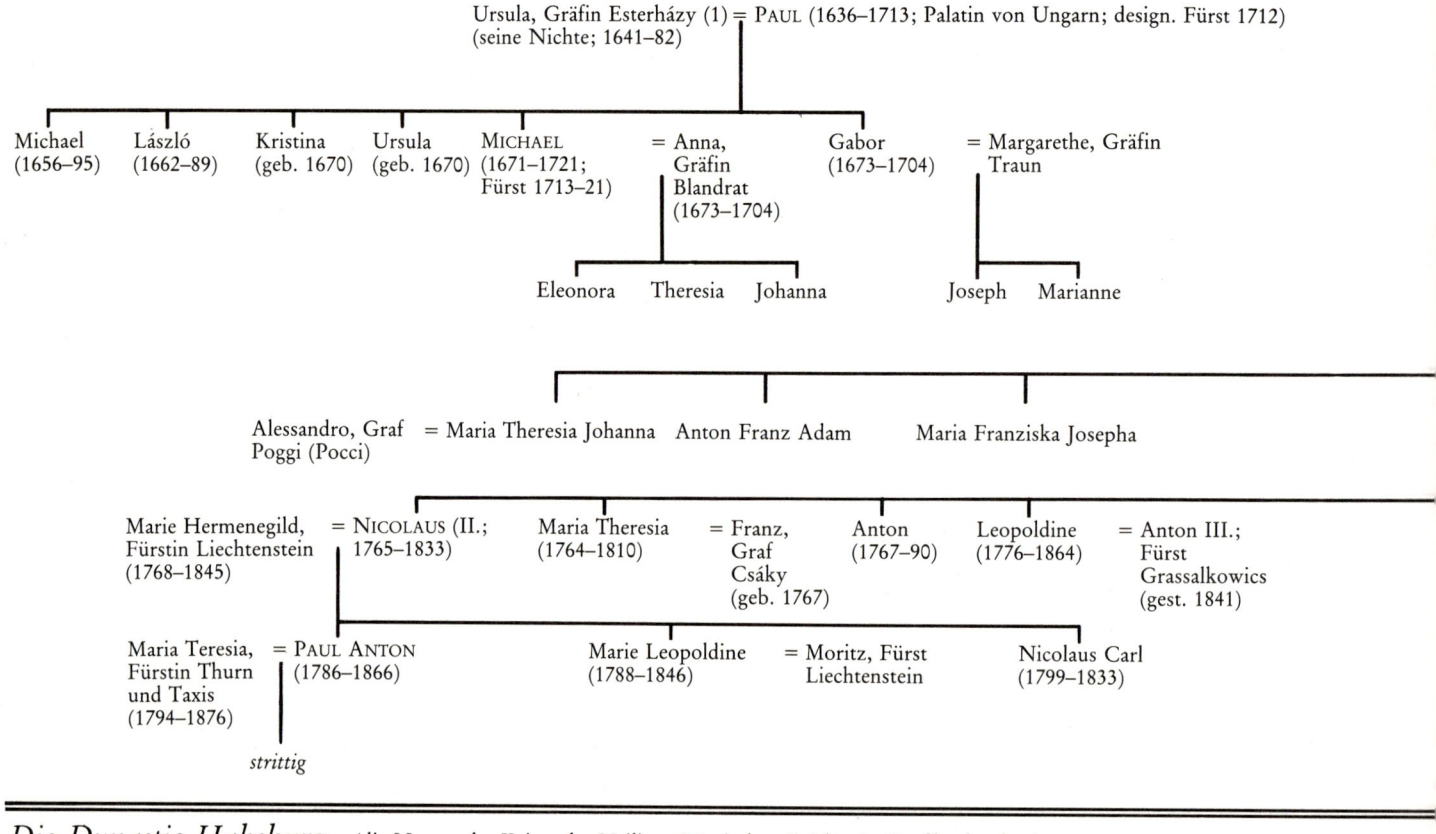

Ursula, Gräfin Esterházy (1) = PAUL (1636–1713; Palatin von Ungarn; design. Fürst 1712)
(seine Nichte; 1641–82)

| Michael (1656–95) | László (1662–89) | Kristina (geb. 1670) | Ursula (geb. 1670) | MICHAEL (1671–1721; Fürst 1713–21) | = Anna, Gräfin Blandrat (1673–1704) | Gabor (1673–1704) | = Margarethe, Gräfin Traun |

Eleonora   Theresia   Johanna   Joseph   Marianne

Alessandro, Graf = Maria Theresia Johanna   Anton Franz Adam   Maria Franziska Josepha
Poggi (Pocci)

| Marie Hermenegild, Fürstin Liechtenstein (1768–1845) | = NICOLAUS (II.; 1765–1833) | Maria Theresia (1764–1810) | = Franz, Graf Csáky (geb. 1767) | Anton (1767–90) | Leopoldine (1776–1864) | = Anton III.; Fürst Grassalkowics (gest. 1841) |

| Maria Teresia, Fürstin Thurn und Taxis (1794–1876) | = PAUL ANTON (1786–1866) | Marie Leopoldine (1788–1846) | = Moritz, Fürst Liechtenstein | Nicolaus Carl (1799–1833) |

strittig

Die Dynastie Habsburg (die Namen der Kaiser des Heiligen Römischen Reiches in Großbuchstaben)

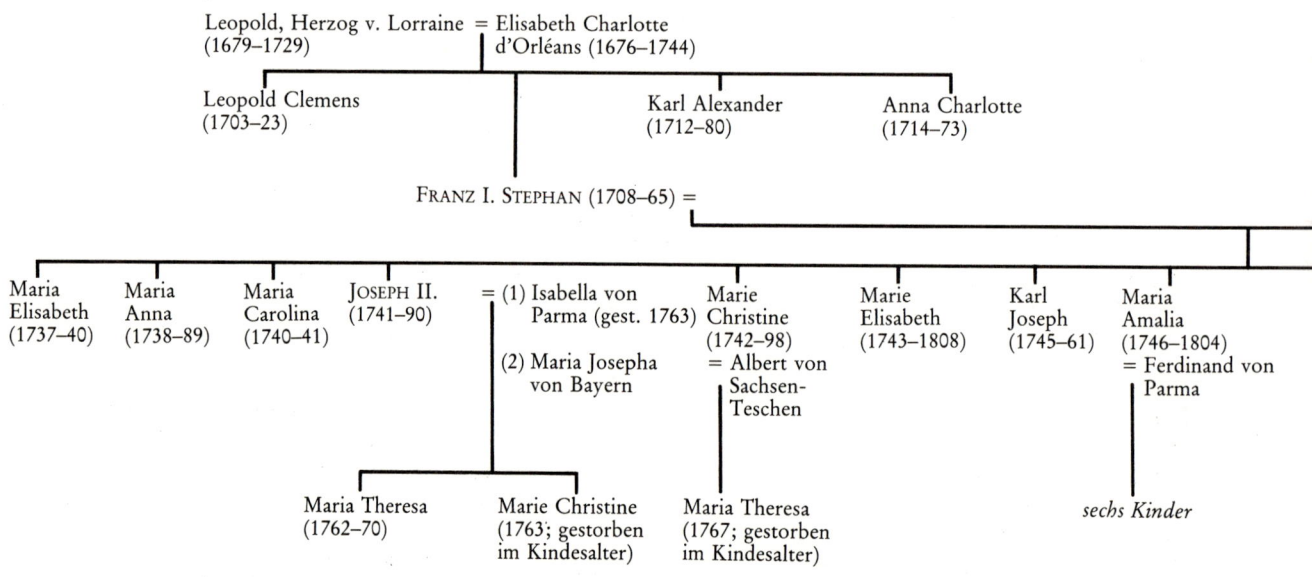

Leopold, Herzog v. Lorraine = Elisabeth Charlotte
(1679–1729)   d'Orléans (1676–1744)

| Leopold Clemens (1703–23) | Karl Alexander (1712–80) | Anna Charlotte (1714–73) |

FRANZ I. STEPHAN (1708–65) =

| Maria Elisabeth (1737–40) | Maria Anna (1738–89) | Maria Carolina (1740–41) | JOSEPH II. (1741–90) | = (1) Isabella von Parma (gest. 1763) (2) Maria Josepha von Bayern | Marie Christine (1742–98) = Albert von Sachsen-Teschen | Marie Elisabeth (1743–1808) | Karl Joseph (1745–61) | Maria Amalia (1746–1804) = Ferdinand von Parma |

| Maria Theresa (1762–70) | Marie Christine (1763; gestorben im Kindesalter) | Maria Theresa (1767; gestorben im Kindesalter) | *sechs Kinder* |

GENEALOGISCHE TAFELN

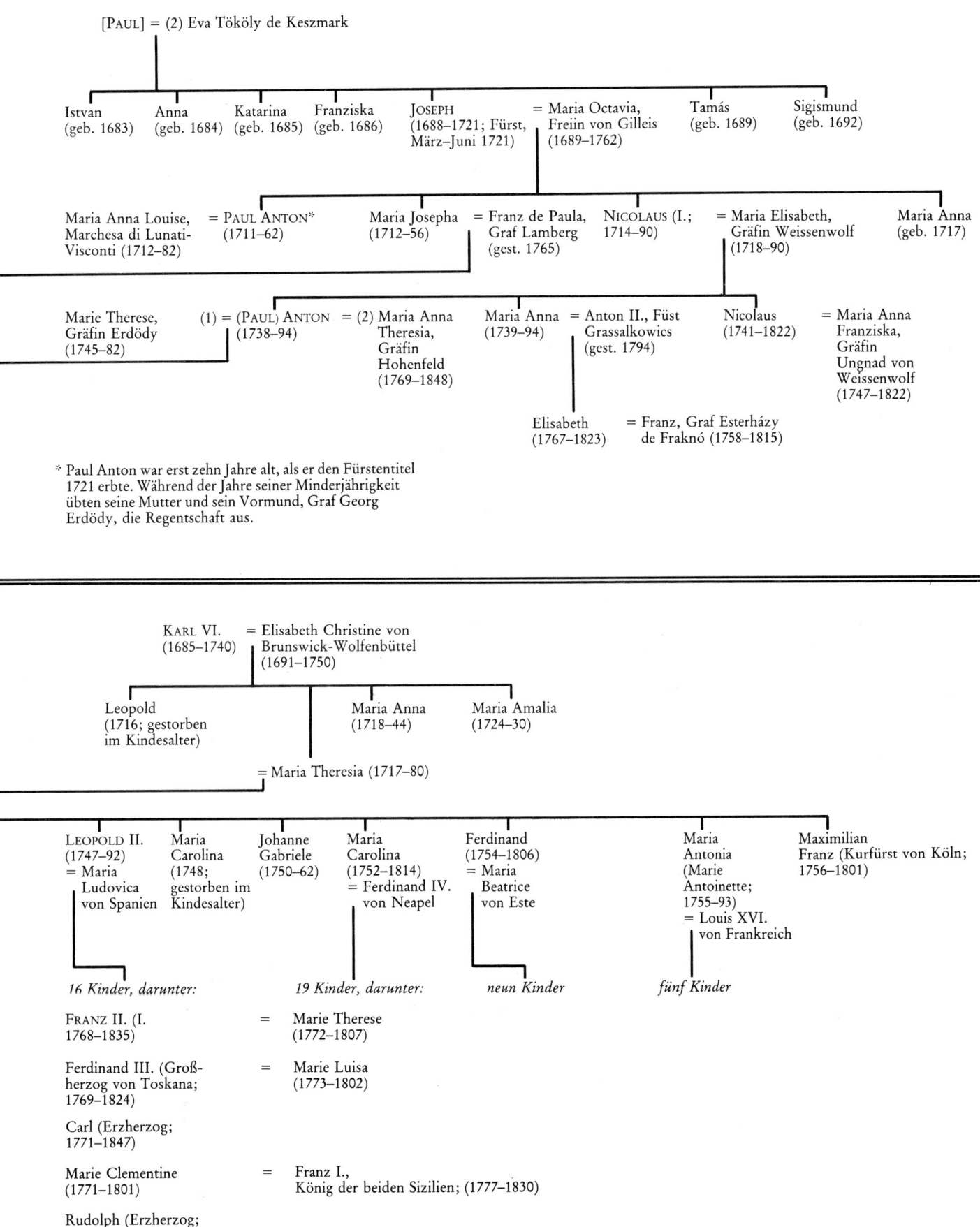

[PAUL] = (2) Eva Tököly de Keszmark

Istvan (geb. 1683)   Anna (geb. 1684)   Katarina (geb. 1685)   Franziska (geb. 1686)   JOSEPH (1688–1721; Fürst, März–Juni 1721) = Maria Octavia, Freiin von Gilleis (1689–1762)   Tamás (geb. 1689)   Sigismund (geb. 1692)

Maria Anna Louise, Marchesa di Lunati-Visconti (1712–82)   = PAUL ANTON* (1711–62)   Maria Josepha (1712–56) = Franz de Paula, Graf Lamberg (gest. 1765)   NICOLAUS (I.; 1714–90) = Maria Elisabeth, Gräfin Weissenwolf (1718–90)   Maria Anna (geb. 1717)

Marie Therese, Gräfin Erdödy (1745–82)   (1) = (PAUL) ANTON (1738–94) = (2) Maria Anna Theresia, Gräfin Hohenfeld (1769–1848)   Maria Anna (1739–94) = Anton II., Fürst Grassalkowics (gest. 1794)   Nicolaus (1741–1822) = Maria Anna Franziska, Gräfin Ungnad von Weissenwolf (1747–1822)

Elisabeth (1767–1823) = Franz, Graf Esterházy de Fraknó (1758–1815)

* Paul Anton war erst zehn Jahre alt, als er den Fürstentitel 1721 erbte. Während der Jahre seiner Minderjährigkeit übten seine Mutter und sein Vormund, Graf Georg Erdödy, die Regentschaft aus.

KARL VI. (1685–1740) = Elisabeth Christine von Brunswick-Wolfenbüttel (1691–1750)

Leopold (1716; gestorben im Kindesalter)   Maria Anna (1718–44)   Maria Amalia (1724–30)

= Maria Theresia (1717–80)

LEOPOLD II. (1747–92) = Maria Ludovica von Spanien   Maria Carolina (1748; gestorben im Kindesalter)   Johanne Gabriele (1750–62)   Maria Carolina (1752–1814) = Ferdinand IV. von Neapel   Ferdinand (1754–1806) = Maria Beatrice von Este   Maria Antonia (Marie Antoinette; 1755–93) = Louis XVI. von Frankreich   Maximilian Franz (Kurfürst von Köln; 1756–1801)

16 Kinder, darunter: *19 Kinder, darunter:*   *neun Kinder*   *fünf Kinder*

FRANZ II. (I. 1768–1835)   =   Marie Therese (1772–1807)

Ferdinand III. (Großherzog von Toskana; 1769–1824)   =   Marie Luisa (1773–1802)

Carl (Erzherzog; 1771–1847)

Marie Clementine (1771–1801)   =   Franz I., König der beiden Sizilien; (1777–1830)

Rudolph (Erzherzog; 1788–1831)

BILDQUELLENNACHWEIS

Neben Illustrationen aus dem Besitz des Autors oder anderer privater Sammlungen stammen die Bilder von den folgenden Stellen oder Personen (die Ziffern geben die Seiten an, auf denen die Illustrationen zu finden sind):

Albertina, Wien 18, 20, 30, 156; Art Institute of Chicago (Sammlung Charles H. und Mary F. S. Worcester) 70; Barmherzige Brüder, Eisenstadt 28; City of Bath, Museumsdienst 110; Sammlung Bertarelli, Mailand 99, 114, 158; Bibliothèque Nationale, Paris 59; Archiv Breitkopf & Härtel 166; British Library 66; British Museum 98, 102, 103, 107, 109, 114, 115, 125, 145, 198; Burgenländisches Landesmuseum, Eisenstadt 27, 158, 160, 162, 165, 167, 170; Peter Cannon-Brookes 56; Carnegie Hall, New York City 93; Conservatorio di Musica, Neapel 70; Conservatorio S. Cecilia, Rom 62; Conservatorio S. Pietro a Majella, Neapel 22; Courtauld Institute of Art, London 102; Archiv Graf Eugen Czernin, Schloß Jindřichuv Hradec, ČSSR 206; Archiv Dom St. Martin, Eisenstadt 204; Esterházy-Archiv, Eisenstadt 58, 110; Gesellschaft der Musikfreunde, Wien 58, 60, 66, 69, 79, 158, 168; Goethe-Museum, Düsseldorf 71, 99; Guy Gravett 64; Harrach-Archiv, Wien 198; Haydn-Museum, Wien 158; Stift Heiligenkreuz 22; Historisches Museum der Stadt Wien 22, 23, 30, 69, 71, 153, 160, 162, 171; Schloß Hluboká, ČSSR 110, 156; Pressedienst Holland Festival, Amsterdam 63, 64; Ungarische Botschaft, London 54; Iparmüvészeti-Museum, Budapest 54; Louis Krasner, Syracuse, N.Y. 167; Kunsthistorisches Museum, Wien 20, 59, 148, 155; Erich Lessing (Magnum) 25, 28, 56, 168; Library of Congress, Washington, D.C. 208; Sammlung des Regierenden Fürsten von Liechtenstein, Vaduz 152; Galerie Liechtenstein, Wien 162; Marc Loliée, Paris 206; Sammlung Mansell 108; Sammlung Mellon 101, 103; Metropolitan Museum of Art, New York (Vermächtnis George D. Pratt, 1935) 106; Mozart-Gedenkstätte, Augsburg 70; National Galleries of Scotland 105; National Portrait Gallery, London 107, 113, 161; Niederösterreichische Landesbildstelle 19, 58; Niederösterreichische Landesregierung 155; Olympia Verlag, Prag 23; Orszagos Széchényi Könyvtár, Budapest 22, 43, 54, 64, 66, 154, 157, 201, 202, 210, 211; Österreichische Galerie, Wien 150, 153; Österreichische Nationalbibliothek, Wien 72, 99, 138, 150, 154, 157, 158, 170, 171, 208; mit Genehmigung d. Heather-Professors f. Musik an der Universität Oxford 153; Pierpont Morgan Library, New York 162; Reginald Allen 204, 206 (beide Musiksammlung Mary Flagler Cary); Gräfin Pilati, Schloß Riegersberg, Niederösterreich 150; Preußische Staatsbibliothek, Berlin 144, 200, 203; Royal Academy of Arts, London 102; Royal Collection (mit freundlicher Genehmigung Ihrer Majestät der Königin) 96, 98, 105, 197; Sächsische Landesbibliothek, Dresden 212; Helga Schmidt-Glassner, Stuttgart 66; Sammlung Silverstolpe, Schloß Näs, Schweden 155; Stadtbibliothek Wien 157; Prof. Hans Swarowsky, Wien 165; Universal Edition, Wien 63, 64; Victoria and Albert Museum, London 100, 108; Dr. Johannes Zachs, Eisenstadt 16, 24, 25, 32, 172; Stift Zwettl, Niederösterreich 61.

PERSONEN- UND SACHREGISTER